作者简介

程文晋 河南许昌市人,博士后。研究方向:管理哲学,经济与文化。现任教于河南财经政法大学MBA学院。

付 华 河南郑州市人,硕士。研究方向:中国传统文化,公关礼仪。现任教于河南财经政法大学文化传播学院。

中国书籍·学术之星文库

自我教育语境中的人本管理之道

程文晋　付　华◎著

中国书籍出版社
China Book Press

图书在版编目（CIP）数据

自我教育语境中的人本管理之道/程文晋，付华著. —北京：
中国书籍出版社，2016.8
ISBN 978-7-5068-5752-9

Ⅰ.①自⋯　Ⅱ.①程⋯②付⋯　Ⅲ.①自我教育—研究
Ⅳ.①G44

中国版本图书馆 CIP 数据核字（2016）第 196764 号

自我教育语境中的人本管理之道

程文晋　付　华　著

责任编辑	刘　娜
责任印制	孙马飞　马　芝
封面设计	中联华文
出版发行	中国书籍出版社
地　　址	北京市丰台区三路居路 97 号（邮编：100073）
电　　话	（010）52257143（总编室）　（010）52257153（发行部）
电子邮箱	chinabp@vip.sina.com
经　　销	全国新华书店
印　　刷	北京彩虹伟业印刷有限公司
开　　本	710 毫米 × 1000 毫米　1/16
字　　数	323 千字
印　　张	18
版　　次	2017 年 1 月第 1 版　2017 年 1 月第 1 次印刷
书　　号	ISBN 978-7-5068-5752-9
定　　价	68.00 元

版权所有　翻印必究

再版序

《管理视域内的自我教育论》自2012年3月出版以来，作为该书的作者，我们曾多次受邀到专业学术会议做专题报告或交流。近期，中联华文社科图书出版中心来函告知，该书已被列入其优秀著作出版计划，拟修订再版。思之再三，决定在原著基础上，再增加一章"自我教育成长论"，以期更加系统和完整，其他章节也略作修改。至于书名是否要沿用，却也费了一番脑筋，再三斟酌，终以《自我教育语境中的人本管理之道》名之，再以付梓。

时光荏苒，光阴如梭。早在20世纪90年代初，在攻读硕士学位时，就开始了对自我教育的思考，并将其确定为毕业论文选题。之后，经多年研究，在原论文的基础上不断丰富，当时以《自我教育论》为名正式出版，成为国内较早研究自我教育的学术专著之一。受此影响，十年前，几位同行老前辈曾提议联合攻关，并计划筹办自我教育研究的国际性学术会议，后因种种原因作罢，但我们的研究从未间断。尤其在《管理视域内的自我教育论》出版之后，又以"跨界"研究为新起点，重新审视自我教育，糅合进了多年来在"CEF-WA五项管理""经济精神"以及认知经济学等方面的相关研究成果，以体现自我教育研究中思想、理论与方法的脉络。因此，此次的修订再版，不仅仅是书名的更改，更是对当下自我教育理论与实践的进一步理性思考。

如今，自我教育又重新被人们高度重视，除了它自身的无以替代的特殊功能之外，毫无疑问，还与当下我国社会的快速发展和变化密切相关。首先，现代社会公共生活呈现出广泛性、公开性、复杂性和多样性的特点，这就对如何建立和维护良好的社会秩序提出了新的要求，积极适应这些特点和有效满足这些要求，自我教育无论从理论上还是从实践上都发挥着重要的作用。其次，当代教育活动呈现出终身化、全民化、民主化、多元化、信息化的特点，"微课""慕课"大量出现，对传统教育方式提出了挑战，如何适应这些特点和如何迎接这些挑战，以此满足人们对不同形式的教育的需求，自我教育形式就显得特别重要。再次,当今科技的发展,尤其是网络技术的突飞猛进,正快速改变着人们的生存方式和生活方式,"去中心化""去边界化"现象明显,"虚拟化""移动化""符号化"趋势加深,如何养成人们"自为""自觉""自律"的良好习惯,成为自我教育必须要面对的问题。最后,现代化是人类文明进步的标志,社会的现代化需要人的现代化,人的现代化需要文化的现代化,健康、文明、积极、向上的文化以其"内化"与"外化"特有的自我教育品质,影响和规范着人的思想、意识和行为。

总之,管理的灵魂是教育,教育的最高层次是自我教育,自我教育要求人人都是领导,而自我的领导往往是自己的信念。自我教育无处不在,重视它,是因为它的时代价值;运用它,是因为它的自身价值;研究它,是因为我们的价值。是为序。

2016年2月16日于郑州,龙子湖　毓苑

前　言

　　自我教育问题可以说是一个非常古老的话题。在人类社会的发展长河中，随着教育现象的出现，自我教育就开始发生了。甚至可以说，早在人类正规的教育活动出现之前，掺和着生物学意义的本能需求和机械模仿，自我教育就已经在人类的进步和发展中发挥其独特的作用了。较之于后来必须具备主体、客体、对象、设施等因素才能实施的教育，它更具有广泛的可行性。人们无论何时何地都能够开展自我教育。从本源上可以说，教育就是自我教育，没有思维意义上的二分和实践中二者的割裂。

　　作为一种理论、思想和学说，自我教育由来已久。早在西方的"两希文明"时代，人们就给予了不同的探索和研究，尤其是"希腊七贤"在各自的学说中都有所论述。中国古代先秦以来，先哲们循着儒、道、佛等思想流派路径，依据时代的变迁和发展的需要，从不同角度对自我教育进行立论、阐释和解读。虽然较少系统化、专门化、学科化，但是，散见于古今中外这些哲学家、思想家、教育家的主体思辨、伦理探讨和教育研究，都对现代的自我教育研究提供了不可多得的智慧和思想。随着网络化社会的出现、自我意识的增强以及相比于传统意义上环境可控性的减弱，自我教育又重新被重视起来，而且被广泛应用到管理学、社会学、心理学等多个研究领域，并获得了许多有益的探索。

　　作为一种教育模式，自我教育是建立在人的社会性、自主性、能动性、自觉性基础之上的，本质上是一种教育的人本精神，其目的就是激发、唤醒、发现、发掘自我的潜能，以实现真正的自我。从教育方式上讲，任何教育的目的就是实现不教育，这里所说的"不教育"，就是我们常说的自我教育。也就是说，只有能引发自我教育的教育才是成功的教育。所有教育者提供的教育活动都是外因，而受教育者的主动性、自觉性才是内因，教育者的教育活动就是要激发受教育者的自我教育，从而达到教育的目的。这是一条教育的基本规律。

作为一种管理模式，从最高形式上讲，自我教育本身也是一种自我管理。如同教育与自我教育的关系一样，自我管理是管理的最高形式，是管理的最高境界，也是有效管理的基本条件。管理的灵魂是教育。从这个意义上说，管理就是教育，教育就是管理。以此推延到组织，优秀的员工不是被管理出来的，而是被教育出来的。甚至也可以说，绩效不是单纯被管理出来的，而是被教育出来的。企业管理最核心的内容就是企业有效的教育，尤其是在新经济环境下，知识性员工越来越多，知识丰富、思维活跃、活动空间广泛、自主意识增强，开展自我教育活动，是最经济、最有效的管理办法。目前，广为倡导的"学习型组织"，正是自我教育思想在管理领域的应用。

作为一种生存模式，自我教育为个体和组织提供了一套完整的生存之道。它不但主观地规定着人的合理需求，传承和提升着人的生存技能，而且还内化着社会的伦理道德秩序，实践和发展着人的社会性文明。尤其是进入到信息化社会，游离本体的符号化现象使自我教育成为一种必然和一种生存生活方式，这也使自我教育拓展到社会生活的诸方面。对现代人来说，在不断变化的各种环境中，要依循社会发展目标和规律，寻求自我、坚守自我、发展自我、实现自我，没有自我教育能力的人是很难适应社会、经济和文化的快速发展要求的，最终也会被社会所淘汰。

作为一种方法系统，自我教育有着一整套的自我支撑体系，从人的知、情、信、意、行等多个方面，为个体和群体的自我教育提供了一个无限的时空。它既不拘泥于时间、地点、形式和方法，也不拘泥于地位、职业、性别和年龄。不同的人在任何地点和时间，根据自己的实际发展需要，都可以灵活地、主动地开展自我教育。它既可以是道德的追问，也可以是行为的反省；既可以是技能的提升，也可以是知识的充实，甚至可以是心灵的修炼、情愫的绵绵等。正是这种不拘一格的方法特性，为实现自我教育提供了强有力的支撑，也为自我教育在社会各个领域的广泛而有效的运用提供了实践保障。

本书共分十章，第一章，自我教育基础论；第二章，自我教育思想论；第三章，自我教育根据论；第四章，自我教育结构论；第五章，自我教育功能论；第六章，自我教育原则论；第七章，自我教育方法论；第八章，自我教育环境论；第九章，自我教育差异论；第十章，自我教育成长论。通篇以自我教育为主线，从自我教育的基本理论入手，回顾了自我教育中外思想的发展史，总结了自我教育的理论依据。在此基础上，还就自我教育的结构、功能、原则、方法进行了分析，最后就自我教育实施的环境和差异，以及自我的成长做了论述。在一定程度上体现了自我教育研究的完整性、系统性和科学性。

作者

2011年10月6日

目 录
CONTENTS

再版序 …………………………………………………………… 1

前　言 …………………………………………………………… 1

第一章　自我教育基础论…………………………………………… 1
　　第一节　"自我"的多义性　　　　　　　　　　　　　　　/ 1
　　第二节　自我意识　　　　　　　　　　　　　　　　　　/ 11
　　第三节　自我教育　　　　　　　　　　　　　　　　　　/ 18

第二章　自我教育思想论…………………………………………… 26
　　第一节　中国的自我教育思想　　　　　　　　　　　　　/ 26
　　第二节　西方的自我教育思想　　　　　　　　　　　　　/ 47
　　第三节　中西自我教育思想比较　　　　　　　　　　　　/ 60

第三章　自我教育根据论…………………………………………… 74
　　第一节　人的需要理论　　　　　　　　　　　　　　　　/ 74
　　第二节　人的能动性理论　　　　　　　　　　　　　　　/ 84
　　第三节　人的全面发展学说　　　　　　　　　　　　　　/ 95

第四章　自我教育结构论…………………………………………… 103
　　第一节　自我认知教育　　　　　　　　　　　　　　　　/ 103
　　第二节　自我调控教育　　　　　　　　　　　　　　　　/ 112
　　第三节　自我发展教育　　　　　　　　　　　　　　　　/ 118

第五章　自我教育功能论 ·· 122
第一节　自我教育的内动功能　　　　　　　　　　　　／122
第二节　自我教育的内化功能　　　　　　　　　　　　／130
第三节　自我教育的内导功能　　　　　　　　　　　　／139

第六章　自我教育原则论 ·· 146
第一节　灌输教育与自我教育相结合的原则　　　　　　／146
第二节　群体自教与个体自教相结合的原则　　　　　　／155
第三节　实践教育与自我教育相结合的原则　　　　　　／161

第七章　自我教育方法论 ·· 168
第一节　自我教育的一般方法　　　　　　　　　　　　／168
第二节　自我教育的具体方法　　　　　　　　　　　　／174
第三节　自我教育的专门方法　　　　　　　　　　　　／180

第八章　自我教育环境论 ·· 187
第一节　自我教育的心理环境　　　　　　　　　　　　／188
第二节　自我教育的教育环境　　　　　　　　　　　　／202
第三节　自我教育的职业环境　　　　　　　　　　　　／214

第九章　自我教育差异论 ·· 225
第一节　不同性格人的自我教育　　　　　　　　　　　／225
第二节　不同气质人的自我教育　　　　　　　　　　　／234
第三节　不同能力人的自我教育　　　　　　　　　　　／244

第十章　自我教育成长论 ·· 256
第一节　在自我改变中成长　　　　　　　　　　　　　／256
第二节　在自我成长中突破　　　　　　　　　　　　　／263
第三节　在自我突破中超越　　　　　　　　　　　　　／269

再版后记 ·· 275

第一章

自我教育基础论

科学研究的区分，就是要根据科学对象所具有的特殊矛盾性。因此，对于某一现象的领域所特有的某一矛盾的研究，就构成某一科学的对象。

——毛泽东

自我教育是一个既古老又年轻的课题。说其古老，早在我国春秋战国时期，大教育家、思想家孔子就提出了诸如"自省""自讼"等自我修养的方法；说其年轻，经过一段较长时间的失落之后，其至今仍是人们争论颇多的问题。其实，社会的进步，普遍要求提高人的个体素质，以适应社会的需要。而人的个体素质的全面提高，需要社会教育与自我教育的协调来完成。一般来说，自我教育效果的好差，标志着人的素质的高低，因此，自我教育与个体素质和群体素质的提高存在着直接的、必然的联系。研究自我教育，指导自我教育的实践，具有深广意义。

第一节 "自我"的多义性

研究自我教育，不能不首先提及"自我"。自古至今，不同的学者，从不同的角度，用不同的方法，试图对"自我"进行界说。对"自我"词语的使用，也是各举一端。对这一"有意义，但没有答案"[①] 的问题，我们可从不同学科、多角度地剖析和展示。

---

① 盛晓明：《自我与超越》，上海人民出版社1989年版，第14页。

一、"自我"的语词意义

在语言学中，把代替名词的用语称之为代词，把专属指称人的代词称之为人称代词。人称代词又有第一、第二、第三人称以及单数、复数之分。"我"这个词，是单数第一人称代词。关于人称代词在人们日常交往中如何使用，科恩是这样描述的，人称代词与各种语境中使用的指示代词不同，总是含有语法的人称内容："我"表示说话人，"你"表示交谈者，"他""她""他们"分别表示所说的人。但是第一人称和第二人称原则上专门指人，而与第三人称有别。真正的人称即言语主体只有"我"和"你"，这两者有别于无人称性的"它"，具有专一性和互换性。"我"称为"你"的那个人，他自己总是用"我"这个词思考自己，他把"我"的"我"变为"你"。[①]

除了个体的"我"，即"小我"，还有集体、群体乃至国家、民族的"我们"，即"大我"。在"小我"与"大我"的关系上，有两种观点：一种认为："我"在历史上是陌生的，是在"我们"的基础上产生的。另一种认为，无论是在儿童的言语发展或者语言的历史发展上，"我"的出现都先于"我们"。作者认为，"我"作为观念而存在，"我"的出现是与个体的"我"的意识相随生的。原始人的群居生活，是以集体为先的，观念上的集体即是个体。劳动是集体的，猎食也是集体力量的结果，因而是"我们"的。没有现代语言学意义上的"我们"，即"我"＋"你们"、"我"＋"他们"。因此，生物意义上本能的"我"与社会意义上意识的"我"有着本质区别。

在可考的语言历史上，以多数式替代单数式的情况很普遍。欧洲3世纪的罗马帝国，君主以"我们"自称，所颁发的敕令使用的是多数人称代词"我们"。以后几百年的君主专制，君主即"我们"。在我国，历代帝王则以"朕""寡人""孤"自称，"普天之下莫非王土，率土之滨莫非王臣"的皇室之意昭然于世。即使在当代，个体为建立一种亲和感，"我们"一词也常见于生活及文书当中，如："总之，我们相信……"这个句型，所代表的就是集体的意见。

"我"的出现是随着个体对自身利益的关注程度而产生和演变的。瑞士结构语言学家索绪尔认为，语言自身有两个侧面：一个侧面是历史的、纵向进化的，称为"历时性"（diachrony）；另一个侧面是断代的、横向分布的，称为"同时性"（synchrony）。从人类学的角度看，由于人的交往的拓展，个体需求

---

① 科恩：《自我论》，三联书店1986年版，第12~13页。

的内倾化,尤其是私有制的产生,"我"从"我们",即个体从群体中游离出来,并得到进一步增强,促使个体关注自身的生存与发展,"我"的产生成为必然。

从表面上看,人称代词的语法问题同哲学上的"自我"并没有直接关系。但是,哲学著作、心理学著作以及其他著作的述文都反映他们所用的那种语言逻辑。概念的历史同词语和语法结构的历史密切相关。例如:当威廉·詹姆士需要区别作为活动主体的"自我"和作为自我知觉客体的"自我"时,就采用了现代语言学结构 I ("主我""我"的主格)和 me ("客我""我"的宾格)。在我国古代,孔子所提出的"吾日三省吾身",前"吾"指行动发出的我,即"主我";后"吾"则是行动接受的我,即"客我"。

"自我"始终表示人称,亦称主体,它是独有的、第一性的东西,它同心灵或者某种实体的积极性载体相联系。"我"与"非我"的对立,除了肯定自己的区分,即从周围世界中分出,没有任何内容。在同他人相关的语境中看"自我",则已含着复合的意义。"我"与"他"不仅要求区分,而且以潜在的相互作用为前提;"我"与"我们"表示归属,即参与某种共同性;"我"与"我的"表示整体与局部或主体与客体的关系;"我"与"你"表示称谓,即同另一个"我"的交流;"我"与"我"表示自我交流,即自己与自己的内心对话。因此,"自我"只有在同别人的交往中才具有存在的实在性,一旦离开具体的语境,则毫无意义可言。

二、"自我"的哲学诠释

"自我"包含着许多哲学问题,诸如人类的特性,即人与动物的区别;个体的本体同一性,即人在不断变化的条件下和他一生的时间内是否始终是他自己;个体积极性的界限,即人实际可能实现什么,人的选择的合理性受什么制约、推动和验证等等。归结起来,哲学上讲的"自我",是指主体对自身的认识。它是相对于客体而言,是从整个人类来思考主体自身。哲学对"自我"的思考最为古老。中国的老庄哲学就提出过"内省""无己""至人无己""圣人无名"等看法。虽然这里有无为的思想,但却是人们对主体的一种认识。古希腊德尔菲神庙中有句话:认识你自己。这就是后世流传的阿波罗箴言。之后赫拉克利特说出了"我寻找过我自己",由此开始了西方人对主体的认识。在历史的长河中,后人的种种观点难以尽述,但作为在这方面有贡献的哲学家的观点,略尽表述。

赫拉克利特特别强调灵魂和作为道德评价标准的"自我"的自主性。正如卡西尔在其《人论》中所言,"对赫拉克利特来说,可以用一句话来概括他的全部哲学。'我已经寻找过我自己。'这种寻找促使人们发现了一个伟大的真理:斗争是万物之父、万物之灵,它使一些人成为神,一些人成为自由人,另一些人成为奴隶。他的朴素唯物主义和泛神论的形成,把德尔菲箴言同毕达哥拉斯的灵魂净化学说相结合,总结了希腊人自己的历史经验,号召他们用战斗创造自己的未来,预示了古典时代的到来。"①

智者学派的代表人物高尔吉亚提出过"背叛自己""自食恶果"。这虽然还不是内省的词语,但已经强调了"自我"的主体性。苏格拉底赋予"认识你自己"这句箴言以较深的哲学意义,并以此教育他的门徒。在苏格拉底看来,早期哲学家和智者们实际上都没有认识自己,因为他们或把人最终归结为自然"始基",或把人留在感觉的欲望和知觉的水平上。然而,人之所以为"人",不在于他具有现存的感性特殊性,而在于他具有普遍的理性并以此来追求理想的目标——善。柏拉图也曾用"自我认识""自我克服""自我完善"来扩充他的哲学。

笛卡尔认为"自我"这个观念是天赋的,提出了"我思故我在"的论断。他认为心灵没有物质性,心灵比肉体更容易认识。"'自我'是一个在思想的东西",而思想不是一个纯逻辑的过程,"在思想的东西"就是"在怀疑、理解、理会、肯定、否定、愿意、不愿意、想象和感觉的东西。"笛卡尔虽然从某些方面揭示了自我的基本特征,但是,他那种对经验的、个人的"自我"说明,后来被认识主体的一般分析所取代。什么促使个人思考"自我"的本性,促使个人把"自我"视为一种特殊精神实体的东西又是什么,笛卡尔没有作出回答。

感觉论者认为"自我"是个体的本体论的同一。洛克认为个人之所以能在异时异地认识自己是自己,是因为可以失去自己的某一部分肉体,改变自己的职业,清醒或者酗醉,但他仍然认为自己是同一个人。在所有这些变化中,人的意识保持着继承性(连续性)和统一性。因此,"自我"是有意识地在思想的本质,不论这种本质是由何种实体(精神实体还是物质实体,简单实体还是复杂实体)组成的,它能够感觉到或意识到快乐或痛苦,能够成为幸福的或不幸的,并在意识可能达到的程度上关心自己,由此产生了"自我观念"。既然一切观念都是来自感觉或反思,那么人对自身存在的意识也是有感

---

① [德]卡西尔:《人论》,上海译文出版社2004年版,第4页。

觉的，因为没有什么比自身存在更可靠。但是，这种内部感觉，本身必须首先经过思考反思，才能成为意识事实。洛克认为反思观念是由生活经验派生的，人们只有进入成年和积累了外界知识，才能开始严肃思考。"他们的内心活动，而有些人根本就难说有过这种思考。"从感觉论的观点来看，个人的实体同一性是完全不可理解的，只能把它当作一种信仰，由于个人没有内在的、实体的同一性，就不可能有稳定的自我概念和"自我形象"。正如休谟所认为的：所谓人类理智的同一性和实体的"自我"只不过是想象力的虚构，涉及个人同一性的一切深奥妙微的问题永远不可能得到解决，应当把它们看作主要是语法的问题，而不是哲学的问题。

康德认为"自我"这个概念是矛盾的，因为对自己的意识本身已经包括了双重的"自我"：一个是"自我"作为思维主体（在逻辑上），这就是纯统觉，即纯反思的"自我"；另一个是"自我"作为知觉、内部感觉的客体，本身包括使内部经验成为可能的许多规定。人能拥有自己的自我表象这一点，使人大大高于地球上的一切生命体，因此，人才是个"人"。又由于意识在人发生种种变化的情况下具有统一性，人才始终是个"人"，亦即有身份和尊严。康德认为，自我意识是道德和道义责任的必要前提。但是人的良心为人设立"内部法庭"，不仅要求人有经验的"自我"形象，而且还要求有另一个"人"的形象，这另一个"人""可能是现实的人，也可能是理性给自己创造的理想的人"。因此，"自我"问题就超出了意识和自我意识的认识论关系范围，具有了价值观的、社会道德的层面，这就把个体与全体相互渗透的辩证法提到了前列：一方面个体是全体的个例，是体现类的共同特性的单个体；另一方面个体性规定是个体本质的"自在存在"，它不能被肢解，不能归结为一般的类特性，因而也是不可预言和不可言传的。费希特认为"自我"是无所不能的活动主体，它不仅认识，而且设定、创造整个周围世界"非我"的东西。这种观点强调了活动主体因素的意义，揭示了18世纪唯物主义没有发现或没有重视的这个问题的一些方面（个体的积极性和本质普遍性）。18世纪的唯物主义有些过于尘世化和实用主义，把人主要看作是环境和教育的产物。但是，费希特所说的通过自我意识来设定自身和整个世界的那个绝对"自我"，既不是经验个体，也不是人格，它主要是一个以"神"为中心而非以"人"为中心的概念。

黑格尔认为实在的人的"自我"是有生命的活动的个体，而它的生命就在于能把自己的个体性显现到自己的意识和旁人的意识里，就在于能表现自己，使自己成为表象。他把自我意识分为三个阶段：一是"单个的自我意识"（欲望自我意识），即只意识到自身的存在、自己的同一性和同其他客体的区别，这种把自身作为一个独立单位的意识是必然的，但也是狭隘的，它必然会转化为承认自己的不足，承认周围世界的无限性和自己的渺小性，其结果就会感到自己与世界不谐和，力求自我实现；二是"承认自我意识"，其前提是人际关系的产生，人意识到自己是为他人而存在，个体与他人接触，从他人身上认知自己的特点，对自身单个性意识从而转化为对自身特点的意识，相互承认是最基本的心理过程，而这一过程基本上是一个冲突的过程；三是"全体自我意识"，在这个阶段，个人不仅意识到了与别人的差异，而且意识到自己的深刻共同性以至同一性，从而掌握了"家庭、乡里、国家以至一切道德——爱情、友谊、勇敢、诚实、荣誉"的共同原则。不过，黑格尔的"自我"观仍是唯心主义的和抽象的。它不重视个体的独立意义，在他那里全体是以绝对理念的形而上学形式出现的，个体成为非本质的东西。

　　费尔巴哈强调了自我意识对物质条件的派生性，指出"旧哲学的出发点是这样一个命题：我是一个抽象实体，一个仅仅思维的实体，肉体是不属于我的本质；新哲学则以另一命题为出发点：我是一个实在的感觉实体，肉体的总体就是我的'自我'、我的实体本身"。自我既然有"肉体性"，因而就不仅是能动的，而且是被动的，它要承受许多外部影响。"自我"既然是世界的有机组成部分，因而就不是绝对的，而是相对的。"我的本质不是我的意志的结果，相反，我的意志是我的本质的结果。因为我先有存在，后有意志，存在可以没有意志，但是没有存在就没有意志。"但是，费尔巴哈把自我意识的起源归结为双人结对式的交往，忽视了黑格尔"全体自我意识"以抽象形式所表示的社会共同成分，个体与社会又成为隔离的东西。

　　马克思认为"自我"是在交往中或通过交往形成的，而人们的相互作用是具体的，是在共同活动中实现的，其中，对象性活动即劳动起着主导作用，劳动把自己客化于他所创造的物中，从而有可能把自己作为劳动者同自己活动的产品和结果区别开来，由此，才有"自我"与"我"的概念分化和自我认识的必要性。

三、"自我"的心理学界定

　　"自我"的心理学意义是指人们对个人社会地位的评价以及个体意识、感情、兴趣等特征的认识。它是每一个人在成长过程中必然出现的问题，从根本上讲是对哲学上自我的具体化。弗洛伊德首先以心理学家的身份提出了"我是谁"的问题。虽然他的泛性论受到了批判，但他在精神分析体系中把"我"

分为"本我、自我和超我"三个阶段是合理的。他认为"自我"是以欲望为基础的动机现象，人格是由"本我""自我""超我"三个部分组成，"本我"包含一切与生俱来的本能冲动，它是人格的一个最难接近而又极其原始的部分，其中各种冲动都不懂什么是逻辑，道德受"快乐原则"支配，盲目追求满足。"自我"是现实化了的本能，是在现实的反复教训下"本我分化出来的部分，这部分由于现实的陶冶，变得渐识时务，不再受快乐原则的支配"。"超我"是道德化了的自我，是人格最后形成的、最文明的部分，是从"自我"分化出来的那个能进行"自我批评"和"自我控制"的部分。由此看来，"自我"的目标在于通过与现实妥协，尽可能地迎合"自我"需要，而又不违背"超我"，"自我"处于一个调节者的位置，只有当"自我"具备充分的组织、辨析、批判、综合能力时，才能保证人的理智的生活。由于在人格的组织结构内部，只有"本我"有自己的能量，"自我"也只有通过求同作用从"本我"的对象选择中吸收能量，"自我"也常同"本我"和"超我"发生冲突，这时就发挥"自我"防御机制，以求解除"自我"所受的压力。

　　弗洛姆从个人的心理方面和人类的社会经济方面研究自我问题，提出了自我异化、自我丧失两个概念。他认为，虽然现代人摆脱了中世纪的各种束缚，但还是不能够在理智和爱的基础上建立一种有意义的生活。原因在于现代有关自由的问题，不仅仅是因为自我遭到宗教和世俗权力的压力，而且是人类还没有达到独立存在的、创造的和完全觉醒的"自由"，所以企图逃避自由，放弃自我。在弗洛姆看来，现代人自由的意义是，他已经解脱了使他不能随心所欲的行动和思想的外在约束。如果他知道想些什么、爱些什么，他将可以根据自己的意志来作为。弗洛姆构想了一种积极自由的生存状态，在这种状态中，自由发展的过程不会构成恶性的循环，人可以是自由且可以具有判断能力而不是充满怀疑，人是可以独立的。他认为，获得自由的方法，是自我的实现，是发挥自己的个性。单靠思想行为并不能实现自我，还必须靠着实现人的整个人格，靠积极地表现人的情感与心智潜能，才能实现自我。而自我的实现唯有在尊重他人、维护理想的尊严及我们自己的特定情况下，在自发的爱和工作中才是可能的。

　　马斯洛作为自我心理学家，较为完整地提出了"自我实现"理论。在他看来，"自我"包括生理需要的自我、安全需要的自我、归属需要的自我、自尊需要的自我等。自我需要的满足是按一定的规律呈层次状态排列，从低到高。生理需要的自我和安全需要的自我包含着自我的低级需要，是人和动物所共有的，自我在满足这些低级的需要之后，才会产生其他高层次需要，而且高层次需要的内容之间也存在着某种依赖性和发展性。在马斯洛看来，自我实现是在生理需要、安全需要、归属需要、自尊需要等层次的基本需要的优势出现之后，出现的最高层次的需要。所谓需要优势，是指某种需要在决定人的行为上所具有的力量和强度。在其《动机与人格》一书中，他说一位音乐家必须作曲，一位画家必须绘画，一位诗人必须写诗，否则他就无法安静，人们都需要尽其所能，这一需要就称之为"自我实现的需要"。关于对自我实现的误解，马斯洛认为："对自我实现术语产生的这些颠倒看法，是因为没有顾及我仔细描绘过的那些经验事实，即自我实现的人是利他的、献身的、超越自我的、社会的人。也就是说，同一性、自主性、自我中心的最大成就是在有自身的同时也有超自身，一种在自我中心之上和之外的状态。这时，人能变得相对的没有自我。"马斯洛对自我的分析有一定的合理性，符合人的需要多样性的特点。

行为主义心理学把自我分为联想的"自我"、强化的"自我"和模仿的"自我"三种，认为"自我"是一个行为范畴，只能在行动、行为中把握。行为主义者坚持用 S—R（刺激—反应）的原理来解释人的行为及其产生的动因，排除在刺激之外存在任何其他行为动因的可能性，而这种行为是盲目的、无动机的，一切行为都是刺激的直接结果。除了刺激之外，不能有什么决定行为、指挥行为的东西。由此可见，行为主义心理学者们把人作为客体固定下来，来研究人的模仿心理、强化心理和联想心理，以期使实验对象能形成不同阶段上的"自我"观。这种片面的、非辩证的思维把握不了"自我"的双重性，即人同时属于"两个世界"的特性，必然会把"物"与"人"变为绝对的对立。

认知心理学认为"自我"是一种认识模式，个人通过它来处理有关自己的信息，把信息组织为特殊的概念和形象。在费斯汀格看来，"自我"在面对世界时，并不简单地是一些被动性因子，相反，他们把自己的知觉、思想和信念组织成简单的、有意义的形式，不管情境多么混乱或随便，人们都会把某种秩序应用于世界这种组织、这种知觉，影响着我们在情境尤其是社会情境中的行为方式。在解释失调现象时，认知心理学认为，人们通常会持有这样的自我概念，即"我是一个诚实的人""我是一个聪明的人"等。这些自我概念是作为潜在的大前提介入失调效应起重要作用。减少失调是"自我理由化"，是自我追求意义的过程，是自我确定的过程。自我失调效应的基本参数，从自我引申出来的自我概念——意志及自尊和防御机制等，对理解人具有重要价值。

符号相互作用论认为"自我"是人际相互作用和交流的产物。其代表人物米德在他的《精神，自我和社会》一书中全面阐述了三者之间的关系，认为人是通过扮演各种社会角色来认识自己的。自我认识的过程离不开语言这种有意义的符号系统，米德的"自我"是由 I（主我）和 me（客我）组成的。人的任何行为都先由 I 的冲动引发，然后很快地受到 me 的控制，I 是行为的动力，me 是行为的方向，I 和 me 的关系，也是靠符号相互作用来制约的。语言是精神和自我形成的主要机制。人是通过语言这一机制来认识自我、他人和社会的。精神是社会过程的内化，这个内化过程，事实上就是人的"自我相互作用"过程。人通过人际相互作用学到了有意义的符号，然后用这种符号来进行相互作用和发展自我。社会的内化过程，同时伴随着个人的外化过程。"自我"由社会的定义和个人的定义两个部分组成，"自我"既是社会的，又是独立的。

四、"自我"的伦理学蕴含

伦理学是一门研究道德的学问，而道德是调整人们之间及个人同社会之间行为规范的总和。长期以来，"自我"在伦理学领域成为忌语；"自我"就是自私，"自我"就是唯我。的确，由于道德具有排他性的特点，利己是以排他为出发点和归宿的。正如普列汉诺夫所说，"实际上，道德的基础不是对个人幸福的追求，相反它总是要以或多或少的自我牺牲为前提"。

中国传统文化的自我学说，是伴随着伦理道德的阐释而展开的。在漫长的历史长河中，儒佛道三教在斗争和融合中发展，形成了中国文化独特的风貌。有学者指出，如果说儒家学说更偏重于人在社会生活中的自我价值的实现，佛教更偏重于人的内心精神生活的心理满足的话，那么道教则更偏重于人在生命上的永恒与愉快；如果说儒家学说对于潜藏在人的意识深层的欲望更多地采取在社会理想中升华、转化的方法，佛教更多地采用在内心中压抑、消灭的方法的话，那么道教则更多地采用一种通合的方法，使它在虚幻中满足，在宣泄中平息。

体现道教精神的自我学说包含三层意思：以恰谈闲适、清心寡欲、随遇而安、内心克制为特征的生活情趣；以清净虚明、无思无虑为特征的内心境界；以这种生活情趣与内心境界为主，以养气守神健身方法为辅赢得良好的生活状态，在老子看来，自我最大的祸就来自于欲望，最大的咎就来自于有私，因为有了私欲就有所追求，有所追求就要有纷争，有了纷争就有可能失败乃至招来杀身之祸。因此"少私寡欲，见素抱朴"才是自我应该追求的理想境界。老子所说的"知人者智，自知者明"正是强调的对"见素抱朴"的自我认识。他所说的"胜人者有力，自胜者强"不是对自我懦弱的战胜，而是对自我私欲的战胜。道教追求的清静无为的超然出世，并不是消极的无所事事，而是不破坏事物的现存秩序，通过忘却实在的自我而躲避世俗生活的烦恼，达到对精神充实自我的向往，其核心是"忘我"。

佛教认为现实的人生是"无常""无我""苦"。"苦"由每人自身的"惑""业"所致。"惑"指贪、慎、痴等烦恼；"业"指身、口、意等活动，"惑""业"为因，造成生死不息之果。根据善恶行为，轮回报应，主张依据经、律、论三藏，修持戒、定、慧三学，以断除烦恼，超脱生死轮回，达到"涅"或"释"的最高境界。佛教所宣扬的这一过程，是通过否定现实自我的"无我"来对抗世俗生活的压迫。

儒学有别于佛教和道教的是：它在中国是沿着伦理政治一体化的方向发展的，体现"道德政治化"和"政治道德化"。在儒学创始人看来，"礼"既要内化为修己之道，又要外化为治人之道。重人伦，重道德，强调以"礼"节情，提倡人格的自我完善，致力于人际关系的统一和谐。儒学经典之一的《大学》开宗明义就讲了格物致知：诚意—正心—修身—齐家—治国—平天下，即人格自我修养的全过程。按儒学的精义，在这里，自我价值的实现实际上是人伦价值的实现。

孔子强调君君、臣臣、父父、子子的思想，构筑了一套封建社会等级森严的尊卑关系。一端是至尊、至贵、至高，一方是至卑、至贱、至低。处于后一个极端的人，似乎从生到死都被注定是一种从属物，是为对方而存在着。他作为一个人的正常的发展、必要的自由、正当的需求则被泯灭，这不能不是一种畸形的自我价值的实现，实际上是自我丧失。

儒家十分强调人的精神境界，认为道德需要是一种最高的需要，人经过修炼，就可以达到"尽其心""知其性"，从而进入"知天"的境界。孟子说："万物皆备于我矣。反身而诚，乐莫大焉。"孟子所看重的是"性善"的本体，而不是自我的本体。善性是"我"心中之诚，只要反身求诚，那就是最大快乐。这里的"我"仍然是主观吞并客观，仍然是虚幻的"自我"。

儒学重义轻利的价值倾向是众所周知的。孔子主张"克己复礼"，他讲"君子喻于义，小人喻于利"，"君子谋道不谋食"，"君子忧道不忧贫"；孟子强调"养心寡欲""王何必曰利"。在个体利益与整体利益发生冲突时，儒学主张以牺牲自我求得和谐，要求"杀身成仁""以身殉道"。

宋代的朱熹以儒学为主体，把儒、佛、道熔于一炉，他用"存天理，灭人欲"的主张去概括先儒对生命价值的看法，表现禁欲主义的非人道倾向。在他之前，程颢、程颐已把一切封建伦理说成天理，提出了"灭私欲，则天理明"的命题，宣扬"饿死事小，失节事大"。朱熹用理学概念对儒学的人生价值观念加以概括，他认为，孔子所谓"克己复礼"，《中庸》所谓"改中和""尊德性""道学问"，《大学》所谓"明明德"等等都是对自我价值的追求。朱熹明确指出："圣贤千言万语，只是教人存天理，灭人欲……人性本明，如宝珠沉混水中，明不可见，去了混水，则宝珠依旧自明。自家若得知人欲蔽了，便是明处。"由此可见，儒学对人生自我价值的本质揭示。

在西方，人本主义伦理学的最高价值"不是无我，也不是自私，而是自爱；不是否定个人，而是肯定真正的自我"。弗洛姆在谈论"人性和自我"的关系时，强调人性是确立道德规范的前提和依据，道德是个人需求，即人性在正常情况下的体现，如果没有人性，道德原则就失去了依据。因此，认识了人性，才能有道德良心和责任感。但是，普遍的人性一定是在作为个体的自我身上才得以发展。"一个人代表整个人类，他是人种的特例。他就是'他'并且他就是'一切'，他是有特性的个体。而且在这个意义上是独一无二的，同时他又代表着人类的所有特性"。[①] 关于自私、爱己和利己，弗洛姆指出，在现代文化中，盛行对自私的禁忌，结果把自私等同于爱己，认为爱人是美德，爱己是罪恶，但是在心理分析时应当区别自私与爱己。如果我爱邻人是一种美德，则爱我自己也必然是美德。因为我也是人类之一分子，爱己表示尊重自己的完整独立性，爱护自己同尊重、爱护以及了解他人是不可分的。因此，在原则上，我把别人作为爱的目标时，也应当把自己作为爱的目标。但是另一方面，对"利己"也应有新的理解。因为现代人生活在市场经济环境中，把自己当做商品，没有认清自己的真正利益是什么，当他不顾一切地把追求财富作为自己的利益时，他已经丧失了自我。所以，弗洛姆得出的结论是：现代文化的失败，不在于个人主义原则，不在于道德理想等同于利己的追求，而在于利己的意义蜕化变质；不在于人们过于关切他们的自我利益，而在于他们对真正的自我利益没有充分关切；不在于他们太自私，而在于他们不爱自己。

第二节 自我意识

依据反映对象的不同，人的意识可以区分为非我意识和自我意识。非我意

---

① 弗洛姆：《自为的人》，国际文化出版公司1988年版，第67页。

识是对客观外界的认识，自我意识是关于自身的意识，非我意识是自我意识形成的基础，自我意识则是非我意识的重要参照系统。自我意识是自我教育的前提和基础，人的自我意识的高低直接关系到自我教育的可行性及效果。

一、自我意识的概念

自我和自我意识是两个既相互联系、又相互区别的概念。自我指的是一个具体人的存在，它是自我意识的载体，而自我意识则是一个人关于自身的认识，是作为主格的我对作为客格的自我存在活动及其过程的有意识的反映。

自我意识有着广义与狭义之说。广义上是指一切能够叫作"我的"个体的总和。它不仅包括个体的躯体、生理活动与心理活动，而且包括所有与个体有关的存在物，诸如个体的亲属、朋友以及个体成就、名誉、财产等，这一切使个体对自身的存在产生满足或不满足体验。狭义的自我意识是指个体对自己心理活动觉知与控制的脑的机能活动。自我意识是个体心理的特殊形式，是人脑对个体自身以及对外部世界关系的能动反应。罗杰斯曾说：自我意识是"对于主格我或客格我的特征的知觉和对主格我或客格我与他人和生活的各个方面关系的知觉"。现代脑科学的研究已部分揭示出自我意识的脑机制，因此，所谓自我意识是个体反映自身及其与外部世界关系的脑的机能活动。

自我意识是一种多维度、多层次的心理系统。从其结构形式上看，自我意识具有认知的、情绪的和意志的等多种形式。属于认知的形式有：自我感觉、自我观察、自我观念、自我分析和自我批评等。属于情绪形式的有：自我感受、自爱、自尊、自恃、自卑、责任感、义务感、优越感等，统称为"自我体验"。以体验的形式表现出人对自己的态度，在同别人比较中评价自己，这类情感是复杂的。属于意志形式的有：自立、自主、自制、自强、自卫、自信、自律等，可以统称自我控制。自我控制主要表现为个人对自己的行为活动的调节，自己对待他人和自己态度的调节等。总之，这三种表现形式综合起来、相互联系起来，便成为一个人个性的中心内容——自我。

从其内容上来看，自我意识又可分为生理自我、社会自我和心理自我。生理的自我是指个体对自己身体的意识，包括占有感、支配感和爱护感。所谓社会自我，就是个人对自己在社会关系、人际关系中的角色意识，包括个人对自己在社会关系、人际关系中的作用和地位的意识，对自己所承担的社会义务和权利的意识等。社会自我出现的同时，心理自我也同时形成和发展。所谓心理自我，就是个人对自己心理的意识，包括个人对自己的性格、智力、态度、信念、理想和行为等的意识。个人对自己生理的、社会的、心理的意识，是密切联系在一起的，因而，每一个人都有自己的看法和态度的独特形式和内容。

就自我认识中的自我观念来看，自我意识又可分为现实的自我、投射的自我和理想的自我。现实的自我也称现实我，是个人从自己的立场出发对自己目前的实际状况的看法。投射的自我也称镜中自我，是个人想象中他人对自己的看法，想象他人心目中自己的形象，想象他人对自己的评价，以及由此而产生的自我感。现实自我不一定与想象中他人对自己的观感完全相同，两者之间可能有距离，当这个距离加大时，便会感到自己不为别人所了解。理想的自我也称理想我，是指个人想要达到的完善的形象，如个人的生活目标，对将来的期待、抱负和成就以及自己想成为怎样的一个人。理想自我是个人追求的目标，不一定与现实自我相一致。理想自我虽非现实，但它对个人的认识、情绪和行为的影响很大，是个人行为的动力和参照系。

总之，个人的自我意识是非常复杂的结构系统，我们可以从各个维度或层次加以分析和探讨。

二、自我意识的发生与发展

个体的自我意识从发生、发展到相对稳定，要经过二十多年时间。婴儿没有自我意识，出生两个月内的婴儿，生活在主体与客体尚未分化的状态中，分不清自己的手指和母亲的奶头，甚至把母亲当作自己的一部分。显然，这时是没有自我意识的。自我意识的最原始的形态是生理自我。生理自我最早在8个月才开始，到3岁左右才成熟，由于生理自我表现为个人对自己身体的占有感、支配感和爱护感，这些意识使个人体会到生存是寄托在躯体上的，但这时幼儿的心理活动还未指向自己的内心世界，他们的自我只是生理自我或身体自我。

3岁左右的幼儿，自我意识有了新的发展，主要表现在：出现羞耻感和疑虑感；出现占有心和嫉妒心；第一人称"我"的使用增多；要求自主性，即要求"我自己来"。虽然3岁幼儿的自我意识在发展，但是其行为是一种自我中心的行为，即以自己的想法来解释外部现象，并将自己的想法和情感投射到外界事物。从3岁至青春期这段时期，是个体接受社会化影响最深的时期，也是学习角色的重要时期。儿童在家庭、幼儿园或学校中游戏、学习、劳动，通过练习、模仿和认同，逐渐形成各种角色观念，如性别角色、家庭角色、伙伴和团体角色、学校中的角色等，即形成每个人的社会自我。对12岁以下的儿童来说，唯一被意识的现实是外部世界，他们把自己的想象全集中在外部世界。儿童可以充分认识到自己的行为，但并不能了解自己的心理状况。12岁以下的儿童，大多数都把自己的情绪视为某种客观上伴随行动而产生的东西，他们还不会通过自己去认识外部世界，而只是从别人的观点去评量事物、认识外部世界。

从青春发育期到青春后期大约10年时间，是心理自我的发展时期，自我观念渐趋成熟。在青春期，个人无论在生理、认识或情绪等方面，都有很大的变化，如：性的成熟、逻辑思维的形成、想象力的发展、感受性的敏感，都是造成自我意识发展的基础。这一时期，个人的自我意识具有以下特点：首先，自我意识分裂为观察者的我（I）和被观察的我（me），因而个人就能从自己的观点出发，认识和评量自己的心理活动。其次，能够透过自我去认识客观世界，即从自我的观点来认识事物，而不是从他人的观点去评量事物。最后，个人价值体系的发展和理想自我的活动，总是与自我观念的发展相联系的。到了青春期，个人常常强调自己所具有的个性特征的重要性，以及个人认为自己追求的目标对于自己的重要性。由于自我意识的发展，青年要求独立、自治意识强烈，更想摆脱成人的影响和束缚。

如果说婴幼儿时期是自我意识的发生阶段，童年期到少年期是自我意识进一步发展的阶段，那么，青年期则是自我意识迅速发展并趋向成熟的阶段。一般来讲，青年自我意识的发展，经历着一个特别明显和特别典型的分化、矛盾和统一的过程。青年自我意识的发展，是从自我明显的分化开始的，表现为儿童时期的那种较稳定的、笼统的"我"被打破了，明显地出现了两个"我"：一个是主体的"我"（即观察者的"我"），一个是客体的"我"（即被观察者的"我"）。自我的明显分化，使青年主动地、迅速地对自己的内心世界和行为，具有了新的意识，开始意识到自己那些从来没有被注意的"我"的许多方面的细节。于是，自我内心活动复杂了，自我沉思、反省的时候明显增多了；对自我新的认识、体验和控制的种种激动不安、焦虑与喜悦增多了；为自己应怎样做、能怎样做、不应怎样做、不能怎样做而开始频繁地动脑筋了。要求一块自己的小天地，写日记向知心朋友倾诉，与可信赖的人探讨如何做人、处事等，也就在这个时期发生了。

自我明显的分化，意味着自我矛盾冲突的加剧，即主体我与客体我的矛盾斗争的加剧，理想我与现实我的矛盾斗争的加剧。两个我不能统一，自我形象便不能确立，自我概念也不能形成。于是青年便表现出明显的内心冲突，甚至有一定的内心痛苦和激烈的不安感。他们对自我评价常常是矛盾的，对自我的态度常常是波动的，对自我的控制常常是不自觉、不果断的。他们可能忽而只看到自己的这一方面，又忽而只看到自己的那一方面；时而能较客观地评价自己，时而又倾向于主观；时而肯定自己，时而又否定自己；时而感到自己很能行，时而又感到自己特别幼稚；时而步入憧憬境界，对自己的现实缺乏意识，时而又厌恶自己长大而津津乐道那令人留恋之童年；时而对自己充满自信，时而又感到自己无能，对自己不满等。

如果说青春期自我意识是迅速发展并趋向成熟的阶段，那么青年期之后个体的自我意识则是完善和提高阶段。这是由于自我意识的局限性、矛盾性和片面性所决定的。自我意识的局限性是指一个人的自我意识的容量是很有限的，所包含的知识量是很少的，这就意味着自我意识的可靠性有问题，经不起实践的冲击。自我意识的矛盾性是指一个人的自我意识往往不断地吸收和容纳一些互相矛盾的价值观念。自我意识的这种局限性和矛盾性常常引起主体的我和客体的我相互对立和冲突，破坏自我的统一，这种对立和冲突的结果是导致正确的思想占主导，从而形成新的自我统一。相反，对立和冲突的消极结果是产生自卑感，或原谅自己所犯的错误。自我意识的片面性是指一个人的自我意识是经验的，或者是预先打下某种社会烙印的。片面性往往会导致人们只看到自己的正面而发现不了自己的缺点，导致自以为是和骄傲自满情绪的滋生。当一个人发生了某种错误和过失时，局限性、矛盾性和片面性就会同时发生作用，致使自我意识运行可能出现以下三种情况：要么正确的理想的我同现实的我进行矛盾斗争，促使现实的我逐步接近正确的理想的我，从而达到新的积极的自我同一；要么不正确的理想的我迫使现实的我迁就于他，从而形成自我意识的消极同一；要么主观臆造的自我解脱，或推脱于外因而自我原谅，以求摆脱，这是虚假的自我同一。由于青年期之后个体的思维方式健全，世界观、人生观已确立，在自我意识运行时，主体的自我看待客体的自我往往有预先设定的宏观参照系（理想）和微观参照系（行为规范），以宏观参照系促使主体的我确定自己在外部世界中的方位，以微观参照系作为自己行为的评价标准，以及作为研究自己活动状况对外部世界适应性的基础，使主体的我不断修正客体的我的行为，纠正错误，发扬优点，不断接近原定的参照系的要求，同时也进一步促使这一时期的个体自我意识不断地提高和完善。

三、自我意识对个体活动的意义

自我意识是人类特有的心理现象。个体活动离不开自我，自我客观地存在于个体的活动中，自我意识对于个体的活动具有不言而喻的重要性。

1. 自我意识把自身作为个体活动的参照

个体活动的方式，个体活动的内容，都是以个体自身为参照的。个体对外部世界的反映，大多是相对于自身存在的状况而言的。如个体说"那儿离这儿很远"，这是相对于自己所处的地理位置而言的。个体认为某人很蠢，其潜在含义至少是那人没有自己聪明。心理学家曾为个体所看见的物体为什么会被看成是正立的，而不是上下颠倒、左右交叉的这一问题，争论不休。一种解释是，个体把所看到的物体在自己视网膜上所形成的映象又按照原来的投射路线再投射出去；另一种解释是，生下不久的小孩看到所有物体原来都是上下颠倒、左右相反的，后来由于经验和实践的纠正，就逐渐地把颠倒了的物体再颠倒过来，把相反的再翻过来。但是这两种解释都还没有说到点子上。临床发现，先天失明而后天恢复了视力的人，在初次看到外部世界时，并未报告是颠倒的，原因在于个体把自己作为参照去反映外部世界，自我把自身与外部世界作为一参照系统。

2. 自我介入对个体活动的意义

任何个体活动都有自我介入。某一事物与个体的自我发生关联并相互融合，称为自我介入。反映对象的关键在于自我介入的程度。自我介入以感情投入为指标，对个体的活动产生巨大的影响。如果一件事被认为与自己无关，个体不会有什么反应，一般说来，为自己做事和为他人做事会有不同的活动效果。除非这个他人成为自我的一部分或别有企图时，才会有相同的活动效果。

自我介入在人3岁前后开始产生，这时个体开始使用"我"字。在此以前，当个体谈到自己时多以第三人称自称，如"宝宝要这个""宝宝要那个"等。自我介入表明个体对于自身有相当的认识，已经知道自己与其他人、其他事物的不同。以后，自我介入范围愈来愈广，到成年时，和自我有关的事物不但包括财产、家庭、职业、国家、政党、民族，而且还包括思想、观念、信仰、目标、价值观等，如果这些受到损害或威胁，个体会认为是自己受到损害或威胁，便会进行自我防卫。

3. 自我是个体活动的觉察者、调节者和发动者

自我作为个体活动觉察者是使个体知道他在干什么，干得如何，并可以随时修正。而某一活动干得是否恰当，自我会对它作出评价，提供反馈信息，从而保持或改变活动的内容、方向和强度，这时，自我就是调节者。这种调节有时是有意识的，而有时也是无意识的，这样的例子在现实生活中有许多。有时自我还是个体活动的发动者，它是个体活动的动力，即个体的自我成为个体活

动的直接原因。个体活动并不都由外部要求决定，个体的内在需求和内部标准逐渐控制着他的活动，这种作用随着年龄的增长而加强。在现实生活中，个体更愿意按照他自己的方式活动，自己决定自己的行动。当个体总感到自己不能决定自己的活动时，他就处于一种危险的境地。临床发现，如果个体长期处于被强迫的活动状态之中，就会产生心理上的烦恼，丧失自信，产生生理或心理疾病。由此可见，自我作为个体活动的发动者的重要性。

4. 自我使个体的活动具有一致性、独特性和共同性

个体的活动既可以由外部控制，也可以由自身控制，自我使个体的活动在无外界压力或与压力相对抗的情况下保持一致。为什么个体会有一种人格恒同之感？为什么个体在不同的情境中会有一贯的行为反应方式？这是因为自我把自身看成一个统一的连贯的实体，具有维持这种统一的动机。比如，个体主体认为做人应该对得起自己的良心，那么无论在何种情况下，他都会努力按照这一信条去做，否则便有一种过失感或罪恶感。

个体活动的一致性是相对于他们自身而言的，如果个体感到自己处处与他人一样，他会感到不满意，因此自我总是要寻求个体活动的独特性。有这样的一项研究，主试让被试描述自己，结果发现，每个被试在描述自己时往往强调自己不同于他人的特点。事实上，无法与他人相区别的感受可能令人不快，所以个体在活动的时候会发挥自己的主观能动性，总要表现出与他人的不一样，尤其是在个体的活动被预期可能受到奖赏时，更是如此。而当个体的活动被预期可能受到惩罚时，个体总要寻求与其他个体活动的共同性。

5. 不同的自我优势会引起相应的自我评价与自我追求

当物质的自我占优势时，在其自我评价的基础上，个体主要追求其身体外表、物质欲望的满足，获得家庭成员的关心与爱护等；如果以社会的自我为主导，那么在其自我评价的基础上，则个体处处追求他人的注意与重视，追求他人对自己的情感，追求名誉、地位、金钱；假若心理的自我占优势，在其自我评价的基础上，个体主要追求自己在政治上、宗教上、道德上的进步，并且努力发展自己的智慧。

6. 自我寻求理想的自我实现

理想的自我不一定是客观上有价值的现实中的我，它是个体希望使自己成为什么样的人。从某种角度看，个体都不符合他想成为的那种人的标准，正是实际的自我与理想的自我之间的差距激发了个体的某些活动。

包括马斯洛和罗杰斯在内，许多研究自我理论的专家曾经断言，在人类的活动中，自我实现是一种极其重要的动机。罗杰斯认为，自我实现是人类活动

的根本动机，个体的社会化包含一种经常趋向自主，并摆脱外部力量控制的倾向。每一个健康的个体都需要两种类型的关心——社会的和个人的。假若个体没有感受到别人对他的关心，以及缺乏一种具有真实基础的对自身价值的意识时，他就不可能是正常的，也不可能正确地发挥作用。完全的理想的自我实现的个体几乎是没有的，从个体的角度看，个体很少有自我满足的时候，他总是处于不断地追求和奋斗中，即不断地寻求理想的自我实现。

第三节　自我教育

自我教育是一种广泛的社会现象，它不仅存在于教育过程之中，也存在于教育过程之外；不仅表现在教育者身上，也表现在被教育者身上；不仅发生在学校，也发生在社会、家庭之中。自我教育还是一种极其复杂的现象，自我教育的个人可能以自己的整个身心为对象，也可能仅仅以增进自己身心的某一方面，诸如智力、体力、道德品质或知识为目的，还可以指向更具体的身心要素，如态度、情感、意识、鉴赏力、记忆力等。自我教育又是一种多层面的综合现象，它不仅包含着个体的"小我"，还更丰富地包含着群体、社团乃至整个民族、国家的"大我"；它不仅仅是"自我"的觉醒、"自我"的理性认知，还是自我心理品质的培养，并最终体现在社会道德的层面。

一、自我教育的概念

什么是自我教育，学者们给予了不同的界说。有的认为："自我教育是指人们为了具备和提高自己某种素质和能力，而自觉地进行的学习和涵育，个人道德品质方面的自我教育，也就是指的道德修养。"也有的认为："自我教育是学生为形成良好的思想品德而进行的自觉的思想转化和行为控制的活动。"还有的认为，自我教育有广义和狭义之分，广义的自我教育是指自己促进自身德、智、体等全面发展的活动；狭义的自我教育是指自己促进自身品德发展的活动。上述定义，对我们研究自我教育概念有很大的启发。我们认为，要把握自我教育的全部内涵，应从以下几个方面着手。

1. 自我教育的基本属性

自我教育的基本属性是活动。从根本来说，自我教育必须通过个人的活动，如学习、劳动、人与人之间的社会交往来进行和实现。个人进行自我教育是为了认识和促进自己德、智、体等方面的发展，但是，人不能直接地洞察和认识自己，更不可能直接地作用自身、提高自身，而只能是通过劳动、通过与他人的交往来实现、通过与自身以外的客体相互作用而间接地达成。主体只有在对象活动中，在学习、劳动以及与他人和周围环境现实关系的过程中才能获得关于自我的信息。黑格尔曾说："对于一个他物、一个对象的意识必然是自我意识，是意识返回自身，是他在对方中意识到他自身。"[1] 通俗地说，人要认识自己，作出正确的评价，就必须去从事相应的活动。活动可以使主体"走出"自身，在认识对象中反观自身，从而达到正确认识自己、评价自己的目的。F. C. 科斯秋克认为，人要认识自己的"观察力、记忆、思维、情感、意志、能力、性格"等心理特征，"必须去解决那些要求观察力、识记、追忆参加的不同课题，去解决智力的和其他的课题。"[2] 正如马克思所指出的那样，人生来没有带镜子，因此甚至难以认识自己的外貌，但人可以借助外部对象折射自己，克服自我认识的困难。对象活动之所以可以帮助人自我认识，首先，因为个人只有在与对象，即他人、他物以及观念形态的对象相互作用的过程中，才能够把自己现有的水平，如知识、技能、技巧、情感、意志、智力、体力、道德品质等表现出来，活动结果不论以何种形式存在，总凝固着主体的各种特性，从而使主体能够从中"直观"自身，同时也为别人所感受、意识到。其次是因为个人活动总是离不开社会的群体活动与交往，主体在与人的交往活动中，一方面，他不断地为别人所认识、评价；另一方面，他将自己与别人相比较，在相互比较中，鉴别和认识自己、正确评价自己。这样才能为自我教育奠定坚实的基础。总之，对象活动造成这样一种可能性，他使主体走出自身，仿佛认识旁人那样认识自己。个人要发展自己的道德、智力、体力，提高自己的现有水平，也必须从事相应的活动。马克思不止一次地揭示过活动的双重作用：人的对象化、对象的人化。活动之所以能影响人的身心发展，是因为主体欲实现自己的目的，就得把他已有的身心水平发挥出来，以便使客体发生合乎目的的变化。但客体有自己固有的客观属性，主体必须按照客体的客观属性来改变他们，在相互作用中，主客体之间实现着物、能量、信息的交流。这样，活动产生两种结果：一是对象的改变，二是主体自身的变化、发展。主体在活动中一面表现着，一面发展着，活动之外没有发展。可见，个人的自我认识和自我发展是与对象的

---

[1] 转引自薛华：《自由意识的发展》，中国社会科学出版社 1983 年版，第 2 页。
[2] 列昂捷夫：《苏联心理学》第 2 卷，中国教育出版社 1961 年版，第 14 页。

认识和改变一致的、统一的。自我教育是不能脱离活动，不能与自身以外的对象相割裂的。有人认为，"发展道德活动能力，克服不良品质"的"行为和方法"，是"自我说服、自我命令、自我强制、自我限制"。其实，把自我道德教育仅仅归结为封闭的脑内活动，自己直接作用于自己，从而把自己与对象割裂开来，并把活动排斥于外的，自我教育则无从谈起。诚然，自我说服、自我强制等十分重要，事实上，个人自我说服、自我命令正是为了督促、调节自己的活动，没有活动的自我说服、自我命令是没有什么意义的。

2. 自我教育的心理机制

自我教育的心理机制是自我意识。自我意识是对自己、自己的活动以及自己与环境的关系的意识，是个人将心理过程转向自身，把自己作为客体来研究的。所以，正是个人有了自我意识这种精神属性，才有对自己的德、智、体等方面的认识、对待和调节，并使自己成为自身的教育客体。前面已经提到，自我意识的表现形式十分复杂，如自我观察、自我控制、自我评价、自尊心、自信心等，它们在自我教育中各具不同的功能，都是不可缺少的。其中，自我评价、自我调控是自我教育中最重要的心理机制。因此，个人能否正确认识自己，很大程度上取决于能否恰当、准确地进行自我评价。有人认为，在自我教育中，自我认识是主导，自我态度是核心，自我调节是杠杆，这种看法是有一定道理的。现代心理学研究表明，意识包括对内和对外两部分：对外部世界如自然、社会及他人的认识、评价以及由此而产生的观念、态度等，称为对外意识。对自己的认识、评价以及由此而产生的自我形象、态度等，称为对内意识，也称自我意识。一方面，二者相互影响、相互联系，既可以相互促进，又可以相互消长；另一方面，二者又有相对独立的生理机制、心理机制和心理功能。研究资料表明，人的行为大多是由自我意识决定的，自我意识在很大程度上决定着对外意识对自我教育的影响力的大小。例如一个极其自负的人不易看到自己的短处和别人的长处；而另一个极其自卑的人则可能恰恰相反。正是在这个意义上，才把自我意识归结为自我教育的心理机制。

3. 自我教育的分类

自我教育按照不同的划分标准，有其不同的分类。①按照自我教育的水平划分，自我教育可分为接受教育的自觉状态和自我修养的自为状态。接受教育的自觉状态表征着主体的自我教育能力相对较低，必须施加外部导向教育，也就是说，要把人的内在自觉的目的教育和外部导向教育结合起来，使主体对教育影响能自主地进行选择、理解、内化，这就是我们常说的导向式自我教育能力。自我修养的自为状态表征着主体已具有较高的自我教育，它不局限于在一定的有组织、有目的的教育氛围内进行，而是根据社会需要，随时随地自觉地抵制或克服消极影响，进行思想转化和行为控制。根据自我教育发展的要求，接受教育的自觉状态最终要转化为自我修养的自为状态。②按照自我教育的性质划分，自我教育可分为正向自我教育和负向自我教育。自我教育具有双重功能：正向自我教育可以促使人们自我激励，启发思想，校正行为，加速世界观的改造；负向自我教育不仅起不到正激励的效果，反而会搞乱人的思想，产生消极的心理反应和不正确的行为。因此，自我教育首先要辨别是非，抵制各种错误思想的引诱，防止出现负向自我教育。③按照自我教育的主体划分，自我教育又可分为个体自我教育和群体自我教育。正如苏霍姆林斯基所说，"自我教育就是从这里开始的：让一个人去关心另一个人，力求看到自己身上的好东西在另一个身上表现出来"。① 可见自我教育包括群体自我教育和个体自我教育。个体自我教育是相对于群体自我教育而言的，有狭义和广义之分别，二者互为前提和条件，都是自我教育的主体。

4. 自我教育的根本特征是教育主客体的统一

所谓教育主客体的统一，是说个人既做自己的教育主体，又做自己教育的客体，这是自我教育区别于其他活动的根本特征。前面说自我教育的基本属性是活动，尚未把它与其他活动区别开来。所有个人的活动，如看书、劳动、与人的交往等，都可以影响人的身心发展，这是由活动的双重作用决定的。其他活动对身心发展的影响只是作为实现其目的的过程中产生的平行结果，是一种副产品。这种结果对于主体来说不是主观预期的，甚至往往是未觉察到的，是无意识的、偶然的、杂乱的，它们对身心的影响也无一致性、联贯性、系统性，有时可能是消极的。自我教育则不同，主体有发展身心的明确的任务和要求，它的结果即对身心发展的影响是主体预期目的现实化、客观化，它的结果也是主体能自觉感受到的。虽然人的全部活动皆有内在目的，皆由需要引起并为着满足自己的需要才指向外部对象，从事对象活动。然而，其他活动指向外部对象则没有有意识地指向自己的身心，自我教育则是指向自身，是有意识地把自己作为自身教育的客体，是为了指向自身才同时指向客体。自我教育的这一特征也使它根本区别于教育。自我教育和教育的共同点是，二者都可以促进人的身心发展。然而，在教育过程中，受教育者是作为他人的教育客体，或者说是他人作为自己的教育主体，是被他人认识、调节和控制的；自我教育则不同，他是个人作为自己的教育主体，由自己自觉地认识、调节和控制的。自我

---

① 苏霍姆林斯基：《少年的教育和自我教育》，北京出版社1984年版，第101页。

教育的表现形式是把"我"这个统一体分解为主体的我和客体的我，主体的我是认识的主体，客体的我是认识的对象。在个体内形成认识主体和对象之间的矛盾运动，通过这个矛盾运动，不断修改自己的认识模式和方法，选择自己认为最佳的途径或自我归宿。在此基础上所派生出来的"社会我"与"动物我"，"长者我""成人我"与"幼者我"，"意念我"与"实在我"以及"旧我"与"新我"之间的矛盾运动，都是"我"对"现实我"的不满而引发的。当个体进行自我教育时，构成自我教育的三大系统同时在人的大脑中起作用，无论个体所谋求提高自身的哪一个方面，首先所要解决的是观念问题。自我意识与自我教育的最大区别在于：自我意识所要解决的是"我是谁""我现在怎么样"的问题，而自我教育所要解决的是"我为谁""我将来怎么样"的问题。因此，自我教育活动最终体现为社会道德层面。

　　通过上述的分析可以看出：自我教育有广义和狭义之分，广义的自我教育是指个人有意识地影响自己的身心发展的活动；狭义的自我教育是自我德育和自我修养。它既包含接受教育的自觉状态，又包括自我修养的自为状态；既包含个体自我教育，又包含群体自我教育。

二、自我教育的基本特点

　　为了进一步阐明自我教育的内涵，有必要弄清自我教育的特点。这里，我们认为自我教育主要具有五个特点：

1. 自我性

　　自我，意味着在思维上的二分：客我和主我。这种二分，就是自我的发生，自认的开始。自认是人的活动的起点和中心。自我教育的发生，也是从自认开始的。在自我教育过程中，个体既作为自己的教育主体，又作为自己的教育客体，是教育主客体的统一。它与灌输教育的不同之处在于：在灌输教育活动中，受教育者虽然是主体，但他的能动性不是作用于自身，而是作用于灌输教育的载体，自身是教育者的教育客体，是灌输教育认识、调控的对象。在自我教育之中，受教育者主体则自觉地把自己作为教育客体，有意识地对个体自身进行认识、调控和改造，使个体自身发生合乎目的的变化。在这个过程中，无论是作为教育主体的自我，还是作为客体的自我，都是同一体。可见，自我教育的教育指向是自我，具有自我性。具体表现在，个体以追求理想自我目标为起点，以自我修养为中介，以自我发展为归宿。因此，自我教育是主体将自己的自觉能动性指向自我思想的转化和行为调控的个体活动。

2. 能动性

自我意识是自我教育的基础，自我教育是借助于自我意识完成的。自我意识的能动性表现在个体不仅能根据客观的评价和自己实践的反馈信息形成对自我的意识，而且还能根据自我意识以调控自己本身的心理和行动。这种自我调控能力的发展，是自我是被意识的客体同时也是意识的主体。这种主动的调节作用，是自我意识发展成熟的重要标志。在自我教育中，这种能动性体现为：一是目的性。自我教育从来都不是盲目的、盲从的活动，而是一种合乎社会规范和要求的自我提高和完善的活动，它同马克思关于人的全面发展的设想是一致的，是实现人的价值的体现。不同于西方思想家所提出的自我教育的目的是"养成正当的习惯"，是"使人的各种能力得到自然的、进步的与均衡的发展"。不同之处在于：自我奋斗同社会进步的方向保持一致。总之，实现人的全面发展是自我教育的目的。二是可控性。可控性是指个体能按照预定的目标，自我控制、自我批评、自我监督，从而自觉地实现自我。三是超前性。超前性就是个体在现实的基础上形成理想的我，同时不断地用"理想我"督促、鞭策"现实我"，最终达到"理想我"与"现实我"的统一。

3. 自主性

每个人都有自主意识，独特的个体能进行一定的自主活动，表现为自主性。在教育中，如果个体始终是处于一种被教育的客体地位，就很容易产生从众意识，不可能体现人的自主性。自我教育则相反，个体无论是独立进行，或是在灌输指导下半独立进行，自身始终处一种教育者的主体地位。也就是说，个体不论是接受一种思想观念，还是确立一种理想信念，都是依据自身的实际情况，通过自身自觉的内心体验，通过自己的思考与分析，通过自己的选择与认同，在具有一种强烈的自我同化欲的基础上来完成的。因此，自我教育使个体意识中的内在积极性得到了充分的发挥，思维活动中的自主性得到了彻底的体现。那种认为强调自我教育的自主性是放任自流的说法显然是错误的。

4. 社会性

自我教育不是一种孤立的个体活动，而是一种具有社会性的个体活动。马克思主义者认为，个人与社会之间是个体的、历史的统一。社会是个人发展的母胎，个人的成长离不开社会，个体的发展在很大程度上依赖于他对社会存在、社会关系、社会生活的认识程度，以及社会所提供的可能性。马克思说："人的本质并不是单个人所固有的抽象物，在其现实性上，它是一定社会关系的总和。"① 因而社会性是人的本质，离开了社会性，自我教育不仅不可能进行，而且也没有必要了。可见，自我教育决不能脱离他人、社会，决不能孤立地、封闭地进行所谓的"自我设计""自我奋斗""自我实现"，社会环境影响自我教育的目标、内容和方法，也影响自我教育能力的培养。当然，个体也不是社会环境的消极物，而是社会发展的主体，如果个体在精神上愈能感到自己的独特的巨大价值，那么，就愈能促进个人和社会的发展和完善。自我教育集中体现了这一点。

5. 实践性

自我教育的社会性表明自我教育是开放的，而社会实践决定着自我教育的开放性。这种决定性表为：在自我教育的动机上，自我教育是社会实践的需要，它是主体在交往中产生了完善自己的愿望；在自我教育的目的上，是主体的我服从改造世界而丰富自己的需要；在自我教育的水平上，仍需把自己放在实践中检验。更重要的是，自我是社会的一个要素，自我教育过程只能在社会实践中进行，否则，那只能是"闭门造车"。因此，认识自己、调控自己、发展自己，离不开社会实践，只有通过社会实践，自我教育能力才能不断提高和发展。

自我教育的自我性、能动性、自主性、社会性和实践性是紧密相连的，忽视任何一个方面都会导致片面性。

三、自我教育的作用

自我教育是相对于教育而言，自我教育和教育是教育学中两个相互对应的基本概念。就其实质而言，教育与自我教育都是人的自觉能动性在身心发展方面的表现。教育是自我教育的前提，自我教育是教育的延伸和继续。同时自我教育又是教育的最为直接的目的，因为自我教育是一种高度自觉性的教育。开展自我教育活动，是人全面发展的需要。

1. 开展自我教育有助于增强和巩固灌输教育的效果

灌输教育就是不断地向个体输送正确的思想、观念，影响受教育者的思想，提高受教育者的认识的一种教育活动。灌输教育之所以必要和重要，正如列宁在《怎么办》一书中指出的，马克思主义理论不可能在工人运动中自发产生，只有经过宣传教育才能为工人阶级所掌握。但是，灌输教育也只有经过个体的或群体的自我教育才能完成。可以说，任何灌输教育，都是为了唤起自

---

① 《马克思恩格斯选集》第1卷，人民出版社1972年版，第18页。

我教育的主动性、自觉性,从而达到教育的目的。就学校教育而言,如果把教育仅仅局限于教育者对受教育者进行教育的范围内,就忽略了学生自我教育能力的培养;如果只注重对全体学生的统一要求、统一模式,就忽略了学生自我教育水平的差别;如果教育者的思想、知识、能力与教育工作不适应,只能采取"我说你听"的说教方式,或者不能在思想上、学习上给学生较多的启迪和帮助,就不能发挥他们自我教育的作用;如果很少考虑被教育者的内在需要,就不能唤起学生自我教育的愿望;如果把他们当做消极被动的客体,教育的效果就不会大,甚至适得其反。只有促进自我教育的教育才是真正的教育,没有自我的教育,教育过程是不完全的,教育也是很难奏效的。

2. 开展自我教育有利于个体的角色内化

自我教育强调的就是自己教育自己,要求高度自觉地、主动地接受新思想、新观点,自觉地把它纳入自我价值观的组成部分,客观地认识自我与社会,努力在实践中不断提高自我教育的能力,并不断修正发展轨迹,使自我与社会更有机地融合。自我教育能力愈高,对角色体验就愈深,内化程度就越高,就越能自觉地按社会要求去发展,这就是自我教育对个体产生的内化效应。

3. 开展自我教育有利于激发个体的内在动因

毛泽东同志指出"外因是变化的条件,内因是变化的根据,外因通过内因而起作用",这一科学论述为自我教育提供了有力的理论依据。人的思想认识的发展,必须经过自己的思想斗争,没有自我教育,任何强有力的教育都无法发挥作用。自我教育能减少社会教育因方法不对而带来的弊病,能够激发内在动因。又由于自我教育是一个不断循环发展的动态过程,内在动因在自我教育的动态发展过程中会得到不间断的激发,促使个体不断进步。

4. 开展自我教育有利于个体自我矛盾的解体

现实的自我与理想的自我之间的差异,构成了个体的自我矛盾。理想包括对外部世界的和对自己的:自己要成为什么样的人,构成理想的自我;自己实际能力及现实状况怎样,构成现实的自我。在个体思想认识中,现实的自我总是落后于理想的自我,这种自我矛盾产生的不安和痛苦是涉及各个方面的,影响着个体的整个自我建构。自我教育有助于自我矛盾的解体。自我教育要求个体对自我做出正确、客观的认识和评价。一般来讲,自我要求要比社会要求低,自我评估要比现实中的自我略低。恰当地做出自我评价是自我教育的内在要求。在未达到理想中的自我时,应着重从自我主观上找原因,而不是强调客观因素,这就从根本上消除了产生自我矛盾的根源:过高地估计自我,过多地强调外在条件。

第二章

自我教育思想论

> 人类并不知道要把自己放在什么位置上,他显然是走入了歧路,从自己的地位上跌下来而再也找不到它,他们到处满怀不安而又毫无结果地在深不可测的黑暗中寻找它。
>
> ——帕斯帕尔

自我教育作为一种思想观念和理论学说,是有一个从自发到自觉、从散乱到系统、从粗浅到深刻的演进过程的。随着人类对自身生存现状和发展态势认识的增进与提高,自我教育思想也逐渐成熟起来。无论是在东方或是在西方,众多思想家、哲学家和教育家立足本土的文化氛围独特的个体思索与社会实践,纷纷提出了各具特色的自我教育观,而这些又成为当今人们讨论自我教育问题的思想前提和理论背景。

第一节 中国的自我教育思想

中国是一个有着数千年教育传统的国家,具有丰富的自我教育思想。不同时期的众多思想家、教育家都自觉或不自觉地论述到了自我教育问题。要么是关注人性方面,要么是立足修身方面,要么是益智进德方面,要么是寻求物性方面等等,他们都强调具有东方文化特征的自我教育思想,虽然没有专门的宏篇巨著,但足以彰显中国丰富的自我教育思想。

一、古代的自我教育思想

在中国自我教育思想中,古代有些时段自我教育思想是最为丰富、也最为生动的。尤其是先秦诸子的"百家争鸣",在带来学术繁荣的同时,也开启了教育思想(包括自我教育的思想)的研究。其自我教育思想是围绕学知论与生知论、内求说与外铄说、气禀论与性习论的争论而展开的。可以说,古代的教育思想史,就是一部自我教育的思想史,它是中国教育的瑰宝和财富。这一时期包括先秦时期、汉魏六朝时期、唐宋时期和元明清时期。

1. 先秦诸子的自我教育思想

先秦诸子的"百家争鸣",在政治思想领域出现许多流派,其中涉及自我教育思想颇多,他们从自我教育的目标、内容、方法和途径上给予了明确论述,为自我教育思想奠定了理论基础。

(1) 孔子的自我教育思想。孔子作为儒家学派的创始人,著名的教育家、思想家,提出了许多自我教育思想。在强调自我上,孔子提出:"譬如为山,未成一篑,止,吾止也;譬如平地,虽覆一篑,进,吾往也。"① 意思是说,(学习)就好似堆土造山,差一筐土就堆好了,假如停下手来,那是我自己要停下来的;又好似平整土地,虽然只是堆了一筐土,要继续前进,直到成功,都是我自己要去继续努力要成功的。在强调主观能动性上,孔子提出:"君子求诸己,小人求诸人。""为仁由己,而由人乎哉?"在自我内省上,孔子认为:"内省不疚,夫何忧何惧?"② "见贤思齐焉,见不贤而内自省也。"还要"吾日三省吾身"。在自我教育的方法上,孔子主张"践履""躬行",即要身体力行,知行统一,言行一致。又要"君子耻其言而过其行","敏于事而慎于言","讷于言而敏于行","言之不出,耻躬之不逮也③","先行其言而后从之"。反对那种言过其行的人和言行不一、不懂装懂的坏作风,主张多干实事,少说空话,做到"言必信,行必果。"

(2) 孟子的自我教育思想。孟子作为一位杰出的思想家,提出了性善论和内求说,并以此作为他的教育思想的理论基础。在自我教育的目的上,孟子以为自我教育的目的就在于使自己"明人伦",懂得"父子有亲、君臣有义、夫妇有别、长幼有序、朋友有信"。在自我教育的途径上,孟子主张学习,学问必须在"自求""自得"上下功夫,"君子深造之以道,欲其自得之也。自得之,则居之安;居之安,则资之深;资之深,则取之左右逢其源,故君子欲自得之也。"④ 即人们要充分发挥学习的主动性和积极性,尽可能地发挥内在

---

① 《论语·子罕第九》。
② 《论语·颜渊》。
③ 《论语·里仁》。
④ 《孟子·离娄下》。

的学习潜力，经过自己的深思熟虑，才能深切体会、融会贯通，在这个基础上贮积深厚而致取不尽、用自如之境地。从根本上说，"求则得之，舍则失之，是求有益于得也，求在我者也"，完全取决于自我的主观意识。孟子的这种自求自得说，虽然含有唯心的色彩，但在学习求进的途径上，却是非常深刻、独到的，从而开创了中国古代关于自我教育基本途径探索的先河。在自我教育的原则上，孟子提出"反求诸己"。比如道德修养，"爱人不亲，反其仁；治人不治，反其智；礼人不答，反其敬，行有不得，皆反求诸己。"① 即要自我教育、自我监督、自我评价，就要做到思考正确，抉择恰当，从而自觉地为善拒恶。这不仅是一种教育方法，也是一种教育境界。孟子这种反观内求的思想，开创了中国教育学说上关于如何开展自我教育的一个派别。

（3）荀子的自我教育思想。与孟子不同，荀子则从性恶论出发提出了自己的自我教育思想。在自我教育的发生上，荀子提出了"化性起伪"的观点，认为人的自然本性是恶的，"其善者伪也"②，"然而可以化也"。在自我教育的途径上，荀子认为："我欲贱而贵，愚而智，贫而富，可乎？曰：其唯学乎！"意思是人的贵贱、智愚、贫富并不是由天生命定的，而是由后天教育、学习所决定的。在自我教育的主动性上，荀子认为任何人只要主观努力肯下功夫，不断地学习、锻炼、进取，"人知谨注错，慎习俗，大积靡，则为君子矣。纵性情而不足问学，则为小人矣。"③ 在自我教育的方法上，荀子认为，人的知识和才德并非自生固有的，终日而思的反观内求也不会有什么结果，"不闻不若闻之，闻之不若见之，见之不若知之，知之不若行之④。"只有刻苦学习，接受各种外来知识，善于观察客观事物，掌握外在条件，"善假于物"并引借入内，注进原本智慧园地，方能学有所成，受益无穷。要正确地运用向外部世界学习这一导入式的自我教育方法，还必须积微见著，积善成德，于细微处铸厚益；虚壹而静，专心有恒，于持忍中积成果；解蔽救偏，兼陈中衡，于全面中求真知。

2. 汉魏六朝时期的自我教育思想

汉魏六朝时期，是中国封建社会制度逐步确立的时期。汉魏之后的六朝出现了我国历史上的第二次大分裂、大混乱。如果说先秦时期是我国古代学术思想的第一次"百家争鸣"，那么这一时期则是第二次"百家争鸣"。各种思想

---

① 《孟子·离娄上》。
② 《荀子·性恶》。
③ 《荀子·儒效》。
④ 《荀子·儒效》。

相互碰撞，自我教育思想的发展也取得了一些进步。但是相对而言，自我教育思想却并未取得如先秦时期那样的丰富成果。

(1) 董仲舒的自我教育思想。董仲舒是汉代最著名的儒家学者。在自我教育的途径上，董仲舒认为，"性者，质也。"同时，他又认为"有善质，而未能为善"，因此，"善，教训之所然也。"① 在这里，人性是"天"创人类时赋予的一种先验的素质，但是这种善，只是一种可能，并不就是现实，也不一定必然变成现实，变成现实要靠后天的教育。当人们真诚地接受外来知识和社会训导，进行内己的思索、体悟、求同存异、去伪存真，启发、挥荡、铺放善质时，恶质就被相应地分化、消融和剔除。在自我教育的方法上，董仲舒提出"内视反听"，即人的知识也是经过"内视反听"的内省过程得来的，进而才达到了"明善心以反道"的境界。为此，要坚持"正我""明于性情""强勉学问""节博结合""专一虚静"。所谓"正我"，是指人要"治我"严、待人宽，凡事多内寻自求，攻己恶，究己责；所谓"明于性情"，意思是自我教育时要注意诱发天性中美好的，抑制天性中恶的，也就是要激励、培养自己的道德情感，以此增进自我教育的自觉成分和理性色彩；所谓"强勉学问"，是指自我开启、自我熏陶以及由外向内的汲取补进，贵在强勉努力，刻苦锻炼；所谓"节博结合"，是讲每一时期的自我教育要有轻重缓急、上下主次之分，要使博约合宜、节博相称、循序而进，不能全面出击，凡物必取；所谓"专一虚静"，是说自我感悟和教育必须专心一致、始终不移、深入精微、排除杂念、虚心而向。

(2) 王充的自我教育思想。王充是东汉杰出的唯物主义思想家和教育家，主张人性有善有恶论。在他看来，人性有三种：生来就善的上人、生来就恶的下人和无善无恶或善恶相混的中人。基于这样的人性观，在自我教育中，提出"反情冶性""尽材成德"的思想，因为上人的善可以堕化为恶，下人的恶可转升为善，中人的善可以习得。生来即善或恶的人是少数，绝大多数是中人，而"中人之性，在所习焉。习善而为善，习恶而为恶也。"② 任何一种人只要进行教育和自我教育，"善则养育功率，无令近恶，恶则辅保禁防，令渐于善。"③ 都可以"反情冶性"，最终"尽材成德"。在自我教育的方法上，王充认为："人才有高下，知物由学，学之乃知，不问不识。"④ 学习应是感性认知

---

① 《春秋繁露·实性》。
② 《论衡·本性》。
③ 《论衡·率性》。
④ 《论衡·实知》。

与理性思考相结合的过程。其中耳闻目睹的直接认识是基础，否则就可能被虚假浮夸的东西所迷惑。所以他强调："须任耳目，以定情实"。

（3）《礼记》的自我教育思想。《礼记》是先秦至汉初儒家著作的一个文集，其中收集了许多关于教育的内容，其中有关自我教育的诸多思想对后世影响极深。在自我教育的途径上，提出"修己正人""八目相济""五步相随"的思想，所谓"修己正人"，是指"修己"是"正人"的前提，"正人"是"修己"的目的。所谓"八目相济""五步相随"，是指格物、致志、正心、诚意、修身、齐家、治国、平天下。"古之欲明明德于天下者，先治其国。欲治其国者，先齐其家。欲齐其家者，先修其身。欲修其身者，先正其心。欲正其心者，先诚其意。欲诚其意者，先致其知。致知在格物。物格而后知至，知至而后意诚，意诚而后心正，心正而后身修，身修而后齐家，齐家而后国治，国治而后天下平。"① 这里包含着自我教育是个人理想与社会理想的统一，教育目标与修养方法的统一，政治追求与道德导向的统一。在自我教育的方法上，《礼记》道出了四个具体的自我教育方法，即预、时、孙、摩。预，即预防，意思是对自己不良的思想念头和行为习惯要防微杜渐，防患于未然；时，即及时，意思是对自我的警戒、检校，要把握适宜的时机；孙，即顺序，意思是自我修养和教育要循序渐进，不能求成心切，要有信心，更要有毅力和耐心；摩，即相互观摩、取长补短、长善救失、补偏救弊，进而加速完善的步伐。最值得一提的就是《礼记》提出"君子必慎其独"的主张，丰富了我国自我教育的思想。

3. 唐宋时期的自我教育思想

唐宋时期，是中国社会重新走向大统一的时期，国力强盛，文化发达，出现了我国古代第三次"百家争鸣"。伴随着封建教育思想和教育制度的发展，此时的自我教育思想也发展到一个更为理性、更为自觉的新阶段。

（1）韩愈的自我教育思想。韩愈作为唐代著名的文学家、思想家和教育家，在自我教育方面，总结出了一系列带有规律性的东西，提出了很多独到的见解，丰富了我国古代自我教育思想宝库。所谓"业精于勤，荒于嬉；行成于思，毁于随。"正是他教育观的总结。在其著名的《师说》中，他强调了自我教育必须与灌输教育相结合的原则，指出学必有师，尊师而且重道、卫道，特别是关于师之旨在于"传道、授业、解惑"的观点，鲜明地肯定了灌输教育的意义，同时，他又指出"能者为师""相互为师""师不必贤于弟子"

---

① 《礼记·大学》。

"弟子不必不如师"，又从一个侧面揭示了自我教育的客观存在性和社会意义。在自我学习的方法上，提出了勤与思、博与专、学与创等的辩证关系，不乏自我教育思想。既要"贪多务得，细大不捐"，"俱收并蓄、待用无遗"①，又要"提其要""钩其玄"，含英咀华，探微索精，融会贯通，领会实质，保证学一点懂一点，脚踏实地，步步为营。同理，对于主体思想的净化、善化和对自身缺失过弊的发现与校补，也要以博求精，由通至专。

（2）柳宗元的自我教育思想。柳宗元是唐代著名的文学家、思想家、教育家，他不仅在哲学上、政治上有独到的见解，也提出过许多有价值的自我教育观点。在灌输教育与自我教育的关系上，柳宗元提出了自然主义教育观，以树木与树人相比，提出"顺木之天，以致其性。""爱之过殷，忧之过勤，旦视而暮抚，""甚者爪其肤以验其生枯，摇其本以观其疏密，"这样，"虽曰爱之，其实害之。"② 同样，育人要顺应人的发展规律，而不能凭着主观愿望和情感恣意干预。但育人又不是放任自流，提供发展的良好环境和动力是必要的。他说："善言天爵者，不必在道德忠信，明与志而已矣。""志"就是坚定不移，有了这两点，人就可以"尽力于所及"，而使自己"备四德"，又何必要别人喋喋不休地向他灌输那些教条呢，这种自然主义的自我教育观至今仍具有重要意义。

（3）朱熹的自我教育思想。朱熹，宋代理学的集大成者，整个教育的目的和内容就是"明人伦""存天理""灭人欲"。他从"性即理"出发，提出了"居敬穷理"的为学之原则，所谓"居敬"就是正心、诚意、存养、收敛的工夫，也即静、专一。因为只有当人具备了这种精神状态，才能去气质之性中的非善成分，"致精之本"，体会到"天理"；所谓"穷理"，就是通过格物、致志工夫达到穷尽事物之理，主要是一切心理现象和道德规范的目的。在自我教育的方法上，朱熹肯定了《中庸》的"博学之、审问之、慎思之、明辨之、笃行之"是"为学之序"，前四步的总思想是"格物穷理"，思辩而穷尽世间道理，最后一步是要求认真实行，"修己治人"，但不可以此沽名钓誉，争权夺利。知与行相互依赖，缺一不可，而以"知为先"，"苟知其理之当然，而责其身以必然。"朱熹还指出，教育应根据主体的情况，"有秩而不可躐等"，如流水盈科而后进；最关键的因素是主体本身主观努力程度，"学者自

---

① 韩愈《劝学解》。
② 《种树郭橐驼》。

强不息，则积少成多；中途而止，则前功尽弃，"① 只要不志大才疏、好高骛远、牵强附会、半途而止，而是脚踏实地地走下去，便能"深造乎道也"。把所有这些原则和方法归纳起来，可概括为六条：1. 循序渐进；2. 熟读精思；3. 虚心涵泳；4. 切己体察；5. 著紧用力；6. 居敬持志。这些都较为集中地体现了朱熹自我教育思想的精髓。

4. 元明清时期的自我教育思想

元明清（鸦片战争以前）时期，许多兼有小市民色彩的中小地主阶层思想家以及早期市民阶层的思想家登上舞台。他们在猛烈抨击、深刻揭露正统封建思想和理论时，对许多问题进行了探讨，自我教育思想得到了进一步的发展。

（1）王守仁的自我教育思想。王守仁一生长期从事教育活动，他的哲学和教育思想当时就闻名于世，之后又一直影响着中国乃至日本等国封建性学术思想和教育理论的发展。他十分重视教育对于人的发展所起的重要作用，提出了"学以去其昏蔽"的思想。他是用"心学"的观点来阐明这一思想的，他认为"良知"人人都有，因此人人都有受教育的天赋条件，圣愚的区别仅在于能不能"致良知"，"圣人能致其良知，而愚夫愚妇不能致"，由于"在常人，不能无私意障碍"，总要受到物欲的引诱，所以人人都应该受教育，教育是为了去除物欲对"良知"的昏蔽，因此它"不假外求"，而重在"内求"，即强调人的主观能动性的发挥，自觉"胜私复理"，"去恶为善"。王守仁自我教育思想是值得我们肯定的。关于自我教育的方法，他提出了静处体悟、事上磨炼、省察克治和贵于改过。首先，道德修养的根本任务是"去蔽明心"，即去除物欲的昏蔽，发明本心所具有的"良知"，道德修养无须"外求"，而只要做静处体悟的功夫；其次，一味静坐澄心，容易使人"喜静厌动，流入枯槁之病"，必须在"事上磨炼"做到"知行合一"；再次，要不断地进行自我反省和检察，自觉克制各种私欲，强调道德修养的自觉性和主观能动性；最后，在道德教育中，不贵无过，而贵改过，这种"贵于改过"的主张，体现了王守仁在自我教育中的求实精神和向前看的态度。

（2）王夫之的自我教育思想。王夫之是明清之际杰出的哲学家、思想家。在自我教育方面，他突破了先秦之后历代诸儒关于人性之善恶的局限，认为人性是变化的，"日生而日成"。他根据"性者生理也"的观点，强调理欲统一。要"以理节欲""以义制利"。他还提出人既要"珍生"，又要"贵义"，要有

---

① 朱熹：《论语集注·子罕》。

"志节"，"以身任天下"。在自我教育的原则上，强调知与行的关系，认为"行可兼知，而知不可兼行。"他还提出"知之尽，则实践之"的命题，认为"知行相资以为用"。他说："行可兼知，而知不可兼行。君子之学，未尝离行以为知。"① "知行相资以为用，唯其各有致功，而亦符有其效，故相资以为用，则于其互用，益知其必分矣。同者不相为用，资于异者乃和同而起功，此定理也。"② 他强调知行并进，行先知后。在自我教育的方法上，王夫之提出了学思结合、博学慎思、循序渐进、渐积不息、自勉乐为、自修、自得、虚心以学、身行自明的自我教育方法观，特别是要有"自勉精神"，要"本心乐为"，欣悦欢快地自修、自得，如再辅以正确的诱导，则必能"快进也"。

（3）王阳明的自我教育思想。王阳明的自我教育思想是以他的主观唯心主义的"心学"为基础的。他认为，万事万物都是靠心的认识而存在。万事万物都不在心外，而在心中。所以他不承认有客观存在的"理"，王阳明不同意朱熹"格物穷理"的主张，认为认识"理"，从本质上说，不是外求的过程，而是体验"吾心之良知"，"心即理"。在自我教育的原则上，王阳明更多地继承了孟子的学说，首先是立志，王阳明强调："务要立个必为圣人之心。"立志与勤学紧密相关，"立志者，为学之心也；为学者，立志之事也。"只有立定志向，方能勤学不倦；而立志之后，必须勤学不倦。其次是自得，一是自我得之，"学问也要点化，但不如自家解化者，自一了百了。不然，亦点化许多不得。"教师应起"点化"的作用，但归根结蒂还得由学生自己消化，否则教师也点化不了；二是自觉地有所得，而不是迫于外部压力不得不学，所以王阳明强调要立志，"凡学之不勤，必志之未笃也。"三是得之于己，即最终要把学到的东西变成自己的东西，这就是致自得良知的结果；最后是知行合一，王阳明提出"知行合一"，作为"致良知"过程中必须遵守的原则。其含义，一是指"知"和"行"密切相连，不可分割。"知中有行，行中有知，""知是行之始，行是知之成。"即道德认识和道德行为是同一过程中相互渗透的两个方面，是不可分的。二是指"知"和"行"并进，缺一不可。如不重"知"，仅重"行"，就会"冥行妄作"，缺乏遵守道德的自觉性；如只重"知"不重"行"，就会"悬空去思索"，没有实效。因此，他主张"知行合一"，将"知"和"行"统一。王阳明的"知行合一"的基准是"良知""天理"，但他注重道德认识和道德实践的统一，对于矫正社会上知行脱节、言行

---

① 王夫之：《读四书大全说》卷八。
② 王夫之：《礼记章句》卷引。

不一的风气，是有积极意义的。

二、近代的自我教育思想

鸦片战争到五四运动时期是中国历史的近代阶段，面对政治的黑暗腐败、经济的民穷财尽、军事的软弱无力、文化教育的空泛无用，一批受西方文明影响的先进人士提出了进行政治变革和教育改革的主张，并对新形势下的教育问题进行了全方位的深入探讨。

1. 维新改革派的自我教育思想

甲午战争后，以康有为为首的维新派要求效法西方，实行变法维新，与洋务派产生了严重分歧。在改革教育的问题上，维新派同洋务派展开了激烈论争，并对洋务派的教育主张进行了大胆揭露和猛烈抨击，同时也把自我教育思想推前了一步。

（1）康有为的自我教育思想。康有为是19世纪末期中国资产阶级改良政治运动的领导者。他的自我教育思想主要体现在其革故鼎新的教育主张中。康有为非常重视教育的作用，认为教育是国家富强之本，是人的善恶智愚的决定性因素。他说："欲任天下大事，一开中国之新世界，莫亟于教育。"[1] 考究"泰西之所以富强，不在炮械军兵，而在穷理劝学。"一个国家"才智之民多则国强，才智之士少则国弱。"[2] 譬如中国积弱，其主要原因就是教育不良。因此，他所领导的变法维新运动主要就是用教育的力量，培养变法人才，促进变法维新的实现。同时，康有为又认为人性是天生的，一切贤愚善恶都是从后天"习"来的。他说"善恶皆视其习而已"，就是"上智"与"下愚"，其所以不定而"位移"，也是"由夙习使然"，"人与人相去之远……则全视所习。"[3] 这一思想一方面继承了孟子的性习观念，但另一方面又把性习推进到决定性地位，充分肯定了自我教育及灌输教育的作用。康有为教育思想的另一个重要内容是男女平等，他非常重视女子教育，认为女子应有同男子一样的教育权利和政治地位。这一点在重男轻女的封建社会里，特别是在封建礼教严重束缚妇女的中国，显得极其可贵，具有振聋发聩的作用。客观上也包含着自我教育上的女子自由自主和两性间的平等的主张。

---

[1] 梁启超：《康有为传》，神明国光社1953年版，第9页。
[2] 康有为：《上清帝第二书》。
[3] 康有为：《论语注》卷十七。

(2) 梁启超的自我教育思想。梁启超，一生追随康有为，对戊戌变法维新运动影响极大，时人皆以"康梁"并指。他的自我教育思想突出地体现在对教育目的及社会作用的认识上。梁启超极力主张教育应有正确的目的，在中国近代史上首次专题论述了教育目的正确的重要性，并指出了教育无目的和目的错误的危害性。他说，各种教育如若没有目的，一味地盲目模仿别人，人云亦云，如"鹦鹉闻人笑语而亦笑语"，则人亦无异于植物、禽兽。当时所谓"培人才""开民智"及"养士"的教育目的，因所培养的人"实一种寄生蠹，在民为蠹，在国为蠹"以至"今日之属败"，所以是错误的。他认为正确的教育目的应当是培养一种"特色之国民"或"新民"，能团结一起"以自立竞存于列国之间"。这种新型国民的内质特征主要是公德、国家思想、进取冒险、权利思想、自由、自治、进步、自尊、合群、生利分利、毅力、义务思想、尚武等。各种各样的教育活动包括个体的自我教育就是要激发、培养、高扬人的这些要素、特征。梁启超关于新时期国民品格内质的见解，客观上诠释了新的历史条件下人的自我教育的内容、目标和施力点，具有强烈的现实意义。

(3) 严复的自我教育思想。严复也是维新运动的主要倡导者之一，他一生著述很多，尤其是他系统地翻译介绍了大量西方学术理论，人称："六十年来治西学者，无其比也。"他从进化论的观点出发，认为一个国家兴衰存亡的主要原因在于国民的自身状况，救国的唯一良方"开民智"，即全面提高国民素质。"为今之计，惟急从教育上著手，庶几逐渐更新乎。"严复把教育视为强国之本是正确的，但如果不消除政治上的阻碍，教育也难以改革、发展。严复是中国最早论述"三育并重"的教育家。他说："讲教育者，其事常分三宗：曰体育，曰智育，曰德育，三者并重。"其中体育是国民素质的基础。近世中国民力孱弱，被外人讥为"病夫"，因此必须加强体格训练，以"鼓民力"。国民才智是国家"富强之源"，智育包括学问和事功两个方面。不能只在书斋里做学问，要"观物察变"，运用于实际，以"开民智"。德育在"三育"中最重要，但不能再因袭封建的人伦纲常，要树立国家观念和社会公德，"以新民德"。虽然严复晚年思想趋于复旧，推崇尊孔读经，但他所倡导的民众自我觉醒的自我教育思想影响深远。

2. 洋务思潮时期的自我教育思想

两次鸦片战争创深痛剧，对民族危机有更深认识的洋务派思想家，比较清醒地看到了中国面临危局却不甘屈辱，但也看到了中国贫弱，尚无力与强敌抗衡，因而必须忍辱负重加强内部建设。他们开始思索如何救亡。洋务派的自我教育思想是在国家层面的"自强""自立"的口号下开展起来,他们提出了"中学为体,西学为用"的教育思想。

(1) 魏源的自我教育思想。作为洋务派思想的先驱,他不仅对传统教育体制质疑,还提出了新的人才培养模式和教育内容,在我国近代教育发展史上占有特殊的位置,他的自我教育思想对当代也有一定的启迪价值。在教育的目的和人才培养模式上,魏源提出要培养"经世致用"之才,不能培养那种"口心性,躬礼义"的腐儒和以"饾饤为圣学"的陋儒,对人才不能"但取文采而不审其德"。在自我教育的原则上,魏源注重德,但他讲的"德"的内容,既不是"明伦守礼"那一套,也不同于我们而今提倡的"德育首位"中的"德"。他认为,热德大德是"制国用""靖疆圉""苏民困"[1],人的才能就要在"效诸民物"的实践中显示出来,离此则为"无用之王道"。所以,国家"造(教育)之试(选拔)之"的人才,要以经世致用为目的。在自我教育的方式上,魏源十分重视实践在学习中的作用,反对"生而知之"的唯心主义先验论,主张通过"习"与"行"才能获得新知识。他认为"及之而后知,履之而后艰,乌有不行而知者乎。"[2] 脱离实践就如同"披五岳之图以为知山,不如樵夫之一足;谈沧溟之广以为知海,不如估客之一瞥;疏八珍之谱以为知味,不如庖丁之一啜。"[3] 在自我教育的内容上,魏源以"睁眼看世界"的目光注重引进自然科学,以实现"师夷长技以制夷"的教育理想。这也奠定了近代自然科学知识的基础。

(2) 王韬的自我教育思想。王韬是近代中国著名洋务思想家、政论家、改革倡导者。他从人本主义、务实主义、大同主义及尚智主义出发,提出了许多教育改革思想和措施。尤其是他的人才观,对现在的自我教育理论都有一定的启发。他在提倡大兴普通学校的同时,还主张建立某些专门学校,诸如艺术院、武备学堂或武备院(即陆军学校)、水师学堂或水师院(即海军学校)以及舟船馆或舵工馆(即船舶驾驶学校)等,而且还提出兴办"女学",加强女性教育。在此基础上,他把人才上升了到国家层面,"形而上者中国也,以道胜;形而下者西人,以器胜。如徒颂西人,而贬己所守,未窥为治之本原者也。"[4] 认为人才是国家的"精神"和"元气"。无论是自强或平贼,皆必须要得其人,否则徒有利器善法而无用器行法的人才,则一切形同虚设。"天下

---

[1] 《魏源集》。
[2] 《魏源集》。
[3] 《魏源集》。
[4] 《弢园尺牍》。

之安危，在乎人才而已。"在他看来，人才有"真才"与"伪才"之分，"取士之不尚乎多而贵乎用"。他的选才原则是按照实际情况的需要而选拔专门人才，"况乎才有数等：有吏才，有将才，有匠才，有出使之才，有折冲御武之才，有明体达用之才，有应急济变之才，……今必先采之以虚名，而收之以实用。"王韬的教育思想虽然存在不少"传统"与"现代"之间的吊诡，但他把自我教育的内容拓展到了实用领域，提出要用有用之人，讲有用之学，不再是过去那种纯粹的道德修养，更多的是技术上的自我教育。这无疑把自我教育向前推进了一步。

（3）张之洞的自我教育思想。张之洞是后期洋务派的重要首领，他不同于同时代的魏源和王韬之处在于，张之洞不仅是教育思想的提出者，也是一个实践者。他对清末教育的影响极大，清末旧教育制度的废除以及新教育制度的建立，与他长达四十余年的政治和教育活动密不可分。他的教育思想极为丰富。他首先坚持了"中学为体，西学为用"的基本教育思想。所谓"中学"，张之洞认为主要是四书、五经、中国史事、政书、地图等，这些学问乃是一切学问的基础，应放在首位。学生应先从"中学"得圣人之心，行圣人之行，然后酌采西学有用的地方以补我之不足。所谓"西学"，张之洞将其分为"西政"和"西艺"两类，具体内容是："学校、地理、度支、赋税、武备、律例、劝工、通商，西政也；算、绘、矿、医、声、光、化、电，西艺也。"他主张"政艺兼学"，而政先于艺，因为"救时之计，谋国之方，政尤急于艺。"在人才培养方面，张之洞认为，办洋务是重要的，但人才和人才培养更重要，他深有体会地说："中国不贫于财而贫于人才，"认为"人才日多，国势日强。"那么如何培养人才呢？张之洞认为最好的办法就是兴学。他论证说："非育才不能图存，非兴学不能育才。"他探讨西方各国强盛的原因，得出的结论是："西国之强，强以学校。"因此他非常重视兴学，把学校放在"西政"的首位，把兴学作为实施洋务新政的重要措施。为此，张之洞兴办了一系列新式学堂。最为可贵的是，张之洞倡导"游学"，从自我教育的角度看，拓展了自我教育的途径。他认为"出洋一年，胜于读西书五年。""入外国学堂一年，胜于中国学堂三年。"他举日本为例，认为日本强盛的原因之一就在派遣留学生。他说："伊藤、山县、榎本、陆奥诸人，皆二十年前出洋之学生也，愤其国为西洋所胁，率其徒百余人，分诣德、法、英诸国，或学政治工商，或学水陆兵法，学成而归，用为将相，政事一变，雄视东方。"这种自我教育思想至今仍具有重要的现实价值。

3. 新文化早期学派的自我教育思想

新文化运动是中国近代的一次重新寻找民族自强道路的爱国运动，是一次呼唤"人的解放"的启蒙运动，是一次高举民主、科学这两面大旗的思想解放运动，也是一次影响全社会的教育启蒙运动。它推动了全民的自我觉醒，本质上讲，是一场全民的自我教育运动。

（1）蔡元培的自我教育思想。蔡元培是我国近现代教育史上占有重要地位的著名民主革命家、教育家。他的自我教育观念，集中体现在其新式教育思想和活动中，并对旧民主主义革命时期的教育产生了积极的影响。蔡元培以他的哲学思想为基础，从时代需要出发，提出"五育"并重、全面和谐发展的教育方针。他说国民教育"不外乎五种主义，即国民教育、实利主义、公民道德、世界观、美育是也。"在人才的培养上，"五育"都很重要，是"今日教育所不可偏废者也"。认为公民道德教育则是"五育"之根本，"为中坚"，"世界观及美育皆所以完成道德"。所谓公民道德"曰自由、平等、亲爱，道德之要皆尽于是矣。"[1] 最主要的道德是自由，培养坚强的自由意志能够破一切障碍，如富贵、贫贱、威武等。平等互助、亲爱合作或儒家的"仁恕"之道乃是获得自由最主要的途径。蔡元培还主张以"养成共和国健全人格"为根本目标，他说："国民而无完全人格，欲国家之隆盛，非但不可得，且有衰亡之虑焉。"客观地看，蔡元培的全面和谐发展的教育方针，在中国教育史上具有划时代的意义，对中华民族新一代的成长有极其重要的影响。在个性教育方面，蔡元培主张教育应当特别注意让人的自然个性得到自然、自由的发展，"教育者，与其守成法，毋宁尚自然；与其求划一，毋宁展个性。"[2] 新旧教育的区别就在于旧教育以成人的自存成见强加于儿童，阻碍儿童的个性自由发展，新教育乃是按照儿童的兴趣和个性特点，使儿童自然地自由发展。因此，学习者一定要养成"自动""自学""自觉"的习惯，不要总被老师牵着鼻子走，要"随时注意自己发现求学的门经和学问的兴趣"[3]，培养独立思考的能力，掌握知识的基本规律，能够举一反三、触类旁通。可以说，蔡元培的这种教育思想，在继承前人识见成果的基础上把对自我教育内容和方法的认识提高到了一个新水平。

（2）王国维的自我教育思想。王国维是中国近代著名学者、教育家，他

---

[1] 蔡元培：《对于教育方针之我见》。
[2] 蔡元培：《新教育与旧教育的缺点》。
[3] 蔡元培：《对于学生的希望》。

的教育思想对后世教育产生了很大影响。他认为"教育之宗旨"在于培养"完全之人物而已",所谓"完全之人物"即是指一种能力全面、和谐发展的人才,同时,培养"完全之人物"的"完全之教育"必须有培养"智力"的智育、培养"意志"的德育、培养"情感"的美育(作者又称为"情育"),而且这几个方面都要同时得到发展。在"智育"方面,王国维认为,"智育"的主要任务是传授知识,人要想成为"完全之人物"就必须具备"内界之知识"和"外界之知识",即一为理论知识,一为实际知识。"完全之人物"必须同时具有这两种知识方能有利于社会和人生。"故知识之教育实必不可缺者也。"在"德育"方面,王国维认为,道德是内发的而不是"外铄"的,"道德之本原又由内界出,而非外铄我者;张皇而发挥之,此又教育之任也。"所以,办教育者于德育不可不重视。在"美育"方面,王国维认为,美育之重要丝毫不在德育、智育之下,并提出了美育的四项特殊功能:调和人们的感情,使人之感情发达"以达完美之域",由此养成学生鉴赏美、创造美的能力;美育是德育的重要手段,能陶冶人的心灵,使人进入"高尚纯洁之域";美育是智育的重要手段,因为美育能以具体直观的形象,使道德上抽象的训练变得通俗易解,并促进认知能力发展;美育也可成为体育的手段,发展学生的"聪明官和发生器"。总之,王国维培养"完全之人物"的全面和谐发展的教育观,即所谓的"完全之教育",包括体育和心育两大方面,再细分就是体育、智育、德育、美育四个方面,四育缺一不可。王国维在中国近代教育史上第一次明确提出了培养完全人格的德、智、体、美四育并举,全面发展的教育方针。可以说,王国维是中国近代教育史上第一个科学地阐述全面发展培养目标的教育家,他关于教育目的、方针、宗旨的思想开创了中国近代资产阶级教育思想的先河,其自我教育思想至今仍闪烁着光辉。

(3)胡适的自我教育思想。胡适是中国现代史上一位颇有影响的哲学家、思想家、教育家,在他的整个教育思想中,自我教育的方法、习惯和态度为自我教育理论增添了新的内容,也为当今自我教育思想提供了借鉴。关于自我教育的途径,胡适提出了"行中求知"和"自动自修"的思想。所谓"行中求知",是指"以行而求知,因知而进行。"他解释说:"'行中求知',就是从工作中学习,从学习中工作。"又说:"你们的工作就是学习,就是求知识,就是学习活的知识,活的技能,就是增加生活的能力。"他特别推崇颜元的实学,他说:"真的知识必须从动手实习做得来,因为他注重动,实做实习,所以他自己取'习斋'做名号。"① 告诫青年人应像颜元学习，注重从动手实践中学习，注重从工作中学习，因为只有在行动中获取的知识才是真实的。所谓"自动自修"就是要求学习者在阅读时要善于去动手，譬如"动手标点，动手翻字典，动手查书，都是极要紧的读书秘诀。"他强调"没有不动手不勤快而能读书的，没有手不到而能成学者的。"同时，胡适又十分重视自修的学习法。他说："灌进去的知识学问是没有多大用处的。真正可靠的学问都是从自修得来的。自修的能力是求学问的唯一条件。不养成自修的能力，决不能求学问。"② 胡适还要求学校为学生创设自修的条件，如购买书报、工具书，教师指导如何自修等。如果自修的条件具备了，学生就可以自修了。此外，胡适还提出了自我教育的习惯和态度，即勤奋、谨慎、谦和和从容。所谓勤奋"就是不偷懒，不走捷径，要切切实实，辛辛苦苦地去做。要用眼睛的用眼睛，用手的用手，用脚的用脚，先生叫你找材料，你就到应该到的地方去找。叫你找标本，你就到田野，到树林里去找，无论在实验室里，自然界里，都不要偷懒，一点一滴地去做。"③ 所谓谨慎是说不粗心，不苟且。考证时，要谨慎，"一丝一毫不苟且，不潦草，举一例，立一证，下一结论，都不苟且。"④ 所谓谦和，是说要以平和的心态去虚心接受"一切反对我或不利于我的事实和证据。抛弃成见，服从证据，舍己从人，和之至也。"所谓从容，是说从容研究，莫匆遽下结论。凡证据不充分时，姑且凉凉去，姑且"悬而不断"。在学习和研究过程中，要采取沉着从容的学习态度，不可急躁轻率、急于求成。胡适的自我教育思想为中国教育思想史增添了新的生机和活力，也为当代自我教育实践提供了可供参考的经验与方法。

三、现代的自我教育思想

五四运动标志着中国革命由旧民主主义时期进入了新民主主义阶段。随着中国革命性质的变化，文化教育也发生了历史性的转折。特别是新文化运动的兴起、马克思列宁主义的广泛传播、中国共产党领导的无产阶级革命运动的开展和成功，极大地促进了反帝反封建教育斗争的深入、新教育改革运动的发展和新民主主义革命教育的兴起。作为教育思想重要组成部分的自我教育，也在

---

① 《胡适学术文集》（教育卷），中华书局1998年版，第211页。
② 《胡适学术文集》（教育卷），中华书局1998年版，第86页。
③ 胡适：《读书与治学》，三联出版社1999年版，第309页。
④ 胡适：《读书与治学》，三联出版社1999年版，第321页。

波澜壮阔的革命形势推动下被注入了崭新的内容。

1. 早期共产党人的自我教育思想

五四运动是中国人民反对帝国主义、封建主义的爱国运动。五四运动也是新文化运动的继续和发展。俄国十月社会主义革命的胜利,在中国人民中产生了巨大的影响。中国的先进分子开始用无产阶级的宇宙观作为观察国家命运的工具。随着这次运动更加深入的发展,社会主义思潮逐渐代替资产阶级思潮而成为运动的主流,并在思想上为中国共产党的建立作了准备。

(1) 李大钊的自我教育思想。李大钊,中国共产主义运动的先驱,中国共产党的创始人和领导人之一,无产阶级革命教育家,现代自我教育新思想的开创者。李大钊根据马克思主义观点,从经济基础与上层建筑的辩证关系出发,论述了从未被人触及过的教育的本质问题。他说教育属社会上层建筑,随着社会经济基础的变动而变动,具有可变性和历史性。不同社会形态中的教育,无论在内容、目的、方针、原则、途径、方法等方面都会发生重大改变,特别是在目的和内容上更具有鲜明的阶级性。他说自从人类"分出治者与被治者"以来,社会上的一切无不打上阶级的烙印,诸如宗教、哲学、道德、风习、政策、主义等,概莫能外。因此,革命的教育,当然包括自我教育,就是宣传、内化、外显无产阶级的新思想、新观念,激发主体的革命自觉性和创建新型社会的信心与热情,从而成为坚定的革命者和社会劳动者。李大钊在坚决反对和无情批判封建主义教育和帝国主义奴化教育的同时,极力倡导个性教育、妇女教育,主张普及国民义务教育,实现劳动群众的教育权利和机会,并把这一普及工作同劳苦大众的政治、经济斗争紧密结合起来。他认为教育要走与工农相结合,与实践相结合的道路,做到劳动人民知识化和知识分子劳动化。这些洞察和主张彻底冲破了以往各个时代教育家、思想家们关于自我教育的主体局限,使之变成了包括被压迫劳动者在内的所有社会成员成长进步的共同内容和方法,从而扩充了自我教育的社会空间,增进了自我教育的社会基础和社会意义,也因此使我国自我教育思想达到了前所未有的高度。

(2) 陈独秀的自我教育思想。陈独秀是我国近现代史上有名的政治活动家,也是对中国教育有过重大影响的教育家。陈独秀接受了马克思主义的观点,提出了平民教育、革命教育等带有马克思主义色彩的自我教育主张。陈独秀非常重视学习西方近代教育,认为西方教育是"真教育",是"自动的而非被动的,是启发的而非灌输的","是世俗的而非神圣的,是直观的而非幻想的","是全身的,而非单独脑部的"。同时主张中国在学习西方教育时,应该"弃神而重人,弃神圣的经典与幻想,而重自然科学的知识和日常生活的技

41

能。"显然，陈独秀在处理灌输教育与自我教育的关系上，强调了受教育的自主性和主动性。为了贯彻他的"真教育"，他提出"今日之教育方针"应贯穿四大主义。一是现实主义，即用科学和现实生活的教育取代复古迷信的"理想主义"教育；二是惟民主义，即用民主主义的教育取代封建主义的专制教育；三是职业主义，即用职业教育取代空洞的伦理说教的传统教育；四是兽性主义，即用注重体魄和意志锻炼的强身教育取代忽视体育的弱民教育。在倡导自我教育的方法上，陈独秀认为旧教育采取的是教训式（灌输式）的，新教育采用的是启发式的，也就是倡导学生发挥学习的主动性和自觉性，教育学生进行自我教育。为此他强烈要求改革旧教育，并就伦理、历史、地理、理科等学科的改革提出了具体意见。为保证学术民主，实行民主管理，先后建立起教授会、评议会、学生自治会；建立严格的考试制度、考核制度、升留级制度和毕业制度，他要求学生注重外语学习，规定凡外语不及格者不得升级；改革学科和课程内容，实行选科制和学分制；实行男女同校等。

2. 战时共产党人的自我教育思想

中国共产党成立后，经历了第一、第二次国内革命战争、抗日战争和解放战争各个时期。这一时期的自我教育思想是以开启民智、救亡救国和自我解放为主要教育内容的大教育活动。其最大特色就是在全民教育中，倡导并高度实践了灌输教育与自我教育相结合的教育原则。无论从个体自我教育，还是组织自我教育，都体现了一种新的教育模式。

（1）陶行知的自我教育思想。陶行知，我国著名的人民教育家，一生从事教育活动，先后提出过平民教育、乡村教育、国难教育、战时教育、民主教育等。其基本思想是生活教育论。他的教育思想对我国现代教育的发展影响很大。陶行知根据中国当时教育脱离生活、脱离实际，为统治阶级服务的现状，认为这种教育是造成国家积弱的重要原因，提出要用改变教育的方法来解决中国的社会问题。他说："中国政治虽不统一，但教育是统一的。我们深信统一的教育可以促成国家的统一。"主张大力推行平民教育，用教育唤起人民自己解放自己，把教育作为启迪人民觉悟、激发人民爱国热情的手段，引导人民去追求美好的未来。后来，他又进一步指出教育活动必须同民主、民族革命联系起来，"只有民族解放的实际行动才是救国的教育"。可以看出，陶行知的教育救国思想是有自我特色的，它要求改变现状，因而异于同时代其他一些人的教育救国见解。同时，它又是发展变化的。待国家形势发生重大改变时，他不再把教育视为改造社会的唯一手段，而是把教育当做革命斗争的一条战线。客观而论，教育救国在当时的中国是行不通的，半封建半殖民地社会状况的根本改变，只有通过彻底的社会革命才能济世，但是陶行知教育救国思想中的许多因素对自我教育是很有启发意义的。比如使教育走向平民大众的观点，指出了自我教育的主体广泛性、平等性特征，批驳了传统教育思想中自我教育是贤者、富人之专利特能的偏僻；又如以教育启迪觉悟、激发热情的观点，剖示了自我教育的功能和重要内容等。陶行知根据对中国传统的"老八股"教育和现行新式"洋八股"教育的考察、批判，指出它们都是"死"教育，有害的教育，必须予以革除而大力推行生活教育。所谓生活教育，即立足于人民大众，与生活联系，和社会活动结合，为人民大众服务，"用教育的力量，表达民之情，遂民之欲。"[①] 生活教育包括三个部分："生活即教育""社会即学校""教学做合一"。辩证地看，陶行知的这种新型教育既是教育途径论、方法论，又是教育内容论、对象论。他说："生活教育是生活所原有，生活所自营，生活所必需的教育。""自有人类以来，社会即是学校，生活即是教育。""过什么样生活便是受什么教育。"所以社会即学校。"生活教育与生俱来，与生同去，出世便是启蒙，进棺材才算毕业。在社会的伟大学校里，人人可以作我们的先生，人人可以作我们的同学，人人可以作我们的学生。随手抓来都是活书，都是学问，都是本领。"[②] "从大众的立场上看，社会是大众唯一的学校，生活是大众唯一的教育。"如果从内容和方法的意义上看，陶行知的上述思想比较浓烈地涉及了自我教育，他的所谓学习生活、体验生活、终生学习、全身体悟、人人为师为生为友、处处皆学问等，实际上是对自我教育的原则、方法的肯定。另外，关于民主教育，陶行知第一次明确提出了教师必须先行自我教育的观点，从肃清两千多年专制制度和十几年法西斯训政遗留的角度看，这把教育者的自我教育提到了一个教育事业的全新高度上，有利于消除人们对自我教育仅是或主要是受教育者的误解和偏见。

（2）杨贤江的自我教育思想。杨贤江，马克思主义教育理论家。杨贤江根据历史唯物主义的基本原则，考察了教育的历史性、阶级性和教育的本质，批判了当时教育界对教育的种种曲解。他说："教育是社会上层建筑之一，是观念形态的劳动领域之一，是以社会的经济阶段为基础的。"[③] 这体现了教育的"本质"。进入阶级社会后，教育变了"质"，"教育是阶级的，是阶级斗争的武器。从文明开始以来，只有阶级的教育，没有人类的教育；只有对立的教

---

① 《陶行知文集》，江苏教育出版社2005年版，第246页。
② 《陶行知全集》，四川教育出版社2005年版，第247页。
③ 杨贤江：《新教育大纲》，人民教育出版社1961年版，第5页。

育，没有统一的教育。"杨贤江关于教育历史性、阶级性的论述，从教育者主体所依据的客观历史条件、引入的特定社会内容、遵循的特定社会原则、达到的特定社会目标来看，同样适用于主体的自我教育，也历史地内含着自我教育的特征。杨贤江通过对教育与经济、教育与政治、教育与革命相互关系的论述提出了自己的教育作用观。他认为，教育这种上层构造自是依据经济构造成形，且跟随经济发展以变迁的。教育"是和政治同为上层建筑之一，但它更较为第二义的，更较为派生的。因为它不仅由生产过程所决定，也由政治过程所决定。"教育不能独立进行革命进而代替革命，也并非与革命无关，在革命进程中，教育是"革命武器之一""尽它一方面的作用"。① 因此，"教育万能说""教育救国说""先教育后革命说"都是片面的、错误的。杨贤江关于教育作用的这种认识是客观的，也道出了自我教育的社会意义，即自我教育作为一种特殊类型的教育，在总体上受制且合于时代特征和社会要求的前提下，只能是首先直接面对分散的个人的。个体自我教育的成功，带动个人的进步和与社会融合程度的增加，对整个社会的影响是局部的、渐进的，因而是有限的。所以，相对独立的个体自我教育不是万能的，不能拯救一个国家，也不能取代整个阶级的革命，它只能为国家的振兴和发展造就越来越多的合格而有力量的国民，通过激发人的政治热情和革命意志给阶级革命输送更多的战士，从而间接地、缓慢地促进着国家振兴和阶级革命。这种冷静的思考、辩证的观点，既是对之前盲目夸大教育作用观点的扬弃，同时又为后人盲目抬高自我教育的功能和作用及早注射了预防针，起到了防"左"的作用。

3. 毛泽东的自我教育思想

毛泽东的自我教育思想实质是主体教育思想，目的是实现人的全面发展。具体体现在引导受教育者自动学习、自我教育、自我发展、发展个性、健全人格、养成主体意识和能力，提高工作和学习的自觉性、主动性和积极性。这种思想渗透、贯彻和发展在新民主主义革命和社会主义建设时期各级各类教育实践中，贯穿于毛泽东教育实践的现当代各个时期，是毛泽东教育思想体系的重要组成部分。

（1）自我教育的教育哲学思想。毛泽东的自我教育思想是建立在其哲学思想的指导之下的。在哲学层面，毛泽东认为，事物变化是内因和外因共同起作用，但是外因是事物变化的条件，内因才是事物变化的根据，外因也只有通过内因才起作用。在教育层面，要弄清什么是教育主体和教育客体问题。在

---

① 杨贤江：《新教育大纲》，人民教育出版社1961年版，第66页。

"教"的环节上，教师是教育主体，受教育者是教的对象、是客体。教师就应该利用各种有效的教学手段，为发挥受教育者的主动性、积极性、参与性创造教学条件。在"学"的环节，学生是教学的主体，也是教学活动的出发点和归宿。学生所具有的这种主体特征，要求受教育者要具有主体性，外在的影响、教育必须通过学生自身思想的内部矛盾运动才能发挥作用。学生必须发挥主观能动性，即主动作用，主动参与教育过程，主动接受教育和自我教育，生动活泼地主动发展。学生是学的主体，必须充分发挥主动作用。"未来的学校必须把教育的对象变成自己教育自己的主体。受教育的人必须成为教育他自己的人。别人的教育必须成为这个人自己的教育。"① 这是联合国教科文组织国际教育发展委员会在 20 世纪 70 年代对未来教育的预测和要求。

（2）人的全面发展的自我教育思想。毛泽东一生追求人的全面发展。在革命早期，毛泽东就对"戕贼人性""蔑视人格"的驯民和奴才的旧教育目的观进行了抨击，明确提出自我教育的目的就是要使受教育者能自主发展、发展个性、健全人格、养成社会所需要的主体素质，成为自我与社会的主人。毛泽东的全面发展的自我教育思想在革命的教育实践中不断完善和丰富。早在中央苏区，毛泽东就提出小学教育旨在千方百计地"造就新国民和培养未来主人翁"②，"要发展儿童的创造性和自治能力"③。在抗日战争时期，毛泽东提出一切教育为抗日战争服务。成人教育直接培养参加抗日的革命者，小学教育则"以民族精神教育新后代"，要求儿童"学习做新中国的新主人"，所有教育都有应承担增强中国人民的"民族自信心与自尊心"的任务。到了新民主主义革命时期，毛泽东又提出，新民主主义教育培养的是积极投身革命战争的革命者，培养具有"民族自信心与自尊心""自动能力""自治能力"和"创造性"的"新国民""未来主人翁""新中国的新主人"。在社会主义建设时期，毛泽东把人的全面发展的自我教育思想提升到了一个新的高度，提出"我们的教育方针，应该是受教育者在德育、智育、体育几方面都得到发展，成为有社会主义觉悟的有文化的劳动者。"④ 这是毛泽东自我教育理论最生动的体现和精确概括，是我们今天仍然要坚持贯彻的教育目的观。

（3）自觉自为的自我教育思想。毛泽东不仅重视人的全面发展目标，而且还具体提出了实现的途径，那就是受教育者自动学习、独立研究，从而达到

---

① 联合国教科文组织：《学生生存——教育世界的今天和明天》，教育出版社 1998 年版。
② 陈元晖等：《老解放区简史》，教育科学出版社 1981 年版，第 54 页。
③ 《老解放区材料（一）》，教育科学出版社 1981 年版，第 308 页。
④ 《毛泽东选集》第 3 卷，人民出版社 1991 年版，第 899 页。

自我教育的目的，这是毛泽东自我教育思想的主要内容。自觉自为就是要在坚持学生"三性"的前提下进行的，即独立性、主动性和创造性。所谓独立性，即主体能够自主地行使自己的权利，思想上表现为自我意识，行为上表现为自尊、自信，具有自我调控、自觉自理、独立判断的能力；所谓主动性，即主体主动地自觉地对客体发出的信息进行选择、加工、分析、判断，思想上表现为较高的成就动机、竞争意识、积极的参与意识，行为上表现为兴趣广泛、喜欢挑战、表现欲强烈的社会适应性等；所谓创造性，即主体对现实的超越，是主体性的最高表现，表现为具有强烈的创新意识、较强的创造思维能力和动手实践能力。学校教育最直接的目的应该是培养发展学生的主体性，尤其应培养学生的创新意识和实践能力。在自我教育过程中，就是指学生自觉、主动、自力地学习和研究问题，掌握一定的学习方法，养成独立研究的能力，并自觉地要求、管理和教育自我。毛泽东是自动学习、自力研究、自我教育的典范，同时号召、鼓动学生和组织成员自动学习、自我教育，使得刻苦自学、自我批评和教育成为革命与建设时期普遍推崇的好学风、好作风。

（4）民主管理的自我教育思想。早在青年时期，毛泽东对旧的教育管理制度给予了批判。他指出旧教育是非人性教育，在这种管理体制下，学校中师生关系必然是对立的紧张关系或金钱与文凭的商业关系，师生间无感情可言；教授法和管理法必然是非民主的、注入式的，忽视学生自动、自发学习和研究的；课程设置必然只考虑统治阶级培养驯民和奴才的要求，而无视学生个性和其他主体特性培养的要求。为此，毛泽东提出学校的管理和教育要民主，那种机械划一的专制管理和教育方法蔑视人格，压抑个性，不利于学生生动活泼地主动发展。他主张对学生进行民主管理和教育，改革不合理的管理制度，竭力提倡民主作风，不主张开除学生；提倡实行学生自治自律，成立学生自治会参与学校民主管理；倡导"自我教育""自我批评"等。在考试方式上，毛泽东指出"考试方法以学生为敌人，进行突然袭击"，同样影响学生主动发展。主张实行"民主考试"，只要答得合理便可得高分或满分。鼓励独创性地解答问题。

（5）批评与自我批评的自我教育思想。在德育教育中，毛泽东创造性地提出了"批评和自我批评"的自我教育思想。毛泽东在《关于整顿三风》的报告中，再次强调了要进行批评与自我批评，"批评是批评别人，自我批评是批评自己。批评和自我批评是一个整体，缺一不可，但作为领导者，对自己的批评是主要的。"批评与自我批评的武器，都是有用的，不可偏废。但是批评是为启发自我批评，在某种意义上讲，是以批评的手段，达到自我批评的目的，批评与自我批评两者不可偏废。但一般来说，自我批评的作风不培育起来，对自己的错误弱点不承认、想方设法回避、不愿接受批评甚至抵制批评的人，显然不能很好培育批评作风。那些只善于及热衷于批评别人，而不会、不善于批评自己的人，他的批评作风肯定是片面的、不正确的。在某种意义上可以说，自我批评的作风培育起来，正确的批评作风才能培育起来，在培育批评与自我批评的作风中，应把培育自我批评的作风放在首位。当然，培育良好的批评作风也是有难度的，这主要是对普通党员、普通群众而言，对下级而言，要敢于批评领导、批评上级的错误缺点，又要去掉"怕"字，也是不容易的，而这又需要领导有自我批评的作风。

第二节　西方的自我教育思想

当中国人在伦理文化氛围中不懈地探求人的进步和完善，追寻自我教育的客观性时，欧洲人也在思辨哲学家园里不停地思索着人与社会的融合，最大限度地发挥个人价值的规律，逐步发现了自我教育的特殊意义，从而形成了西方的自我教育思想，走出了人类关于自我教育探寻的另一条道路。

一、古代的自我教育思想

古代社会是人类社会发展的初期，文化科学还处于萌芽阶段，关于自我教育甚至整个教育理论的研究还没有专门著述，一些自我教育的思想散见于古代哲学、政论和史学著作中，也不具有现代的学科性特征。

1. 古希腊时期的自我教育思想

古希腊自我教育思想是西方自我教育思想发展史的序幕。在古代教育实践基础上形成和发展起来的古希腊自我教育思想，对人类社会的自我教育发展产生了深刻影响，在西方自我教育思想史上占有重要地位，成为西方自我教育思想的渊源之一，至今仍不乏借鉴价值。

（1）苏格拉底的自我教育思想。苏格拉底（Socrates，公元前469~公元前399）是古希腊著名的思想家、哲学家、教育家，其哲学思想是神学唯心主义。他认为宇宙的最高主宰是神，一切都是神的创造和安排，因此，不仅自然界无任何规律可循，认识自然现象和外部世界也毫无意义，人只能认识自己，研究自己的心灵，在自我认识中探索真理、寻求真理、寻找最高的善——智慧。真理就存在于人的心灵，欲寻之，必须从自我内心探求，这恰恰又是对知识和知识的获取。所谓知识就是自我认识或认识自己，就是道德和道德探索启发，并使自己的灵魂得到改善，亦即接近、认识最高主宰。

苏格拉底赞成智者派"人是万物的准绳"的思想，提出"有思考力的人是万物的准绳"。认为人是有思想的、自由的个体，其一切行动都是由理性决定的。这种把人当作理性存在物的看法，是对人的价值的高扬，也是对自我教育可能性的事实肯定。由此，苏格拉底又进一步指出，人生即有理性，人的"善德"与善等"素质"原本隐藏于人性之中，保持着睡眠状态。道德教育和自我认识就是要唤醒人固有的"概念"和"灵魂的属性"，促进"先天素质"的暴露，即所谓"美德即知识""美德由教育而来"。苏格拉底关于通过认识自己，最终形成有智慧、有道德的完善人格的教育目的论，是古希腊哲学家、思想家对自我教育意义的最早认识和宣传。

苏格拉底长期在街上、广场等场所因人因事而异对人施教。他以讨论的方式与人谈话，他不把结论教给人，而是提出问题并引导人得出正确的结论，这种方式被后人称之为"苏格拉底法"。由于他把教师比喻为"知识的助产婆"，因此"苏格拉底法"也称"产婆法"。这种方法是由四个环节构成：讥讽（不断提出问题使对方自陷矛盾并最终承认自己的无知）、助产（借助对方得到问题的正确答案）、归纳（从各种具体事物中找到事物的共性和本质）、定义（把个别事物归入一般概念）。苏格拉底这种激发对象自我教育的方法使受教育者依据他提出的问题并依靠自己已经掌握的知识进行独立思考，积极寻求正确的答案，以获取知识、发现真理。正如亚里士多德的评价："有两样东西完全可以归功于苏格拉底，这就是归纳论证和一般定义。这两样东西都是科学的出发点。"① 可以说，"苏格拉底法"一方面把教育过程的双向主体统一起来，另一方面则大大地启迪、发展了受教育者的自动性。

（2）柏拉图的自我教育思想。柏拉图（Plato，公元前 427～公元前 347）是古希腊著名的哲学家和教育家，其哲学思想是客观唯心主义。他提出了"理念论"和"回忆说"。柏拉图认为，宇宙的本原不是物质，而是精神性的理念。在他看来，理念是独立存在、永恒不变、完美无缺的真正的"实体"，它是变幻无常、生灭不定的现象，是世界产生的根源。这就是超越现实，先天存在的理念。世界是本体，是第一性的，而现象世界不过是理念世界的阴影或

---

① 北京大学哲学系编译：《西方哲学原著选读》上卷，商务印书馆 1985 年版，第 58 页。

摹本，是第二性的。在此基础上，他还认为，认识就是对理念世界的回忆，认识真理的过程就是回忆理念世界的过程。"学习的过程，就是恢复我们固有的知识。""学习只不过是回忆"①。柏拉图的这种解释，虽然承认了自我教育，但同时又把自我教育推入了唯心、先验、神秘的泥坑。

柏拉图还认为，人的灵魂有三个不同的部分：一是属于理念世界起指导作用的理性部分，二是起执行作用的意志部分，三是最低级的感情部分。这三个部分恰恰顺应三种社会伦理德行：理性部分顺应智慧，意志部分顺应勇敢，感情部分顺应节制。灵魂的三个部分及其相顺应的三种德行在社会构造上又恰恰适应三个社会集团：哲学家、军人、手工业者和农民。哲学家具有理性的灵魂和智慧的德行，能知善，故宜治理国家；军人以勇敢著称，意志坚强，能负起保护国家之责；手工业者和农民，因只具有最低级的感情部分，故只能从事生产劳动，以供养前两者，并宜节制情感，顺应统治。至于奴隶，只不过是能说话的工具而已。柏拉图从唯心的"两个世界"划分的理论出发而界定人的政治分界和道德先赋，内中隐含着对主体自我教育内容和任务的区划，即各个阶层要依其命定而发挥、浇铸、巩固各自的先验之德，不能逾越，不可横取，其片面性、狭隘性自不待言。同时，柏拉图还极度鄙视生产劳动，认为体力劳动只能发展丑恶的性格，阻碍对观念世界的洞察力。哲学家和军人不要模仿奴隶或"铁匠和船夫"，甚至根本不要对诸如此类的事发生兴趣。这都是对自我教育社会广泛性及社会实践方法的再一次限制、曲解和丑化。

（3）亚里士多德的自我教育思想。亚里士多德（Aristotele，公元前384~公元前322），古希腊著名的哲学家、科学家和教育家。他在认识论、政治学、伦理学、物理学、教育学等方面都进行了开拓性的研究，为人类做出了巨大的贡献。马克思称之为"古代最伟大的思想家"。

亚里士多德反对柏拉图关于"理念世界"与"现象世界"对立的看法，指出世界是统一的，万物的观念和事物本身不可分，事物和现象的观念即使存在，也是存在于事物和现象本身。客观而论，亚里士多德的这种哲学观为人类思考、启用并不断完善自我教育奠定了基础。因为自我教育本身就是关于教育主体与客体的结合、教育内容与形式的统一。

关于灵魂与肉体的关系问题，亚里士多德认为人的肉体与灵魂是统一而不可分割的，肉体也不是灵魂的监狱，而是活动的必要条件。灵魂分为三个部分：表现在营养和繁殖上的植物灵魂；超越各种植物的特性而表现在感觉和愿

---

① 北京大学哲学系编译：《西方哲学原著选读》上卷，商务印书馆1985年版，第165页。

望上的动物灵魂；超越各种植物的特性而表现在思维或认识上的理性灵魂。它们都是天然赋予、与生俱来的，是人的活动、发展能力的萌芽。而实现这种能力和萌芽，全赖教育的诱导、启发和推进。与三种灵魂相适应，教育也分为三个部分，即适应于理性灵魂的智育、适应于动物灵魂的德育和适应于植物灵魂的体育。自然把三种灵魂联系起来，教育也依据自然把德、智、体联系起来，从而使人获得多方面的和谐发展。亚里士多德关于德育、智育和体育相互联系的观点十分宝贵，而关于人的和谐全面发展的思想，又是极具开拓性的。这是人类历史上第一次较为系统地讨论自我教育的途径、内容、现象和原则，更为后世的自我教育思想的研究和发展开辟了广阔的道路。

关于教育的目的和内容，亚里士多德认为，教育的终极目的是发展理性，使理性真正起到指导人的活动、培植人的德行的作用。"在教育上，实践必须先于理论，而身体的训练便在智力训练之先。"① 其次是道德教育，再次是智育和美育，它们都是为了激发促进人的灵魂中的思维、认识、理解、判断能力，规划引导情感和愿望，从而形成完美的德行。实现道德教育目的的基本途径是实际活动和反复训练，因为道德教育有三个源泉：天然素质、习惯的发展（经常重复良好的行为）和理性，其中，习惯是决定性的，反复的道德习惯和道德活动的培养最重要。同时，音乐教育也必不可少，它既是智育、美育的组成部分，又是进行道德教育，形成人格的重要力量。它"能形成高尚自由的心灵"，激发人的心灵，使其理智部分得到发展。亚里士多德的上述教育思想是很有启发意义的，它对源于行动的习惯的重视，揭示了自我教育连续性、实践性的特征。它对音乐功能的推崇，破天荒地指出了在人的品格养成、锻造过程中，"音乐疗法"的特殊意义，开阔了人们对自我教育工具、措施的研究视野。

2. 文艺复兴前后的自我教育思想

文艺复兴前后是指从中世纪到16世纪的时间跨度。这一时期的自我教育思想，有以奥古斯丁为代表的经院主义自我教育思想，有以维多利诺为代表的人文主义自我教育思想，还有以夸美纽斯为代表的泛智教育自我教育思想。他们都从当时的社会大背景出发，提出了许多自我教育思想。这些自我教育思想同样对我们今天有许多借鉴意义。

（1）奥古斯丁的自我教育思想。奥古斯丁（Augustinus，354~430）是站在西方古代与中世纪交接点上的思想家。他的教育哲学成为中世纪基督教教育

---

① 张焕庭主编：《西方资产阶级教育论著选》，人民教育出版社1964年版，第564页。

的理论基础。尽管作为基督教神学家，奥古斯丁的教育目的是服从和服务于宗教信仰的，是达成其宗教信仰这个最高目的必不可少的手段。如果剔除这层宗教信仰的外衣，他的关于自我教育的思想有一定的借鉴价值。首先在教育方法上，奥古斯丁在其自传《忏悔录》一书中记录了为后人所津津乐道的教育方法：一是重视儿童无拘无束、自由自在的学习；二是重视学习中直觉、灵感的重要作用。他指出无拘束的好奇心比可怕的约束力对学生的学习更有力量。他尤其重视教育活动中情感陶冶的作用，因为它能引起人的心灵激荡，为每个人信仰上帝（天主）扫清理性的障碍。奥氏对教育方法中的具体方法和形式并不看重，而对其方法中隐藏着的精神和氛围特别看重。主张在教育活动中，应该充溢着令人（指教师和学生）心醉神驰的氛围，因为此时此刻，他才最易接受上帝（天主）的启示。教师选择教学方法，主要是引发学生内心的剧烈斗争，以便感悟和获取真理。"我进入心灵后，我用灵魂的眼睛——虽则还是很模糊的——瞻望着在我灵魂的眼睛之上的、在我思想之上的永恒之光……谁认识真理，即认识这光；谁认识这光，也就认识永恒。"[①] 教育方法除了重视感悟和烘托气氛以外，奥古斯丁还明确阐述了靠做而不是靠听的直接学习法的价值。教育是一个积极主动的互动过程，这种促进学生自我教育的思想至今仍有启发意义。

由此，奥古斯丁还提出了所谓"内在教师"的教师形象设计。教师主要职责不在于向学生提供现成知识及其体系，他的任务"是启发学生去自我思考，这样，'内在的真理之光'便可以去指导他，解放他的思想，去接受洞察力的火花，以此可以产生新的见解。"同时，奥古斯丁也触及到了自我教育过程，教育"是一个增强理解力，不断地探索存在于心灵之中的过程，教育是一个积极主动的过程。"[②] 在这个问题上，他的见解与苏格拉底的"产婆术"颇为相似，也与中国古代教育家们所倡导的启发式教学相似，都十分重视教师的引导作用。奥古斯丁的教师观在今天仍有其重要的现实指导意义。它既不是教师中心主义，也非学生中心主义，所谓"内在教师"的根本作用在于"导"，建立起和谐融洽的师生关系。

（2）维多利诺的自我教育思想。维多利诺（Vittorino de Feltre, 1378～1446），意大利最著名的人文主义教育家。他坚决反对中世纪黑暗的宗教神学

---

① 北京大学哲学系编译：《西方哲学原著选读》上卷，商务印书馆1985年版，第224页。
② ［英］伊丽沙白·劳伦斯：《现代教育的起源和发展》，北京语言学院出版社，第30～31页。

教育，提出人文主义教育观。认为教育的任务就在于发展儿童的积极性和自动性，培养人的健全人格。他的自我教育思想主要表现在两个方面：

一方面是提倡个人的和谐发展，重视德、智、体的全面教育。维多利诺主张德育是第一位的，实际示范是德育活动的基本原则之一，是启发学生自我意识，激发其走向完美的重要动力。每个学生都要了解、尊重自己的兴趣，充分发挥自己的个性。在智育上以古典语文为中心，学习古代大家文人的作品，并自觉地了解、自动地创造。同时，还要学习广泛的自然科学知识，如代数、几何、天文、自然等以开阔视野、启发思维、促进人性发展。

另一方面是反对体罚，主张学生自治，由学生在自我管理中得到锻炼，开启自觉、自理意识和实际能力。重视环境的教育作用，创设快乐、适宜的学习环境，促进主体的愉悦。维多利诺作为欧洲文艺复兴时期的教育家，严厉批判了中世纪的教育思想和教育制度。把资产阶级人文主义教育思想付诸实践，启迪了近代资产阶级教育思想体系的形成，在从中世纪走入近代的过程中他起着承前启后的作用。特别是他作为文艺复兴运动最重要的教育代言人，把人类对自我教育的探讨第一次推上了针对性、系统化的轨道。

（3）蒙田的自我教育思想。蒙田（Michel de Montaigne，1533~1592）是法国16世纪后期最重要的人文主义作家和教育思想家。蒙田的哲学思想是崇尚理性和经验。他的自我教育思想体现在以下几方面：

首先，蒙田强调学习的内化过程。蒙田主张在学习的过程之中，应把所学的知识深入化，从而真正掌握知识的应用，而不应该把对知识的渴求仅局限在知识的表面，应使其内化为发展人的动力。对待知识接受方面，蒙田反对死记硬背。他认为"死记硬背并不是完善的知识，这只是把别人要求记住的东西保持在记忆里罢了。"[①] 学生要学会把别人的知识通过理解和吸收转变成自己的知识。对此，蒙田还打比方说："即便我们的肚子装满了肉，如果没有消化，有什么用处呢？如果它不转变为我们的东西，如果不给我们营养，增强我们的力量，又有什么用处呢？"

其次，蒙田强调学习思考的独立性。蒙田认为，对知识的掌握必须建立在对知识的深刻理解上，他提倡独立思考而反对依附权威。"真理和道理是属于一切人的，它们并不专属于至今说出这些真理和道理的人，也不专属于此后说出这些真理和道理的人。"不因其拥有知识多，就认为他们是某个学术领域的权威人士，从而使自己的思想和行动都向其靠拢。这样的做法会造成对某些知

[①] 《西方古代教育论著选》人民出版社1985年版，第379页。

识的理解无法深入其中，未能达到内心真正的理解，会使人们在接受新知识的过程中，理解力逐渐淡化，从而使人的创造性思维受阻，不利于人的长远发展。"①

其三，蒙田强调学生学习的参与性。蒙田认为，教师应注重发挥学生学习的主动性，切忌事事处处包办代替。他说，"我不希望导师独自去发明，只是他一个人讲话，而应该容许学生有讲话的机会。"蒙田还指出，人们要想学跳舞不能只是看舞蹈家跳，而自己不跳，学习也是一样。蒙田说："不要让孩子多背诵功课，而是要他行动。他应该在行动中复习功课。"对于培养儿童探索事物的好奇心以及对学习的兴趣和爱好，蒙田说："最好的办法莫过于培养对学问的兴趣和爱好，否则我们将只是教育出一些满载书籍的傻子。"

其四，在自我教育方式上，蒙田认为，在教育孩子的过程中，如果教师运用专权蛮横的体罚孩子的做法，只能带来可怕的后果。他主张"寓教学于游戏和练习之中"，授课的方式要灵活多样，自由轻松，也可以通过闲聊来学习知识，而不应该只局限于课本知识的讲授。同时，他认为教育培养的人，应是一个全面发展的人，应该使人在接受知识的同时，也应注意到其体能方面的发展。"我们所训练的不是心智，也不是身体，而是一个人，我们决不能把两者分开。""我们从学习得来的好处是要证明我们变得更好、更聪明、更诚实。"因此，他认为要达到这样的教育目的，那么教育的方式就应该是在宽容、理解的前提下进行，本着因材施教、循序渐进和循循善诱的原则，想方设法去引导和刺激学生自己强烈的求知欲望。

二、近代的自我教育思想

17～19世纪，资本主义进入自由发展时期，欧洲历史也跨入了近代阶段。随着资本主义制度的逐步确定和发展，作为教育理论重要组成部分的自我教育思想，也在资产阶级教育制度和教育理论形成中进一步发展起来，而且开始产生重大的分歧，引出了资产阶级自我教育观和马克思主义无产阶级自我教育理论，也为现代自我教育理论的深层次发展设定了方向和目标。

1. 资产阶级自我教育思想

自"文艺复兴"和宗教改革以后，近代自然科学日益脱离神学而繁荣昌盛。其教育观表现为重视个人特长的发挥，在最大程度上体现人文主义的关

---

① 滕大春：《外国教育通史》第2卷，山东教育出版社2005年版，第191页。

怀，冲破压抑人性的藩篱，驱散了人类在封建社会时代帝王制中央集权的黑暗，引领人类历史进入了民主文明时期。

（1）夸美纽斯的自我教育思想。夸美纽斯（Johann Amos Comenius，1592~1670），17世纪捷克资产阶级爱国主义教育家。他继承古代希腊和罗马的教育思想遗产，吸收文艺复兴时期人文主义教育的成果，总结了当时新兴资产阶级的教育经验，系统地论述了资本主义兴起的教育问题，第一次提出资产阶级教育理论体系，为近代教育科学的建立和发展打下了基础。

关于自我教育的目的和作用。夸美纽斯从宗教教义和现实生活出发，提出教育的目的是使人学会现世生活所必需的东西，为来世永生做准备。因此，教育有三个阶段和三种任务：认识自己和周围世界（智育）、自我管束（德育）和向往上帝（宗教教育）。夸美纽斯的这种教育目的论带有浓厚的宗教气息和唯心色彩。他同时又认为，教育是能够启发人的"学问""道德""信仰"的"种子"，能够培养"能知、能行、能言"的人。这种对教育的高度自信和评价，一方面适应了当时反封建、反宗教的现实要求，另一方面直接导出了人是最优美、最完善的创造物这一光明和乐观的现实，为自我教育找寻、托浮起了极大的可能，也折射出他对自我教育的坚定信心。

遵循自然原则下的自我教育阶段论。夸美纽斯运用文艺复兴以来研究自然、引证自然的新方法，以合乎自然的秩序论证教育规律，提出教育适应自然的原则。运用这一原则，针对人的不同年龄，夸美纽斯提出了相应的教育原则、内容和方法：从出生到6岁为幼儿期，主要接受自然和生活的初步知识，培养节制、懂法、爱劳动、尊长、顺从、老实、公正和爱人的品质；6~12岁为少年期，进行基本知识的教育，如几何、地理、自然等；12~18岁为青年期，开始接触伦理学、神学等，进行广智教育；18~24岁是成年期，学习广博的学科知识，特别是哲学、雄辩等，方法是演讲，并辅以探讨和阅读参考书。不难看出，这种教育阶段论和学科顺序论，革新了宗教神学的传统，指出了人在不同年龄段上进行内向吸收和自我教育的独特内容与方法，肯定了自我教育贴己求实和系统、连贯、不断巩固的特征。

普及教育思想中的自我教育广泛主体论。夸美纽斯对于"穷人被忽视，而且往往埋没卓越的才能"表示极端的愤慨，"坚决主张对一切人授予一切知识的普通教育"，要求让一切儿童，不分贫富、贵贱、男女、城乡，人人都能进学校，人人都能受教育。这种普及教育的主张及其实施，为所有的人提供了培育自我教育能力的机会，确定了每个人都是自我教育主体的新概念，从而把灌输教育中的自我教育引入了广泛化、普及化的现实生活。

在德行培养方法上对自我教育的推崇。夸美纽斯认为道德教育十分重要，教育的方法主要是：双亲、教师、同事的榜样，道德习行，教训、谈话。从自我教育的角度看，榜样示范法就是见贤思齐、见不贤而内省法，习行就是实践法，教训、谈话就是把灌输教育与自我教育相结合、相融通。

（2）洛克的自我教育思想。约翰·洛克（John Locke，1632~1704），17世纪英国唯物主义经验论巨子，新兴资产阶级思想的代表人物，著名的教育思想家。他反对"君权神授"说，提出"社会契约论"以维护君主立宪政体。他在教育方面的许多见解对后来资产阶级教育实践影响很大，其自我教育思想主要有以下两点。

首先，高度重视自我教育的作用。洛克从唯物主义经验论出发，提出儿童是没有痕迹的"白板"或柔软的"蜡块"，可以任人随心所欲地涂写或塑造。他反对"天赋概念"，认为"人心如白纸"，一切知识来源于经验：一是外部经验即感觉；二是内部经验即"反省"，二者并存，都是认识的独立来源。这一思想的前一部分，把自我教育与灌输教育提至极其重要的位置，后一部分虽然含有片面性，但也在知识起源角度上，肯定了自我教育对人的作用。他的"反省"说是欧洲资产阶级对自我教育本质和基本原则的第一次揭露，具有重要的社会意义。

其次，多种有效的自我教育方法。洛克认为培养人的德行，进行"绅士教育"，必须坚持及早实践的方法。从小做起，从细致处动手，在行为中感悟德行，摒恶去过；以奖罚培养羞耻心和荣誉感，激发人自我约束、自我尊重、自我坚持的品格；以榜样进行示范教育，让人从别人的行为中"懂得更清楚，印象更深刻"，以人为镜，检校自我。

（3）斯宾塞的自我教育思想。赫伯特·斯宾塞（Herbert Spencer，1820~1903），英国著名资产阶级社会学家、哲学家和教育家，他以自己的哲学、社会学和教育理论为资本主义制度讴歌，把资本主义看作是最理想、最合理、最完美的制度，因而被人称为"资本主义制度的歌手"。

斯宾塞以其实证主义哲学、庸俗进化论的社会学理论为基础，提出了自己的教育思想体系。他对自我教育思想发展的最大贡献是第一次专门地提出了自我教育问题，并把它视为教育、教学活动的基本原则和方法。斯宾塞认为自我教育是教育中无论怎样竭力坚持都不过分的原则，"人类完全是从自我教育中取得进步的，而为了取得最好的效果，每个人的心智必须多少照同样方式取得进步。"① 因此,"教学工作最重要的原则是使学生能正确地教育自己","学习者从心智努力发现的东西,比别人告诉他的要理解得好得多。"因此,斯宾塞主张在教育中应当鼓励自我教育,培养学生学习的主动性,鼓励个人的发展,引导学生自己进行探讨,自己去推论,"给他们讲的应该尽量少些,引导他们去发现的应该尽量多些。"使他们得到的知识"马上就变成能力,马上就对思维的一般职能有帮助,而不像死记硬背的知识只是使人成为两脚书橱。"同时,斯宾塞还认为,自我教育的过程不但是在学校里,更应"终身继续走他们在青年时代开始的自我教育",即进行终身的自我教育。在科学飞跃发展、知识迅速更新的社会里,斯宾塞的这种自我教育观具有巨大的现实意义,在理论上直接奠定了现代自我教育理论的基础,成为现代自我教育理论最主要的思想来源之一。

2. 早期马克思主义自我教育思想

西方近代史上最著名的一次革命,就是马克思主义的诞生。在对西方的批判中,以马克思为代表的马克思主义者在吸收早期空想社会主义、德国古典哲学和英国古典政治经济学的基础上,创立了马克思主义理论,其中的马克思主义教育理论(包括自我教育思想)值得我们借鉴。

(1)空想社会主义者的自我教育思想。19世纪初,受英国工业革命和法国资产阶级革命的影响,特别是无产阶级与资产阶级尖锐化的社会矛盾的促动,欧洲大陆产生了空想社会主义。其著名代表是法国的圣西门、傅立叶和英国的欧文。他们在批判现实社会的同时设计了人类未来的美好蓝图,提出了崭新的教育思想,包含着许多有价值的自我教育成分。

圣西门对教育作用给予了深层认识和高度肯定,他认为教育能使社会成员的智力水平提高,使其懂得自然规律和自然改造方法,从而为社会发展做贡献。圣西门还认为,教育的内容"除实证知识——被事实证明了的理论知识外,更重要的是习惯陶冶、情感陶冶和一般预见能力的锻炼"。

傅立叶提出教育的目标是造就和谐全面发展的新人,教育的最主要途径和基本方法是理论与实践相结合、生产与劳动相结合。诚如马克思所说,傅立叶的"这些观点是这方面的精华,并且包含着最天才的观测"。

欧文认为教育就是为着培养全面发展的人——德、智、体、行全面发展,既能从事体力劳动又能从事脑力劳动的人。教育的社会意义在于它是改造资本主义制度,实现共产主义的基本手段。教育的极其重要的内容之一是现代科学知识。

---

① 斯宾塞:《教育论》,人民教育出版社1962年版,第62页。

三大空想社会主义者的教育思想是很丰富的，尽管有时代制约下的缺陷，但其中包含的真理与天才预测，给未来的无产阶级以有益的启示。

（2）马克思、恩格斯的自我教育思想。马克思、恩格斯作为无产阶级科学理论的创始人，也提出了一系列先进的教育思想和教育理论。其中丰富的自我教育内容，直接奠定、构造了现代无产阶级和社会主义国家的自我教育观，是人类自我教育发展的一个高峰。本书即是在马克思主义基本理论指导下，以其自我教育理论为核心而展开论述的。考虑到其他各个章节都将从不同方面进行分析、阐释，故而在此便不再专门阐述马克思、恩格斯的自我教育思想。

三、现代的自我教育思想

19世纪末至20世纪初，西方资本主义从自由竞争时期进入垄断时期，人类社会生活的各个方面都发生了翻天覆地的变化。科技迅速发展，文化教育事业蓬蓬勃勃，教育理论也以前所未有的速度不断更新。自我教育思想更是愈加深入、翔实、全面、透彻，从而进入到最为丰富、完善、系统的现代阶段。

1. 蒙台梭利的自我教育思想

玛丽亚·蒙台梭利（Maria Montessori，1870~1952），意大利著名女教育家，终生从事儿童教育，探索积累了一整套成功的儿童教育经验。她的最大贡献是第一次在儿童教育中大规模地实行自我教育法，成功地把自我教育作为一种主要教育方法引入教育实践中，为现代教育科学积累了宝贵的理论素材和实践模本。

蒙台梭利从生物学的本能出发，提出独特的儿童发展观——生命力自发冲动说。她认为，儿童不只具有一个肌体，更有着一种内在的生命力，它像个"生殖细胞"，规定着个体发展的准则。正是这种生命力本能的自发冲动，赋予儿童积极的生命动力，促进个体不断发展。随着个体的不断发展，这种潜伏着的生命力就渐渐呈现出来，她提出刚出生的婴儿毫无本领，必须有良好的环境，使其潜能充分健康地呈现出来，并且，人的潜能又各不相同，儿童的自由极其重要。认为自由且充分开掘潜能的良好环境，必须尽可能排除有害于生命力呈现的任何外界的不利因素。

蒙台梭利认为，必须尊重儿童的心理特点和个体差异，给其充分活动的自由。只有在自由活动的基础上，才能达到良好的规律，发展潜在的生命力，而自由又必须是在集体利益的范围内。要引导儿童的活动，限制、克服身心分离的活动，鼓励、启发身心结合的活动，使行动与精神相统一，达到全神贯注。

反复操作自己的作业,直到独立完成。这种"工作"是形成"良好的规范"、良好的纪律和"善"的根本前提,因为它有助于儿童肌肉的协调和控制,有助于培养独立性和意志力。自由活动的重要内容是感官训练和日常生活技能练习,在这些自发的实际劳作行动中,应对、启发儿童的自然潜能。在这里儿童是主动的,教师则"更多地被动,而不是主动"。教师最主要的工作是指导,给儿童提供活动的环境和进行作业的教具,使他们通过自己作业,达到自我发现和发展,而绝不是直接教给儿童以方法和观念。

蒙台梭利强调儿童有选择活动的自由,相信儿童有自我教育、自我约束能力和思想,不仅是对当时传统教育的挑战,而且也是富有创造性的,当前仍然是学前教育的主要方法之一。

2. 杜威的自我教育思想

约翰·杜威（John Dewey,1859~1952）,美国实用主义哲学家、教育家和实用主义教育学的创始人,他对自我教育的重大贡献在于从实用主义教育思想的角度,论证了自我教育的普遍性、自我教育与灌输教育的结合性、自我教育的原则等基本问题。

"教育即生活"的自我教育思想。杜威从其主观唯心主义经验论出发,提出"教育即生活",认为最好的教育是"从生活中学习",主张把儿童现在的生活经验作为课程的主要内容,教育的过程就是不断地改组经验,重新组织经验的过程。"教育是生活的过程,而不是将来生活的预备。"[①] 杜威又进一步提出"学校即社会"的主张,认为学校要与生活相联系,用社会生活改组学校,使学校成为"一个雏形的社会"。杜威的"教育即生活"的观点有其合理的价值,它揭示了自我教育是主体在生活中的内向行为。关于"学校即社会"的主张,其中蕴含的自我教育思想是,它充分肯定了自我教育与灌输教育相结合的两大基本途径互相补充、缺一不可的现实格局。也就是学校立于社会,浓缩于社会,在学校有灌输教育,在社会有自我教育,你中有我,我中有你,形成一个完整的教育系统。

"做中学"的自我教育思想。杜威批评传统教育"轻视日常生活所得的经验","不去研究儿童在生长中所需要的究竟是什么,只拿了许多人所积聚的学问和生长的需要毫不相关的东西,想把它强加给儿童","是一种不受欢迎的强迫接受","单纯地学习课本上的课文","很少给儿童进行活动的余地",因而主张要在儿童个人活动的基础上,给其主动表现自己生命力的机会,即要

[①] 赵祥麟:《杜威教育论著选》,华东师范大学出版社1981年版,第232页。

贯彻"做中学"的自我教育原则。根据这一原则，杜威要求把儿童在"做"的过程中获取的主观经验，作为确定教材、教学方法及整个教学过程的基本原则。在学校里设置相当的环境，使学生"由做事而学习"，"给学生一些事情去做"，"而不是给他们一些东西去学"，使学生在做事中进行思维或有意识地发现事物之间的联系。作为教师主要是给予学生种种情景，激发学生的自我意识，而不是企图把所有的知识一股脑儿塞给学生。"做中学"的自我教育意义在于它强调了自我教育的实践性，体现了自我教育知行合一的思想。

3. 皮亚杰的自我教育思想

让·皮亚杰（Jean Piaget，1896~1980），瑞士著名的心理学家和教育家。也是当代世界最负盛名的心理学家和教育家，他的理论和实践对教育的影响是多方面的，他对儿童心理的实验研究及其发生认识论是现代教育学科上的一次重大突破，其中涵容的自我教育思想更是超越前人的。

他把以主动性为基点的自我教育视为新教育与传统教育的根本区别。皮亚杰认为，旧的传统教育根据个人所在的社会去改进一个人的生理和心理的结构，把个人发展与社会价值对立起来，把每个人所特有的自然状态与社会模式对立起来，教育被看做单纯地把集体的社会价值一代一代地传递下去，从不考虑儿童本身的特性，不考虑教育必须适应儿童心理结构及其发展的规律，在根本上是被动的。现代新教育不应让儿童单纯从外界接受现成的知识和道德规范的成果，而应让他们通过自己的努力与亲身的经历去完成社会所期望的各种正当的行动，现代新教育在根本上是主动的。

皮亚杰强调活动在儿童智慧和知识发展中起着重要的作用，他认为只有使儿童自己具体地、自发地参与多种活动，通过自己的摸、拉、推、掘、看、听等动作，逐步认识主体与客体之间以及客体之间的关系，才能获得真实的知识，形成自己的假设，给予证实和否定。真正的活动是以个人的需要和兴趣为基础的自发性活动，儿童的智慧训练不仅贮存知识，更重要的是创新。儿童不是被动地接受知识，而是主动地探索知识。据此，皮亚杰提出了一系列自我教育的方法，主要有：①活动法。皮亚杰认为，"高度集中的活动"是儿童学习的根本途径和认知发展的最直接源泉。它一方面促进感知运动智慧的形成，为后来高级智慧的发展提供扎实的基础；另一方面也促进运算智慧水平的提高。②发现法。皮亚杰认为，儿童只有对自我发现的东西，才能积极地被同化，从而产生深刻的理解。教师应当重视引导儿童自我发现的学习，使儿童在自我探索的过程中，通过自身积极的活动，真正自己"发现"并接受教师所希望他们学习的东西，由自己得出自己认为是正确的答案。③冲突法。皮亚杰认为人的认知是从不平衡到平衡再到不平衡的循环往复过程，只有让儿童经常学习新事物，通过动态的求同存异的"冲突"和变化，激发起求知的欲望、动机、兴趣和意志，才能进一步发展认知结构。④互助法。皮亚杰认为，知识是学习者的内部构成物，学习是一种儿童主动动作的过程，新教育必须把儿童之间所发展的互助协助的社会生活放在主要的地位，这也是儿童社会化的过程。它能够使儿童在共同活动中，遵守规则并彼此监督，自然地养成互助竞赛的集体精神，并产生出特有的道德情感，进行特有的道德评价，从而形成和发展儿童的品格。

第三节　中西自我教育思想比较

伴随着中西方教育思想发展的不同，自我教育思想所走的也是两条截然不同的道路。由于地理环境、历史背景、发展过程等因素的不同，中西方文化呈现出巨大的差异，不同的文化心理孕育了中西方不同的自我教育思想。中西方自我教育思想的比较研究，为我们批判地继承中国传统自我教育遗产提供了依据，也为学习吸收西方自我教育理念的精华提供了支撑。

一、中西自我教育理念的比较

无论是中国的教育理论，还是西方的教育理论，自我教育与灌输教育是教育理念中的一对非常重要的理论，在教育实践中，它也是争论最多的一个话题。从本质上讲，对二者研究的终点都是要落实到自我教育。只是西方的灌输教育体现为以"参与改变理论"下的间接灌输教育，而中国则体现为"认知改变理论"下的直接灌输教育。有了这一不同的理念前提，中西自我教育理念呈现出"自我观"的差别。

（1）"坐拥自我"和"发现自我"的自我教育理念。所谓"坐拥自我"教育理念，就是假设人已经拥有了自我，在此基础上，教育的目的就是让受教育者一开始就是定位在从习性、修养、主体化基础上对自我进行控制和塑造。所谓"发现自我"的教育理论，就是假定自我是一个发现的过程，在此基础上，依据理性主义原则，将"自我"对象化、客观化，从而形成"我可能会是什么"的自我控制和塑造。正如有学者所形容的："如果把'自我'问题比喻成海洋中的一座岛屿，那么中西方征服这个岛屿的方法是完全不同的。西方是从海边开始艰难地行进，迎接一个又一个的海浪风暴，即使没有真正到达岛屿，但是对岛屿的构造、特征以及相关的环境有了深刻的了解。而在中国，一开始似乎就已经到达了岛屿，在岛屿上坐观其变，以不变应万变，这种'自我观'是彻底的，却缺乏对自身细致的了解和研究。"[1] 这就是中西方自我教育理念的差异之一。

"坐拥自我"的自我教育观认为自我已经是给定的，是严格按照现行制度、习俗和道德伦理设定的。即人性都是善的，教育就是要把性善的潜质挖掘出来。因此，在中国几千年的教育史中，要求每个个体内心要致力于心灵的修养，这种修养最终要符合"天意"，即符合统治阶级的伦理规范。内省、慎独、思齐、自讼成为中国古代的自我教育方法。其目的就是要达到"内圣外王""齐家、治国、平天下"。这种"内圣外王"的思想实际上是将社会规范与个人自觉追求相统一，将外在的宗法义务与个人的品质节操相结合。这样的"自我"是被社会净化了的自我，是所谓的"仁"，自我本质是以"仁"为本的，"仁"是人之所以为人的本质和特征。

"发现自我"的自我教育观认为自我是一个发现的过程，在这个过程中从事教育和自我教育。它要求自我教育是一个人对他自己的知觉和认识，强调个体"潜能"的独特性和不同性，强调这种"潜能"的优异性及开发的必要性。因此，无论是西方18世纪和19世纪的理性教育思想、主知教育思想、自然教育思想，还是19世纪和20世纪的实用主义教育思想、实验主义教育思想和功能主义教育思想，还是以后林林总总的其他教育思想，都无一例外地强调"自我的发现"，即教育的过程是引导或促使受教育者发现自我的过程。成就自我首先是发现自我，就是强调教师要尊重和服从学生的意愿，强调教育必须以学生个人之自我的形成为核心，强调学生的"自我学习"是唯一的目的。

（2）"理想自我"和"能力自我"的自我教育理念。中国所倡导的"坐拥自我"教育观直接带出的是理想自我教育。所谓"理想自我"就是假定人人都可以成为同一种人才的教育目标，任何人都可以理想地宣告"只要经过努力，都可以成为一个科学家、工程师"等，在这种理念之下，所有教育和自我教育都是围绕这个目标学习的。而西方则是在"发现自我"教育观下带

---

[1] 刘双、马敬然：《中西方"自我观"比较》，《社会纵横》2008年第3期，第192~193页。

出了能力自我教育，也就是提出了能力差异问题（无论是先天的，还是后天的），既然人与人之间有能力差异，那么人通过教育和学习能成为具有什么能力的人，成为西方教育的出发点。

中国"理想自我"的教育观，就是假设人性是善的，因而人通过教育可以成为理想的人才，"理想自我"是重共性而轻个性的教育。从社会要求来说，有一个共同的社会理想，每个人在这个共同社会理想下从事自我教育活动，教育者是这一共同理想的倡导者、引路者。在教育者统一制度、统一内容、统一环境、统一进度下，受教育者的自我教育活动也仅仅是所有"规定性"中的"自我实现"，因而每个受教育的客体都围绕着同一个"理想自我"而奋斗。比如说考上大学是所有中学生乃至家长的共同理想，几千人报考十几个名额的公务员成为大学毕业生就业的共同理想。这种理想的现实化带来的却是途径一致、方法相近、内容雷同的自我教育思想。学生不仅难以形成民主精神、平等意识，而且也难以形成自主意识、权利意识及责任意识，并有依赖性强、选择能力低以及缺乏客观的判断力的发展趋势。个体既不能正确认识自己、评价自己，也不能正确认识和评价别人。这些缺陷最终限制的是个体的独立发展及创造潜能的开发。

西方的"能力自我"的教育观，是基于"发现自我"而形成的，是一种现实主义的自我教育观。这种自我教育观是从人本身出发，研究人的本质以及人与自然的关系，强调人的地位、作用和价值的学说。因此，这种"自我"不同于中国式的"理想型"自我教育，而是自我的潜质和学习能够成就什么样的"自我"，它强调个体"潜能"的独特性和不同性，强调这种"潜能"的优异性及开发的必要性。在自我教育方面，一方面强调教师要尊重和服从学生的意愿，强调教育必须以学生个人的自我形成为核心，强调学生的"自我学习"是唯一的目的。另一方面为了贯穿这种个性和能力的差异教育，"能力自我"教育观非常重视教育环境的设置安排以及学生的动手能力培养。尽管西方各种教育思潮很多，但都是从寻找自我——发现自我——开发自我——实现自我的路径实施自我教育的，即发现潜能（皮亚杰的认知图式理论）——培养能力（荣格的人格理论）——开发能力（建构教育理论）——实现能力（马斯洛的自我实现理论）。可以发现，这种西方能力型自我教育是一个"我将来适合做什么"的问题，并在此基础上确定自我理想。而中国理想型自我教育是先确定自我理想，然后发现自己"适合做什么"，在一生中不断地修正自己的理想，客观上造成了中国"通才"的培养模式。

（3）"共性自我"与"个性自我"的自我教育观。从哲学层面上讲，这两种自我教育观分别源自中国集体主义和西方个人主义的传统价值观。反映在对自我的看法上，它就体现为"整体自我"和"个体自我"的区别，因而在自我教育活动中，中西方有着各自不同的教育路径，即共性的自我教育和个性的自我教育。所谓共性自我教育观也叫整体自我教育观，就是强调在教育共性的前提下开展自我教育。个性自我教育观也叫个体自我教育观，就是在强调个性的前提下开展自我教育。

共性自我教育是与中国传统的伦理性社会相一致的。在儒家文化中，自我并不是一个独立的概念，它体现了个人和与他人的社会关系，是由个人与他人的社会关系所构建的。在最为核心的"仁"的关系中，个体人格的建立以及各种需要的满足都是通过他人来实现的，他人是自我确立、自我实现的决定性环节。因此，共性的自我教育更多的是在"自我的价值观行为方式、人际关系以及自我修养等方面"。这种自我教育理念重点不在于"自我是什么"，而更在于"自我怎么去做"；不是追问的"自我"的本体问题，而是如何达到个人和社会的完美统一，寻求的是如何"得道"的答案和途径。之所以如此，是因为自我是社会或统治阶级业已给定的，有着统一的目标要求、统一的人才标准和统一的实现措施。在这样的文化和伦理氛围中，特定的社会关系就是自我设定，而这种社会关系的内容就是自我，不需要过多地去追问"我是谁"的问题。我就是"他"或"他们"；反之，"他"或"他们"就是我。从积极的方面讲，这种"共性"的自我教育对于实现组织目标、统一组织行为有其不可替代的作用。但是，过分地强调这种共性，就容易忽视个性的存在，不利于甚至是抑制个性的发挥，对于人才培养是无益的。在中国，传统文化中的"自我"只是人们用来表述和修炼的一个目标，它一开始就定位在从习性、修养、主体化基础上对"自我"进行控制和塑造上。

个性自我教育是与西方理性主义社会相一致的。正如前面我们谈到的那样，在西方，"自我"既是哲学本体论的核心问题，又是心理学人格理论中的核心问题。西方学者是在对象化、客观化的基础上对"自我"研究和界定的，致力于寻求"我是谁"这一问题的答案，追求"自我"的本真。从亚里士多德到马克思，他们所关注的"自我"是灵魂，是社会关系的总和。他们都是在原来研究的基础上进行探讨，关心的是"自我"形成、发展、功能等方面的内容，不断追问和探索"自我"究竟是什么。西方从自我的社会关系中发现了个体的自我，即个体的价值和尊严，因而在对个体的诠释中，强调个人的特征与差异，提倡新颖，鼓励独特风格。这种文化心理助长了西方人对多样性的追求，造就了以多样性为特征、多元化思想共存的西方自我教育理念。具体表现为：学校的教学氛围自然灵活，较少形式主义；教师的教和学生的学都没有太多必须遵守的强制规范和统一要求；在教与学的设计、内容和方式上具有较大的自由度和灵活性。学生在这种氛围下会感到轻松与自由，有助于激发学生的内在活力，发挥其学习的主观能动性。应该说，无论是西方理性主义主导的"个性自我"教育理念，还是中国心性主义主导的共性自我教育理念，两者没有优与劣之分，应该是互补的，共同构成了人类教育的自我教育理念。

二、中西自我教育模式的比较

自我教育作为一种教育模式，就在于自我教育不仅仅是教育的方法。它既是一种教育思想，也是一种教育要求；它既包含于教育过程中，又独立于教育过程外；从而它既有教育的共性，又有自己的个性。从尚未定论的教育主客体地位的争论中就可以看出，以主我与客我互动的"我"之统一，凸现了主体性精神。① 中西方由于自我教育理念的不同，决定了自我教育模式也有所不同。中国传统文化环境下的自我教育是一种约束型、依存型和接受型的自我教育模式，而西方文化环境下的自我教育则是一种自主型、独立型和开放型的自我教育模式。

（1）约束型自我教育模式与自主型自我教育模式。中西方自我教育模式的区别之一就是西方以自主性主导自我教育，而中国则是以约束型主导自我教育。从自我教育的真意上讲，自我教育就是以自我的自主性为前提的，失去了自主性，也就无所谓自己教育自己。从这个意义上说，无论是约束型自我教育，还是自主型自我教育，都没有违背人的"自主性"，只是自主的程度存在差异而已。所谓"约束性自我教育"是一种"错式"教育，即把自我设定为教育或改造对象，进而"吾日三省吾身"，自我检讨、自我批评和自我反省。至于自我教育的参照系，则是社会给定的。"自主型自我教育"则是一种"人格式"教育，即把自我设定为"什么样的人"，是追求自我实现、自我发展的教育活动。

约束型自我教育模式是基于"坐拥自我"教育理念形成的。在中国古代，由于自我就是"天道"，是"仁"，不用去寻找自我，这就把社会规范与个人自觉追求相统一，将外在的宗法义务与个人的品质节操相结合，这样的"自

---

① 金志云：《自我教育：方法与模式探讨》，《扬州大学学报》2000年第1期。

我"是被社会净化了的自我，自我本质是以"仁"为本的，"仁"是人之所以为人的本质和特征。朱熹的《孟子注解》说："仁者，人之所以为人之理也。"这句话表明具有了仁才能成其为人，而要想成为"仁"的人，就必须去除或提防"不仁"的人和事，对于做错的事情要时常自我检讨和自我批评，对于可能出现的错误要自我提醒、自我防范。即使到了当代，虽然自我教育的内容发生了变化，但这种约束型自我教育模式还为我们广泛使用。客观地讲，这种约束型自我教育模式对于特别的教育对象有着积极意义，但不可否认，也存在着由于过度地自我贬损、自我压抑，造成消极影响，很难形成现代社会所要求的自尊、自信和积极向上的主体人格。

自主型自我教育模式是基于西方"发现自我"教育理念形成的。可以毫不夸张地说，西方的教育史是一个发现自我的历史。在西方学者看来，每个主体都是一个自我，自我之外的其他主体，是一个他人的世界，而每个主体自我相对于其他自我，又是他人。在理想的自我教育模式中，作为自我的主体不是以一种自然的态度，而是以一种超越的、理智的态度，把别人的思想通过自己的思考，转变为自己的思想。在这种关系中，自我与他人处于一种平等、自主的地位：自我是活生生的，自由的；他人也是活生生的，自由的。但并非任意一种教育活动都能使人的自主性得到发展。只有自我教育这样一种性质的教育活动能使受教育者（教育者）把它作为自己发展的方式，因而愿意主动地参与其中。自我教育从某种意义上说就是自主教育，是一种自主活动，它必须以主体的自主性、创造性为基本条件方能得以顺利进行。

（2）依存型自我教育模式与独立型自我教育模式。中西方自我教育模式的另一个明显区别就是以集体主义为主导的"依存型自我教育模式"和以个人主义为主导的"独立型自我教育模式"。西方社会对自我的强调是与极端的个人主义相联系的，而中国的自我教育必须与集体主义相联系。马库斯和吉塔雅玛认为：西方文化重视个人，其文化目标是个人主义的，因此，西方人独立性较强，其自我是"独立的自我"；东方文化强调人类关系的彼此依存，因此东方人的自我是一种"依存的自我"。①

依存型自我教育模式是指在自我教育活动中，谋求他人对自己的认知和评价，并设法去寻求相关他人相合的途径，去实现和创造责任，并努力在总体上成为人际关系的部分。因此，批评与自我批评是典型的依存型自我教育模式。

---

① Markus H. R, Kitayama S. Culture and the self: Implications for cognition, emotion, and motivation [M]. Psychological Review, 1998. 224~253.

这种依存型自我教育模式是由中国文化特征决定的。众所周知，中国文化是以人类相互之间的基本联络为特征的。这种文化中的个体是把自己看成是包含在社会关系中的一部分，并且认识到其行为是由行动者知觉到这个关系中的其他人的思想、情感和行动所决定的。个人的地位来自于他作为一个社会单位的参加者的感觉，而自我只有被放在合适的社会关系中，才是最有意义、最完全的。[1] 因此，依存型自我教育虽然也拥有自我教育能力的特征，如自我态度、自我认知和自我评价，并能适时地正确表达，但当这种自我教育形式遭遇到公开行为或公开场合下，尤其是遭遇到重要的他人评价时，如领导的评价、老师的评价等，个体的自我认知和自我评价往往降低或失真，从而不断地自我控制和自我调节以适应外部评价，求得社会和他人对自己的认同，从而降低了自我教育的自主性。也就是说，外部的评价成为自我教育的重要动因，那种坚持自我的评价会被看成是我行我素、一意孤行。这种依存型的自我教育活动从积极的方面看，有助于群体性自我教育活动，有助于提高自我的客观评价，有助于构建组织团队。但是也容易造成自我教育活动缺乏连贯性和一致性。由于依存型自我教育是将自我表征与特殊他人相联系的，因而相互依存的自我不能被看作为有限的整体，它会随着特殊的社会关系的本质不同而发生结构的变化，在每个特殊的社会关系中，自我可能相当不同。这类自我的独特性在于他能发展不同的特殊关系。因此，成为相互依存自我的焦点的并不是内在的自我，而是个人和其他行动者的关系，因而自我教育效果大打折扣。

独立型自我教育模式是指在自我教育活动中，个人完全凭借自己的内在情感、动机和价值观，通过充分发挥个人的品质和潜能，依靠个人奋斗来获取自我的成功，得到社会的承认。这与西方文化中"自我"是独立自主的自我相一致。在西方文化中，个体总是要使自己独立于他人，并发现和表达自己的独特品质。要实现这种文化目标，就必须将自我理解为其行为主要是参照自己内在的思想、情感，而不是参照他人的思想、情感和行为并变得有意义。正如当代存在主义者认为，一个人只有从所有的社会角色中撤出，并且以"自我"作为一个基地，对这些"外铄"的角色作出内省式的再考虑时，他的"存在"才开始浮现。如果他缺乏这个过程，那么，他就成了一个没有自己面目的"无名人"。正是因为西方文化把自我看作为由其内在品质构成的整体和独特体，所以就出现了诸如"自我实现""自我真实""自

---

[1] 徐瑞青：《独立的自我与依存的自我——中西自我观念差异论》，《学术月刊》1995年第1期。

我表达""发展自我潜能"这样的自我教育过程。一方面，自我教育来自于自我判断，是由自我的内心感受、个人价值取向决定的，不是来自于外界或他人的评价，成功的标准应该是标新立异的、与众不同的，以使自己区别于他人。比如，对美国人来说，最可怕的事是不能和他人区分开来，无时无刻地要受到他人的影响，不能捍卫自己所相信的，或者在他有所行动时不被人注意，和别人没什么不同。在他们看来，这样的人是不成熟的、不正常的，他们不把这样的人作为独立的个体来看待。另一方面，自我教育的成功与否，也是由自己来评判的，个人必须对自己的行为负责，如果发生错误，处罚者是自己，而不是他人。

客观地讲，无论是中国的依存型自我教育模式，还是西方的独立型自我教育模式，两者都有其优势和不足，过分地强调任何一方，都有其偏颇。在现代教育中，我们既要关注个体的自我教育，又要关注群体的自我教育，也就是说，我们在强调个体自主性的同时，也应该追求作为大自我的集体自我的实现。简单地说，就是在教育过程中，首先要靠小自我进行自我教育，其次要把小自我和大自我结合起来，互相联结、互相渗透、互相促进，形成比较完整意义上和初步发挥作用的自我教育。

（3）接受型自我教育模式与开放型自我教育模式。中西方自我教育模式的不同还体现为以接受型为主导的中国自我教育模式和以开放型为主导的西方自我教育模式。所谓接受型自我教育模式就是在灌输教育主导下的自我教育，即教育者首先设定统一的教育内容、教育环境，为统一的教育目的引导或促使受教育者进行自我教育的活动。开放型自我教育模式则是自我根据自身的情感、动机和要求，不拘泥于空间、环境、课程，依据社会和自我的发展需要，独立自主地开展自我教育的活动。

接受型自我教育模式同样是由中国传统文化决定的，在这种文化氛围中，自我的范围不仅包括自身，同时还代表着家庭、组织，甚至种族和国家，这就是我们常说的"大我"。这种文化中的个体，在确定自我认知、理清自我情感、选择自我行为上，不仅要考虑自己的内在需要和情感，还要更多地照顾和反映他人、群体乃至国家的需要和期望。除去真实的多样性个体需要外，家庭、群体乃至国家的需要自然就显示出同一性和整体性，尤其是国家的需要，她无可争辩地要求每一个公民打上国家的烙印。因此，在中国社会中，我是一个"大我"，包含了家庭、集体甚至国家的利益，只有时刻想到"大我"利益的人，才是高尚的人，受社会称赞的人。正是这种文化特质，反映在教育活动中，"大我"的概念集中反映了体现家庭、群体、组织乃至国家所要求的统一教育内容、统一教育途径、统一教育环境的特点。在这种统一要求下，自我就处于接受型，即接受来自家庭的希望、接受来自组织的要求、接受来自国家的责任。如在我们的社会中，孩子们总是努力想做个乖孩子，好好学习、努力成才，大都是因为父母希望他们那样，他们怕父母伤心，害怕父母的惩罚。再如当一个人成功的时候，不光是其个人的骄傲，而且也是父母的骄傲，家庭的骄傲。同样，当出现错误的时候，不光是自己感到丢脸，同时也是丢了父母的脸，家庭的脸，亲朋好友的脸。相应地，这种接受型自我教育正是在"实现他人的心愿，满足他人的愿望"的前提下，有意或无意地接受着"小我"之外的那部分"大我"的世界观、人生观、价值观、荣辱观和人才观。

开放型自我教育模式是西方自我教育的又一模式，其显著特点就是追求个体的自我实现。在西方文化中，自我的界限非常明确，自我即是有形的个体，没有任何附带关系，自我就是自己本身。这种自我的范围比较小，自我的行为完全是以自己的内在情感、动机和价值系统为转移的。因此，实现自我、发展自我是西方自我教育的追求。在对待自我实现方面，人本主义教育思想家马斯洛就提出人的"存在价值"与"自我实现"是教育的新起点，教育的最高宗旨就是"自我实现"。在对待自我潜能方面，认为教育要促进个人潜能的发挥，把教育对象作为活生生的个体，注重人的潜能的开发有其合理性。个体的自我实现就是潜能的挖掘。黑格尔认为"一个东西是人的对象，这就等于它是人的潜在性。"[1] 法兰克福学派的重要代表弗洛姆则宣称："人的本质就是一种特定的潜能。"[2] 人的潜能是无限的，自我教育作为尊重人的自主性的教育能够激发、唤醒、发现、发掘人的潜能，以实现真正的自我。这种开放型自我教育模式强调人能够依靠自身的潜力而不是依赖外界，其行为受内在的独立思考和价值标准所支配，同时，人能够对自己的身心状况特别是对自己的能力、性格、品德等方面有深刻的了解和认识，而不是简单地依赖他人和社会的评价。

三、中西自我教育方法的比较

中西方自我教育理念及自我教育模式的不同，直接带出了自我教育的方

---

[1] 黑格尔：《哲学史讲演录》第1卷，商务印书馆1982年版，第26页。
[2] 瞿葆奎：《教育学文集教育与人的发展》，人民教育出版社1989年版，第43页。

式、方法的不同，同时中西方自我结构的差异，必然支撑起自我教育方法的差异。中国注重整体，西方注重个体；中国注重心性，西方注重知性；中国注重理想，西方注重现实，因而引发了不同的自我教育方法路径。但是无论是中国的自我教育方法，还是西方的自我教育方法，都有其相互借鉴的价值，也非常值得现代人去研究。

（1）群体自我教育法与个体自我教育法的不同。在中西方的自我结构中，整体自我（也叫"大我"）和个体自我（也叫"小我"）依据各自的传统文化而有所侧重。中国强调整体，因而自我教育方法多采用的是群体的自我教育法，如批评和自我批评。而西方强调个体，因而自我教育方法多采用的是个体的自我教育法，如自我发展、自我实现。应该说，这两类自我教育方法各有优点，在现代教育发展史中，共同被使用，相互在补充。如：西方的案例教学、无领导讨论都是有效的群体自我教育方法。

群体自我教育法是与中国传统社会的整体观相一致的。整体观是中国传统自我教育思想的基础。它把自我教育作为一个统一的整体和过程，力求达到社会与自然、教育系统与外部环境、教育组织内各种组织和状态的最佳和谐为目标，把自我教育的各个要素和功能组成为一个统一的有序结构。在具体操作上，这种自我教育整体观表现为以教育计划为依归，以教育组织为工具，以群体领导为中心，以组织控制为根本，以相互批评为起点，形成一个有机联系的自我教育方法系统。从方法论上讲，群体自我教育法是基本的自我教育方法。人的社会性说明任何人都归属于某一群体，无论这个群体是正式的或非正式的，这一群体有着特定的目标要求和进取方式，也就是说完全呈现出自我的"我"的可比性，而这个"我"是不断群体化了的，任何个体的自我教育都是群体化了的自我教育，没有绝对的、纯粹的个体，也就没有绝对的、纯粹的个体自我教育。从这个意义上说，"他"的我和"我"的他，共同构成了自我教育的基本特征。在这种思路下，中国社会中的群体自我教育法被广泛地应用着，具体表现为：①榜样法。是指组织在开展自我教育活动中，通过活生生的典型人物和事件来积极影响群体心理，激起群体情感，从而达到教育目的。榜样以其具体形象的形式，让群体易于接受和仿效，能够增强组织的感召力和正面激励作用。②目标引导法。是指为群体设定一种特定目标，引导群体成员比学赶帮、克服困难、自我加压、实现目标个体化、增长目标的实施能力的活动。③危机激励法。是指在群体活动中，根据群体的性质，以一种生存危机的观念，让群体成员明白所在群体生存的环境的艰难，以及由此可能对他们的工作、生活带来的不利影响，这样就能激励他们自动自发地努力工作。

个体自我教育法是与西方文化中的个人主义相一致的。在这里并不是否定中国式的个体自我教育，而是从自我哲学的角度论述西方的个体自我教育，是一种个人主义的个体自我教育。它与中国的集体主义的个体自我教育有本质的区别。西方文化就是一种个体文化，强调个体，即个人作用，主要特征是具有个体性特性，其核心是强调个体自由度的发挥。东方社会的整体文化和西方社会的个体文化，都是人类历史发展的结果。不同的政治、经济、社会环境造就了不同的文化观念，产生了不同特性的个体文化和整体文化，它们各有优缺点，两者都不能偏废，因此，东西方文化从本质上说是可以互补的。事实上，西方社会也在倡导东方文化中的集体自我教育方法，如在群体中倡导"雷锋精神"和"团队精神"等。西方个体自我教育总体来说呈现这样几个特征，即重神性、重功利、重自然、重竞争和重个体。其个体自我教育法多种多样，主要有：①兴趣法。是指利用个体潜在情感关联（feeling-related）成分和价值关联（value-related）成分的作用，激发个体对某一主题或客体因情感而产生兴趣，或激发兴趣对象对个体的重要意义，从而产生一种长期的、相对长久的倾向和偏好的自我教育活动。②动机法。是指依据个体的内在的特定需要，激发某一时期满足这种需要的特殊心理状态和意愿，从而实现其自我教育的一种活动。③神识法。是指利用西方特有的宗教信仰力量，按照神学教义和一定的神识礼仪，促使个体实施自我教育的方法，这种方法在西方非常普遍。

（2）心性自我教育法与知性自我教育法的不同。从最本质上看，构成全部自我的是心性、知性与理性。心性自我又是自我中最基本的，是确认自我的前提，没有心性自我也就没有了自我态度、自我接纳，也就没有了更高层面上的自我德化。"哀莫大于心死"，也就没有了自我。而知性是一种智慧，正如康德所说，是介乎于情感与理性之间的一种认知能力。知性自我是最现实的，是借助于实践经验达到自我的认知，是迈向理性自我的阶梯。可见，心性自我与知性自我是寻求教育与自我教育的重要内容。但是由于文化的不同，中西方所求助的方式方法也不同。

心性自我教育法是中国文化背景下所形成的自我教育方法。可以说，中国心性的自我教育从古代一直延续到今天，都一直被广泛应用着，尽管近代以后中国的教育也开始关注知性自我。从某种意义上讲，儒家思想的修身养性，道家思想的净心正性，佛家思想的明心见性，本质上都是指向人的心性，教化人们走正道、做善事、善待自身、善待他人、善待自然，以促进人的身与心、人与社会、人与自然的和谐。在中国古代，孟子的"尽心、知性、知天"；程颐、程颢的"心即理","只心便是天,尽之便知性,知性便知天"①;王阳明的"心之本体即是性,性即是理"②,"良知者,心之本体"等,这些"内圣外王"之学说足见中国传统文化对心性的理解。正是在心性论之下,这种学说历史上被广泛运用到政治活动、军事活动和教育活动中的方方面面。伐心、治心、明心等策略可谓是用到了炉火纯青的地步。反映在教育活动中,中国的心性论也为人的自我教育提供了可能。孟子就从"性本善"出发,提出"乃若其情,则可以为善矣,乃所谓善也。若夫为不善,非才之罪也。恻隐之心,人皆有之;羞恶之心,人皆有之;恭敬之心,人皆有之;是非之心,人皆有之。"③ 不难看出,"善"具有本根性意义,是生成道德伦理秩序的内在依据和本源。因此,中国的自我教育秉承的就是"内圣",这种教育指导思想,带出了众多自我教育的方法,如"慎独"法、"自策"法、"自讼"法、"内省"法等明心德化的方法。

知性自我教育法是西方文化中普遍使用的自我教育方法。在西方固有的文化传统方面,知性追求是形成西方现代科学、理性、技术、个人主义等现代文化的原因。秉承这样的知性观,它认为秩序不是在人的感官世界里,而是在靠人的判断力才能把握的理性世界里,正如卡西尔所说,"在古希腊人那里,判断力是主要的力量,是真理和道德的共同源泉。因为只有在判断力上,人才是整个地依赖于他自己的,判断力乃是自由、自主、自足的。"④ 因此,由判断力得来的知识具有最高的价值。所以苏格拉底认为"美德即知识"。在他看来,任何行为只有受到知识的指导,才可能是善的,"一切别的事物都系于灵魂,而灵魂本身的东西,如果它们要成为善,就都系于智慧。"⑤ 由此看来,人的品德是一种智慧,而非中国传统文化中的良心。柏拉图也认为人有四德,即智慧、勇敢、节制和正义。智慧是四德之首,具有这种品德的人可做国家的管理者。正是在这一古老知性观的引领下,从文艺复兴、启蒙运动、宗教改革到现在的自由主义,无不是这种知性观的体现,如,夸美纽斯主张的"把一切知识教给一切人",培根提出的"知识就是力量",斯宾塞回答的"科学知识最有价值",以及斯宾诺萨试图创立的"道德世界的数学理论"(卡西尔语)

---

① 《程颢,程颐:二程遗书》,上海古籍出版社1992年版,第17页。
② 吴光:《王阳明全集·传习录上》,上海古籍出版社1992年版。
③ 《孟子·告子上》。
④ 卡西尔:《人论》,上海译文出版社1985年版,第11页。
⑤ 北京大学哲学系外国哲学史教研室编:《古希腊罗马哲学》,三联书店1957年版,第166页。

等。即使在纯粹的德化方面，也体现为知性道德，如涂尔干就认为，人类如何掌握道德，那只有从科学中找到答案。"教我们真相是什么的是科学。因此，经由科学，也只有经由科学，我们才能获得指导行为的观念。"[1] 因此，西方的文化与中国心性文化相比，是一种知性文化，体现在教育方面则是知性教育。同样，作为教育重要一环的自我教育，也是一种知性自我教育。这种知性自我教育的方法主要有：寻找快乐法、寻找危机法、自我激励法、自我实现法等。

（3）理想自我教育法与现实自我教育法的不同。中西方文化的不同，对自我结构的认识也有所差异。在中国人的自我观念里，由于信奉"性本善"，"理想自我"的成分占有很大的比例，"现实自我"的成分较少。在西方社会里，由于信奉"性本恶"，"现实自我"所占的成分比较大，而"理想自我"所占的成分比较小。由于在理论研究上存在着"本我""自我"和"超我"的人格学术研究差异，在教育领域，所带来的自我教育的方法也不尽相同。

理想型自我教育法是由中国理想型自我观决定的。在古代中国，"自我"是被社会净化了的自我，也是个体一生中追求的自我，其核心就是"仁"，"仁"是人之所以为人的本质和特征，是一种理想人格。同时，在"仁"的关系中，个体人格的建立以及各种需要的满足都是通过他人来实现的，他人是自我确立、自我实现的决定性环节，这种理想型自我又来自社会和他人的评价，也就是说，理想型自我实现的标准、程度不是自我的感受，而是一种社会和他人赋予的未来责任和义务。理想型自我是指向未来的一种自我状态，在这种自我状态中，过滤了现实中那些复杂的、不符合"仁"的要求的自我（我与他人、社会的关系）。回顾中国历史，从哲学到教育学、政治学等都是为了塑造、培养自我理想型的历史。历史人物的神化、庙宇化、门神化都是中国民众对理想型人格的追求和期待。即使到了当代，中国文学作品中的"高、大、全"人物形象以及"我的理想……"的各类比赛，无不打上中国人理想型自我追求的烙印。可以说，理想型自我是中国人的一种信仰、一种思维方式、一种生存方式以及一种人与人交流的方法。对理想型自我的追求带来了诸多不同于西方的自我教育方法，如榜样法（以英雄或先进人物为榜样建构理想的自我，甚至模仿英雄的成功路径和方法实现自己的理想）、名人传记法（以阅读

---

[1] 布列克里局·杭特：《教育社会学理论》，台湾桂冠图书股份有限公司1965年版，第29页。

名人传记的形式，树立理想自我的一种自我教育形式）、成功励志法（让成功人士讲述自己的成功经历，激发自我雄心、诱发自我意志的一种自我教育方法）等等。

现实型自我教育法是一种西方功利主义和个人主义基础上的自我教育方法。西方文艺复兴之后，在对中世纪神学丧失自我的严厉批判同时，人们重新发现了自我，人的价值、人自身的需要、欲望及其利益得到相应的肯定。尤其是17世纪以后，随着资本主义制度的逐步建立，一种关注个体利益和现实需要的功利主义教育思潮很快成为西方社会发展的主导思想。培根、夸美纽斯、洛克、爱尔维新、卢梭、狄德罗、边沁、密尔、斯宾塞等众多思想家、教育家都从不同角度阐述了功利主义主旨及其教育思想，从而对西方社会和教育制度产生了十分广泛而深刻的影响。西方功利主义教育家在提倡个性教育方面可谓一脉相承，他们都是个人主义的拥护者。把社会看成是个体的集合和契约，而个体则是社会的基本出发点和归宿。因此，注重个人利益是西方功利主义的本质特点，而反映在自我教育上即表现出对个性人格教育的极力推崇和不懈追求。正是在这种前提下，西方现实型的自我教育方法主要是以促成健全人格的自我形成、自我发展、自我实现为核心的自我教育活动。具体有：①危机法，即适应西方的个人主义的竞争意识，以适者生存的危机意识，促使个体进行自我能力的教育。②压力法，即适应西方理性主义现状，通过政府或中介权威机构不断公布职业结构现状、就业结构现状、能力要求现状等调查和预测数据，为社会造成适度压力，从而达到社会成员自我评价、自我选择、自我提升的能力教育。

第三章

自我教育根据论

就个别人来说，他的行动的一切动力，都一定要通过他的大脑，一定要转变为他的愿望动机，才能使他行动起来。

——恩格斯

自我教育无论是作为一种思想、理论，还是作为一种途径、方法，都是有本之木，有源之水。在人类的探索过程中，固然不同国家、不同时期的思想家在讨论这一问题时，社会立场有异、世界观存殊、甚至逻辑起点不一，而最为关注和广泛采用的是人的全面发展学说、人的主观能动性学说和人的需要学说。

第一节 人的需要理论

需要、人的需要、主体人的需要这一过程，从生物发展形式上，说明了需要的自然性、人性、社会性问题。从个体的成长过程上，人的需要问题是一个与人类社会须臾不可分离的问题。长期以来，思想家们提出了多种多样的人的需要观点，逐渐形成了众多的人的需要理论，从多方面启发、支持了自我教育活动。

一、人的需要界说

关于什么是人的需要，人的需要具有什么特征，以及人的需要与人性、人的本质有什么关系等问题，学界从各自的学术领域产生了不同的观点，这些观点为支撑其学科发挥了理论先导作用。本文在借鉴前人研究成果的基础上，从自我教育学的视角，以人的主体性为出发点，对人的需要进行分析。

1. 人的需要的概念

人的需要问题首先是生物学的范畴，然后是心理学、社会学、教育学、管理学和经济学要回答的问题。历史上形成了诸多对人的需要的界说。①心理学是从人性界定人的需要。认为人的需要是一种心理倾向，即人作为有机体感到某种缺乏而力求获得满足的心理倾向，是有机体和外部生活条件的要求在头脑中的反映。它是以意向、愿望的形式表现出来并最终成为推动人进行活动的动机。②社会学是从人的本质界定人的需要。认为人的需要是一种社会性需要，即对一定的社会生活条件或某种社会活动的需要，它直接产生着社会交往、结成社会关系，这是由人的社会关系的本质属性所决定的。③教育学是从人的心智界定人的需要。认为人的需要是追求一种社会生存状态和文明程度状态，即启迪和开发人的心智是为了提高生存技能和生存质量，教育需求伴随着人的一生。④管理学是从多重人性假设界定人的需要。在管理学中，人的需要具有从低到高的层次性，各层次的需要相互依赖，人的行为是由优势需要决定的，而且不同层次需要的发展与个体年龄增长相适应，也与社会的经济与文化教育程度有关。⑤经济学从经济人假设界定人的需要，经济学中的需要只是欲望，即对某种物品的渴望。欲望是现代经济学的动力，所有经济学分支都默认人类是理性人，他们对资源有需要、有欲望，并且种种无限的需要直接推动了经济的不断发展。同样，需要的无限性和资源的有限性的矛盾直接促成了经济学的产生。经济学就是研究如何配置有限的资源满足人类无限欲望的学科。

尽管各学科表述存在差异，但主要都是围绕着人的需要的内质、需要的复杂性以及需要的变动展开的。

2. 人的需要的基本特征

通过上述分析，可以看出，需要是生命有机体的一种摄取状态，是人存在的一种内在固有状态。它直接制约着人的生存和发展，是推动人自身发展的内驱动力。人的需要具有内在规定性、主观能动性、社会性和多样性。

（1）内在规定性。人的需要是人的生命存在和发展的直接反映，是人体机能的客观要求。它虽然是自然界生命物质长期进化的产物，是人的本性（固有属性），但并不是人所特有的本质属性，因为一般动物也有需要，并不是人所有的需要都是人的本质规定性，只有人对生产活动、认识活动及其他创造性活动的需要，才是人的本质力量和本质规定。一方面，人的需求的内在规定性在于吃、喝、住、穿等的社会本性，因为它是人类存在和发展最基本的前提。正如恩格斯所说，"所以我们首先应当确定一切人类生存的第一个前提，也就是一切历史的第一个前提,这个前提是:人们为了能够'创造历史',必须能够生活。但是为了生活,首先就需要衣、食、住以及其他东西。"① 另一方面,人的需要的内在规定性,也是人的本性,同时也是人的全部生命活动的动力和根据,是人的各种社会关系建立的根本动因——人不能孤立存在,而是处在相互联系的社会之中,联系的原因就是对自身需要的满足。"由于他们的需要即他们的本性,以及他们求得满足的方式,把他们联系起来。"②

(2) 主观能动性。作为人之本性,由于需要由人的肉体组织、社会客观生产活动以及外部自然条件所制约,因而呈现出需要的物质性力量。但是,人的需要又具有主观能动性。首先,人的需要能够被人所感知、所反映,并以欲望、目的、动机、兴趣、偏好等主观感性形态而存在,表现为主观性。其次,人的需要又不同于动物式需要,而表现为自主能动性,并以理解、选择、创造等主观理性形态而存在。其三,人的需要又被精神信仰所制约,还以世界观、价值观、人生观等主观形态而存在。总之,人总是以自身的价值需要去改造客体,实践的发展又会产生新的需求。这种人特有的实践活动,集中表现为人的活动的自主性、自觉性和创造性。这既是人与动物的根本区别,又体现着人的需要的主观性和能动性。

(3) 社会性。人的本质是一切社会关系的总和。这就决定了社会中的人,首先要与他人和社会发生关系,从而使人的需要表现为社会关系性,也就是说,人的需要受到各种社会关系的制约。从某种程度上讲,人的需要是以他人和社会的需要而需要,从来都不是纯粹的个人需要。其次,人又是现实的人,因而又受到现实客观条件的制约,当同一种需要指向特定稀缺资源时,表现为人的社会性需要的缺憾和不满足感。其三,人的需要又是不断发展变化的,当一种需要得到满足的同时就产生另一种需要或者更高层次的需要,这种变化的需要一方面是由人的本性决定的,但另一方面更是由人所处的社会关系决定的,因为人的比较社会性更能激发人的需要的变化。总之,人的社会差异性带来需求的社会性,而需求的社会性才是制约需求的社会性因素。

(4) 多样性。人的实践活动多种多样,人的个性千差万别,因而人的需要也就丰富多样。从不同角度、依据不同标准进行分析,人的需要就呈现出各种不同类型。依据需要的性质划分,人的需要表现为自然需要、社会需要和精神需要;依据需要的层次划分,人的需要表现为生理需要、安全需要、交往的

---

① 《马克思恩格斯选集》第1卷,人民出版社1972年版,第166页。
② 《马克思恩格斯全集》第3卷,人民出版社1979年版,第514页。

需要、自我实现的需要；依据需要的主体类别划分，又表现为个体需要、群体需要、组织需要乃至国家需要；依据需要的发展趋势划分，又可分为现实的需要、发展的需要和理想的需要；依据需要的指向划分，在同一时间内又可分为单一需要、多种需要等。因此，人的需要的多样性使人的社会生活呈现出复杂性和多彩性，也成就了人类社会发展的原动力。

二、人的需要理论分析

人的需要多种多样，人们对它的认识也有较大的差异，在历史上形成了不同的理论体系。目前，在我国理论界较有影响的有三种，一是马斯洛的"需要层次论"，二是马克思主义历史唯物论的需要观点，三是麦克里兰的成就需要理论。

1. 马斯洛的需要形态学说

马斯洛是美国人本主义心理学家，提出"需要层次论"。他认为，人的基本需要依次是：生理需要，安全需要，归属和爱的需要，尊重的需要，求知、理解和探究的认知需要，追求和谐、对称、秩序的审美需要，自我实现的需要。这些需要由低到高构成金字塔形的层次，其发展也顺着由低到高的顺序，而且超越文化影响，不受时空限制，是全人类的共同特性，是人的一种潜能和先天趋势。客观而论，马斯洛的这种需要层次论承认和肯定了人在自己的发展中有主动抉择和创造的能力，强调了对人的关心和尊重，看到了需要在调动人的积极性、组织人的行为中的巨大作用，并抓住了从人的需要出发研究人的行为这一关键问题。强调人在每个时候都有着自己的优势需要，满足人的最基本需要在人的发展中的重要性和努力改善生活条件与工作环境的重要意义。但是它也存在着根本的弱点，比如没有弄清人的需要的发展与社会条件、实践活动的关系，过分强调了自然因素，把人看成了超越时空和文化影响的"自然人"，把人的需要及其层次发展看成这种"自然人"的先天本性和内在趋势的"自我实现"，忽视需要本身的社会制约性，是典型的"需要自发论"。而且，它以个人主义为本位，过分强调了生物性而淡化了社会性，特别是在高层次的需要中漠视了公共利益的客观存在及其对人的行为的指导，因而忽视了人的需要中最高尚的成分。

2. 马克思主义的需要观点

马克思主义坚持辩证唯物论和历史唯物论，科学地阐述了关于人的需要构成形态的基本思想。

首先，在静态意义上，即从人的需要的内容看，可以分为物质需要、关系需要和精神需要三个方面。①物质需要，即社会主体对自身生存和发展的物质自然条件、物质生活资料和人类自身繁衍的需要，是人们对物质生活条件依赖关系的反映，是人的最基本、最重要的需要。它是决定人一生生命活动的基础，也是整个人生全部需要的基础。②关系需要，即社会主体对自身存在和发展的生产关系、生活关系和交往关系的需要。关系虽不是一种具体物，但却离不开具体物。社会关系本质上是一种特殊的纽带、桥梁，它必然通过一定的物产生、存在、发展并体现出来，是以这样或那样的方式结成的现象间的联系、交往以及相互作用。人总是处于各种关系中，所以人的需要也应包括多种关系需要。③精神需要，即人对自身生存和发展的精神文化条件的需要。精神需要是一个别开生面、丰富多彩的王国，是人类智慧和文化的摇篮，是人的需要与动物的需要相区别的重要标志。主要包括人对精神的追求、对文化知识的需要以及对文化生活的需要。

其次，在动态意义上，即从人的需要的系统发生角度出发，人的需要有三种存在形态。①生存需要，即人类对自身生存的基本条件的依赖、指向和需求。每一特定时期人们的生存需要主要表现为物质需要，在许多特殊场合也表现为某种特殊需要，如病魔之下人对疾病的攻克、自然灾害下人的奋力抗争等。生存需要是人类最原始、最基本的需要。满足这一需要的物质资料的生产和再生产就是人类最基本的实践活动。②享受需要，即人类对自身创造出来的或可以直接利用作为生活条件的物质和精神成果的实际享用的需求，主要是消费和娱乐。③发展需要，即人类对自身发展的各种条件的依赖、指向和需求。当人们的生存和享受需要得到基本满足之后，就不断地为自己创设发展条件，不断地为满足发展需要而活动。动物只有本能的生存需要，满足生存需要之后，便与自然融为一体。人则在满足生存需要之后力图驾驭自然，不断产生新的发展需要，并把满足发展需要的活动当做现实的人的活动，随着自身能力的提高，越来越多地以现实活动去满足发展需要。发展需要的内容比生存需要丰富，因而人们必须不断地创造新的手段去满足。发展需要的本质特征是自由自觉的活动，即创造性劳动。从最本质意义上讲，发展需要才是人类活动积极性的真正来源，是社会发展的内在动因。

3. 麦克里兰的成就需要理论

成就需要理论，又称"三种需要理论"，是由美国哈佛大学教授戴维·麦克里兰通过对人的需求和动机进行研究得出的结论。他认为，在生存需要基本得到满足的前提下，人的最主要的需要有成就需要、亲和需要、权力需要三种平行的需要。这三种需要在人们需要结构中有主次之分，人们的主需求满足了以后往往会显示更多更大的需要，也就是说拥有权力者更追求权力，拥有亲情者更追求亲情，而拥有成就者更追求成就。由于他认为成就需要的高低对人的成长和发展有特别重要的作用，所以很多人就称其理论为成就需要理论。

（1）成就需要。成就需要是指争取成功、追求卓越，希望做得最好的需要，为此他提出了追求高成就需要观点。麦克里兰认为，成就需要并非与生俱来的，而是后天培养的。个人对自己认为重要或有价值的工作，不但愿意去做，而且急于获得成功，力求达到完美的地步。这种人竭力追求的是个人成就所带来的心理满足，而不是去追求由于成就本身所带来的报酬，他们谋求把事情做得比以前更好、更有效果。麦克里兰认为这种人就是高成就需要的人，即要达到高度自我实现的人。成就需要或成就动机是人类独有的，既不是先天的遗传，也不是生理的需要，而是在与他人的社会交往中习得的。因此，不同的个体和不同的群体之间，成就动机存在着一定的差异，这种差异的形成，从个体来讲，与个体的年龄、性别、能力、性格、经验等主观因素以及工作的性质等客观因素有关；从群体来讲，与社会文化、社会经济发展水平、家庭教育等因素有关。

（2）权力需要。权力需要是指影响或控制他人且不受他人控制的需要。麦克里兰认为权力分为个人权力和职位性权力。追求个人权力的人表现出来的特征就是围绕个人需要行使权力，在工作中需要及时的反馈和自己亲自操作。职位性权力要求管理者与组织共同发展，自觉接受约束，从体验行使权力中得到一种满足。他认为不同的人对权力的渴望也有所不同，权力需要高的人对影响和控制别人表现出很大的兴趣，喜欢对别人发号施令，注重争取自己的地位和影响力，也会追求出色的成绩。但他们这样做并不像高成就的人那样为了自己的成就感，而是为了获得地位和权力或与自己已经拥有的权力和地位相称。权力需要是管理成功的基本要素之一，对教育也有启发意义。

（3）亲和需要。亲和需要是指建立友好的亲密的人际关系，寻求被他人喜爱和接纳的需要。麦克里兰认为高亲和需要的人更倾向于与他人交往，甚至常常为他人着想，这种交往会给他带来愉悦。这种人喜欢合作而不是竞争的工作环境，希望与周围的人沟通与理解，他们敏感于环境中的人际关系。亲和需要是保持社会交往和人际关系和谐的重要条件。在这一点上，麦克里兰的亲和需要与马斯洛的情感上的需要、奥德费的关系需要基本相同。但是，麦克里兰还认为，注重这种亲和需要的人，尤其是管理者容易因讲究情义而违背工作原则，从而降低管理效率。

三、人的需要理论是自我教育的重要根据

人的需要理论对自我教育意义重大,它不但表露了自我教育的动力系统、内容架构、目标指向和检测机制,而且展示了自我教育的外部关系情态,明确了社会、需要与自我教育三者之间的因联格局,从而全方位地支撑了自我教育思想,成为自我教育最直接、最现实的理论基础。

1. 人的需要理论揭示了自我教育的起因和力源

事物的运动、变化在于其自身的内部矛盾的积累以及外部原因的诱导,速度快慢、规模大小,也完全取决于这种以内为主而辅以外的因源结构。因此,自我教育的启动和进行根本地取决于人与有机体自身及社会的不平衡状态,即人的需要。

(1) 人的需要是自我教育的起因。人的需要多种多样,最高级的是精神需要和自我实现的需要。自我教育就是人的精神需要的一部分,也是实现个体精神需要和自我实现需要的重要途径和手段。在现实的社会生活中,人要获得精神上的愉悦和满足,一方面要依托社会所提供的可能,比如物质条件、相容性、机会等,另一方面要靠个体内部的自觉、信念和努力,比如对其重要性的深刻体悟,对诸如娱乐、爱情、友谊、学术、艺术、宗教、道德、政治等众多精神因素和精神活动的认同、向往和索取等。当人们切实从个体性情的恰适和精神的满足上去认识这些现象,并参加这些活动时,便客观地启动了自我教育(而这一自我教育又是以复合角色和功用进行着的)。比如有人想通过做歌手而满足内心名利双收和社会尊重的需要,做歌手是直接需要,名利双收及社会尊重是间接需要。正是这些需要的刺激和暗示,才使此人不遗余力地走上了音乐自我教育和接受灌输教育的道路。否则,他便不会自觉地进行音乐教育,即使偶尔做了,也只是为了满足他别的方面的需要。因此,如果没有特定的需要的触动和指引,人们就不会主动地进行自我教育,因为它没有目的就没有意义。事实上,在人们需要的各个方面和层次上,个体对特定需要的理解和追求都是为了较高层次需要的实现。自觉地引发了人的自我教育,并反过来加深对这种特定需要的主观认知和实践意识。即使是最底层的生理需要,也因人的社会性而切入自我教育,从而更具社会性。

(2) 人的需要是自我教育的力量源泉。人的需要的个人价值和社会意义越大,个体对需要的迫切程度越强,自我的有意识教育就越紧迫、越自觉。因为只有当自我教育成功地进行下去了,对特定需要本身及其周围的一系列问题

的认识进一步加深并更趋于真实化、准确化的时候，需要被满足的系数才能增加。比如一个人想在学术研究上有所成就以确立自己的学术地位和社会威望，他就必须坚持不懈地进行踏实认真的积累、思考和写作，这是一种进取，也是一个现实的自我教育过程。当他的这种意图和渴望愈加急迫时，他的自我教育的意识就愈强烈、愈持久，行动愈专一、愈深入。相反，如果一个人根本不想在学术研究上有所成就，没有这种特殊的需要，或者仅是转瞬即逝的念头，或者仅是为了评职称、晋级、评先进，甚至仅仅是沽名钓誉等诸如此类的短期化需要，即便外部条件非常优越，他也难以生发强大的自我颐养和培育的欲望与行动，而且随着这些短暂需要的实现，专门的自我教育便失去推动和牵引。因此，人的需要内在地为个体开展自我教育提供动力。

2. 人的需要理论规定着自我教育的客观性和持久性

自我教育是人的进步和发展的重要途径，也是追求并实现个体价值，增加与社会融合性和适应性的重要途径。在实践中，自我教育的途径和方式也是多种多样的，如自我认识基础上的自我评价、自我认同基础上的自我要求、自觉作用下的自我控制、自我批评及自我发展、自我完善。人的需要理论在阐明需要的生发和实现机制时，再一次肯定了自我教育在途径等方面的客观性与持久性。

（1）自我教育是人的需要的重要内容和外在表现。如前所述，人的需要在内容及层次上是丰富多彩的，但它们都程度不同地蕴含着、呼唤着主体的自我教育，或是以主体的自我教育为最重要的表现形式。如饥而食、渴而饮、慵而眠等生理需要基本上是自发的。但在文明社会里，人对它的追求和满足越来越依赖自我教育，正是整体的自我教育为其注入了愈浓的文明和科学的色彩，减轻了过程中的非正常冲突，降低了矛盾、战争和犯罪的概率，为人类自身更丰富、更高级的需要的到来，创造祥和、安宁、平稳、顺畅的环境和条件。安全需要因为个体的自我教育而增强了保障性和有效性；归属和爱的需要因为自我教育而更快更好地寻到了一个又一个归属、友谊和爱情；尊重的需要因为自我教育而更加明智和自觉；求知、理解和探究的认知需要因为自我教育而更加深入和真确；追求和谐、对称、秩序的审美需要也因为自我教育而更加完善和成功；自我实现的需要更因为依托上述需要规则合理的满足而加大了力度和进度等。需要不断，自我教育不停；需要存在，自我教育必然存在，自我教育就是如此真实地存在于人的需要之中，并与需要相始终。

（2）人的需要的永恒性决定自我教育的持久性。人的生存和发展的过程，是需要不断萌生和不断实现的过程。人的生命运动是需要的推动和延续，是需要的链条和锁扣，需要与人生相伴始终。社会的发展又是建立在无数个体的生命不断得到补充即正常的存续基础之上的，因而，人的需要、个体的进步、社会的发展在动态意义上是三位一体的。同时，每一个更高级需要的发生和满足，除了靠人生物机体的康健外，还要靠人的智慧能力的提高和增长。当主体对某一特定需要的内容、功用，特别是实现机制、社会容许程度有了愈清晰而全面的认识时，需要被实现的步伐便大大地加快了。主体的自我教育就是这样必然地涵容在不尽的需要的运动过程之中。在此意义上，人类的发展史就是人的需要的进步史，就是人类在自我教育的道路上更加成熟的文明史。

3. 人的需要理论展露了自我教育运动的内部结构

自我教育起源于人的需要，是加速、完善人的需要的力量和保障。自我教育的起始、施行、指向、评价等诸环节都跟需要发生着千丝万缕的联系。人的需要理论立足于一个侧面描绘并展示了自我教育运动的客观情况。

（1）自我教育的内容由人的需要而激发和调节。自我教育的内容十分广泛、丰富，既有短暂的、随机的，又有伴随人生始终的；既有生物性的，又有社会性的；既有道德的，又有法律的；既有个性的，又有共性的。多种多样且形态各异的自我教育内容，都是个体依靠自身的思想矛盾运动而进行自我约束与自我完善的客体对象，都真实地体现了社会的需求。但是，自我教育宠大的内容体系绝不是凭空产生的，也不是个体自我的主观虚妄随想，而是深深地根源于人的需要。不同对象、不同层次、不同时期、不同程度的需要决定着自我教育的具体内容及其内部结构，需要的发展变化决定着自我教育内容的变异和修改。只要有需要存在，人就必须以一定的对象进行自我教育，反过来再推动、丰富、满足着需要。比如，一个人要想获得别人的尊重和社会的承认，他就必须进行知识、品质等诸方面的自我汲取、净化和锻炼，尽可能地丰富自己的知识、强健自己的体魄、完善自己的品性、扩张自己的能力，做出更多有益于他人、有益于社会的善举。增知、健体、益性、强力这些特定内容的筛定，不是自我教育主体随心所欲的，而是尊重和承认的需要使然。同理，一个人要想赢得恋爱、婚姻的成功，他就必然自觉地学习、体悟，了解相关的心理、生理知识和道德、法律规范，甚至还要学习美学、社会学等多种有益于促进男女双方愉悦、亲近、黏合的社会知识。恋爱的需要让人逐步懂得了许多爱情规则，婚姻的需要又使人接受了更多的家庭生活道理。相反，一个精神完全失常，根本不会产生爱情需要的男人，无论如何也想象不出他是怎样熟读深思"恋爱知识大全"和"婚姻生活宝典"，特别是对女性心理的体察和悟解的。因此，人的需要不仅启动了主体的自我教育，也择选了主体的自我教育的客观内容。同时，人的需要也是自我教育内容的调节器，当自我教育主体的个性特征及所处时代与国度等社会环境发生变化时，需要也会随着发生变异。这种左右人的思维和行动的根本因素的变化，又必然折射、反映到自我教育的内容上，适时地发生转换和增删。比如人有性别、年龄、种族、民族、阅历、脾性、教育程度，甚至政治立场、阶级性等一系列个性化的东西，又有社会发展水平、国家政治生活状况、历史文化传统、地理环境等诸多预制性社会化因素，必然影响人的需要的内容、程度、规模及满足方式等，又影响到人为满足需要而进行的自我教育的内容，即要求其必须符合需要的特性及需要主体的内在、外在特性。仅就饮食而言，古人"食之欲依古之法而动"，食之法的自我教育当然是要切合古之情的。现代的人在满足饮食需要时，进行自我教育的内容就迥异于古代了。因为品种增加了，技术改进了，质量提高了，甚至营养更趋科学了，自我的学习和饮食就增加了营养性、科学性甚至美感的成分。

（2）自我教育的终极目的和间接评判标准是人的需要。自我教育源于人的需要，亦止于人的需要。当初始性的人的某种需要被满足时，为此而进行的自我教育也就失去了继续的必要，除非这种需要本身也是连贯的和持续的。事实上，人的需要有一次性的，也有持续性且保持着较大相同性的。一次性需要的满足即达到特定的自我教育的目的，当那些前后相继且存在着较大相同性的需要被一次满足后，再一次的萌生和实现则将引起新一轮的自我教育。一次特定内容的自我教育完成了，它是否成功，是否有效、如何进行客观公正的评判，依然要根据需要被满足的程度和完整性而断定。例如，当一个人系统地学习了计算机原理和应用操作知识后，他能用电脑熟练地进行写作了，从而实现了以机代笔、加快速度、提高质量的初衷，我们说他的需要实现了，而且针对其仅是为了一般的文字写作的目的而言，他所进行的自我教育也是成功的。如果这个人经过一段时间的学习，并没有达到熟练操作、运用自如的程度，则他所开展的计算机理论和动手能力的学习与训练，就是不成功的或是不完整的，他还必须进一步地学习。由此可以生动地看出，人的需要是否被满足及其被满足的程度是主体自我教育的重要评价标准。需要完整、准确、及时地实现了，自我教育就是成功的，应予肯定；需要未完整、准确、及时地实现，自我教育就是不成功的，就要修正完善。

第二节　人的能动性理论

人的需要理论指出，人自身的内部矛盾运动是人行动的根据，需要则是这一内部矛盾中的一个方面，也是这种矛盾的外在表现形式。对需要满足的追求则成了现实化的自我教育的原动力。人的主体性理论进一步告诉我们，自我教育的开展不是单纯地绝对地循着需要之路进行的，需要的萌生和满足也不能涵盖或解决自我教育的一切问题，人的主体性还要对自我教育产生酝酿、推动、管理和监督的作用。

一、人的能动性界说

人的能动性，也称主观能动性或自觉能动性。它主要是哲学范畴，同时又具有多学科的意义，在社会实践中，影响深远，意义重大。但是，人类对它的认识和把握却经历了一个逐步深化的过程。马克思主义第一次把对主观能动性的理解提至科学的高度。

1. 能动性的概念

人的能动性是指人在认识世界和改造世界中有目的、有计划、积极主动的、有意识的活动能力。意识存在于我们的头脑之中，人们只能用语言表达它，用文字记录它，不能用它直接作用于客观事物。虽然只靠单纯的意识不会引起客观事物的变化，但是意识的发展趋势有这样一种本领，那就是作为一种无形的力量，在不断地告诫人们应该做什么，怎样去做。在实践中，意识总是指挥着人们使用一种物质的东西去作用于另一种物质的东西，从而引起物质形态的变化。这种力量就是人的主观能动性。

但是，人所具有的这种主观能动性只是潜在的、隐形的，要把这种能动性发挥出来，是需要一定的社会条件和环境的，同时也要看人作为主体人的主体意识的高低。由于历史条件的不同、周围环境的差异以及个体自身的因素，每个人的能动性未必都能比较充分地发挥出来。相比之下，主体意识高的人，对待事物的主观能动性就强，发挥的就比较充分，即使在条件和环境不利的情况下，也能够主动发挥自己的主观能动性。相反的，主体意识比较低的人，即使给予的条件比较充分、环境也比较优越，其自身发挥主观能动性的欲望也比较低。因此主观能动性的发挥不是自然而然的。

2. 人的能动性的特点

主体的能动性意味着，在现实社会中，人并不是单纯地受制于外物或他人作用的被动性存在，也并不受命于某种命运的摆布。自觉的人、自为的人意识到主客体关系并以此反求和确立自我，这是能动性的特质所决定的。

（1）选择性。"选择性"标志着人的意志自由或自由决断的性质和力量。在选择性里，主体能显示更充分的自由，即可以根据自身最迫切的目的来选择客体的多种必然性中最合目的的那种作为自己实际活动的依据，因而可以做出最果断的决策，为理论活动飞跃到实践活动架起桥梁。选择性是人之存在的主体性的重要内容。任何主体的活动都是一连串的选择活动，人的整个认识过程就是充满选择活动的过程，选择性的状况常常表明主体性的状况。一个极具明智选择能力的人常常就是主体性发挥极强的人。明智的选择常常能使人感觉到客体的至真、至善、至美，显示出人的充分的主体性来。愚昧的选择则常常会使人误入歧途，不能显示积极的主体性。所以，选择性的状况又常常表明人的意志自由状况。在同样的客体面前，人们究竟选择哪个方面去研究、去欣赏，同时也就决定了究竟要把自我塑造成什么样的主体，而这完全取决于自己的自由意志，不受外在力量的支配。从这个意义上说，人的选择是自由的。

（2）目的性。人的活动都是经过头脑思考的，是在一定的意识支配下进行的。这种意识的支配活动表现为三个环节，即确定目标、制订计划和采取行动。从目的论来讲，这三个环节都包含着能动的目的性，因为主体的能动性表现为主体活动的计划性，主体活动总是根据已知的事实，预先在头脑中形成所要达到的目标，并为实现这一目标而策划活动的方式和步骤，并积极地采取相应的行动。因此，人的主观能动性不仅具有把自己同周围世界区别开来的自觉性，而且具有根据自己的需要和想象进行活动的目的性。人能够使自己的意志和行动服从于自己所确立并为自己所意识到的目的，这是人与动物相区别的又一本质特征。相反，动物的活动没有目的和计划，如蜜蜂筑巢、蜘蛛织网等，表面看似乎有某种预定的目标和计划，其实，它们在活动之前既没有观念的模型，也没有对后果的预测，它们既不知道自己在做什么，也不知道自己为何而做，是一种无目的的本能的活动。

（3）自觉性。自觉性是指个体自觉自愿地执行或追求整体长远目标任务的程度，其外在表现为热情与兴趣，内在表现为责任心和职责意识。由此，自觉性又可细分为情感自觉、价值自觉和责任自觉三个由低到高的发展过程。情感自觉是一种心理意识状态，是由情感需要引发的一种自觉自为状态，它与情感自在有着本质的区别。社会文明的进步、个体的自我发展，从某种意义上说，就是一个由自在情感向自为情感进步的过程。价值自觉是人的一种认知和评价状态，它们的任务主要在于揭示价值的本质、运动规律以及客体对人有没有价值、有什么价值、有多大价值等。价值认识的结果有高尚、低劣之分。判断价值认识高尚与否的标准在于这种认识能否真正满足主体客观需要、是否具有合理性。责任自觉是一种主体性状态，是个体的对自己行为能力的评价（行动依据）与个体的利益心理相结合，并最终由责权意识所激发而产生的对立统一体，也就是通俗所说的能、责、权、利的统一。用一个简单的计算公式来诠释，就是行动依据×利益心理＝责权意识＝自觉性。总之，正是有了人的这种自觉性，人才能够觉察到或意识到自己同周围世界相区别的意识发展状况。也正是因为有这种自觉的自我意识，才使自己同自然界对立起来，使主观同客观对立起来，从而使自己成其为人。

（4）创造性。创造性是人的主观能动性的最高表现。创造意味着突破、意味着革新、意味着进步，创造成了人类社会的一种生存和发展方式，创造成了现代社会人的最高需要。首先，作为创造性意识是比其他意识更高的意识状态，是一种更为自觉的意识能动状态。它是创造性的基本前提，可以说，没有创造意识也就没有创造思维和创造行动。其次，创造思维所体现的能动性不仅表现为意识通过对感性材料的加工改造，找出事物的内部联系和规律性，在思维中再现事物的本质，而且还突出地表现在能通过想象在思维中创造世界上没有的新事物。其三，创造性活动是指人的"劳动是积极的、创造性的活动"，人作为社会活动的主体，是一种"创造着"的历史和为历史"所创造"的生物。创造性不仅衡量且表现了人的主观能动性的大小与高低，也标志了社会文明的程度。

二、主观能动性理论分析

从理论研究的历史来看，主观能动性理论是伴随着西方人的主体性研究开始的。在西方众多能动性研究中，主体能动性、主观能动性、自觉能动性是作为同一个概念使用的。在我国理论界，它起始于20世纪80年代文艺理论的"文学主体性"的思潮，之后，各种主体性研究成了中国社会科学领域研究的重要内容，其中，马克思主义主观能动性将研究提升到一个新的高度。

1. 康德的主体能动性思想

在康德的思想体系中，主体能动性思想是其重要的组成部分，梳理其思想，对于完整理解主观能动性有积极意义。主体能动性思想古已有之，它是哲学认识论的一个重要组成部分。康德的主体能动性思想是在对前人思想批判中继承和发展的，也是哲学认识论发展史上的里程碑。他把主体能动性思想的发展推进到了一个新的高度。

康德的主体能动性思想是其认识论的精髓，主要是通过其认识论表现出来的。在康德整个认识论体系中，感性、知性、理性构成了认识的三个环节。在他看来，认识是先天的认识形式综合、整理、统一认识的内容，是由感性到知性、再到理性的过程。人的认识是从感性开始的，所谓感性是通过我们被对象刺激的方式获得表象的能力①，而由这种能力所产生的知识就是感性直观的，它是我们认识的基础，因为人类认识只有通过感性直观才能和对象发生关系。同样，思维也是通过这种感性直观得到的材料。这些外在对象提供的经验材料是感性认识形成的前提，除此，感性认识就无法形成。但这仅仅是说明了外部因素。就主体本身而言，主体自身具有的整理这些材料的感性直观形式同样是不可或缺的，这种感性直观的纯形式就是时间和空间。这就是康德关于人的认识过程的基本概括。

（1）感性阶段的能动性。康德通过对感性直观形式在感性认识中作用的阐述，可以发现他所揭示的人的认识的主体能动性。康德认为时间是内感官的形式，也即直观我们自己和我们的内部状态形式；空间则是外感官的一切显像的形式，也即感性的主观条件，只有在这一条件下外部直观对我们来说才是可能的。无论是外感官的形式，还是内感官的形式，为了显像而先天作为一个纯然的感性形式存在于心灵中②。在康德看来，感性认识的对象不是物体，我们所直观的事物并非就是我们直观它们所见的东西，它们的关系也不是一自身就具有向我们显现的那种状态。如果把我们的主体，哪怕仅仅把感官的一般主观性去掉，客体在时空中的一切形状、一切关系甚至时空本身都将消失。对象就自身而言，与我们感性的这一切感受性相分离，可能具有一种什么样的状态，依然是我们完全不知道的③。甚至物体本身究竟是什么，我们也不知道，也无须知道。这样，感性认识的对象就只能是物体的出现即现象。然而，人类的心理欲望和自然倾向又总是想要认识现象世界之外的本体世界即物体世界，因而感性阶段必然要进入到知性阶段。

---

① 康德：《纯粹理性批判》，中国人民大学出版社2004年版，第56页。
② 康德：《纯粹理性批判》，中国人民大学出版社2004年版，第57页。
③ 康德：《纯粹理性批判》，中国人民大学出版社2004年版，第51页。

(2) 知性阶段的能动性。康德认为由感性直观形式所整理的感觉表象只能作为知识的材料，它没有普遍的必然性，必须使之上升到知性阶段。所谓知性是一种对感性对象进行思维与综合，使之成为有规律的自然科学知识的先天认识能力，即概念思维（用概念来思维对象）。知识来自于感性和知性，对象通过感性给予我们，但通过知性被思维。直观通过知性被思维，由知性产生概念（概念即知性的思维形式）。在康德看来，感性直觉和知性是构成人类知识的两种必不可少的要素，两者相互补充。没有感性直观的知觉，作为知性的概念是空洞的，因为它本身不能产生思维对象。而没有知性的概念，作为感性直觉的知觉就会是盲目的，认识就是知性思维形式主动作用于直观材料而建构起来的。这表明，感性直观只供给我们知识材料，只有知性通过概念进行判断才能供给我们可靠的知识。知识只能是人类知性思维的结果，因为知性不仅使人类有经验的可能，而且也使人类有形成知识的判断的可能，我们是在知性的概念中而不是在直接的直观中思维。因此，知性作为人类的前验能力实际上是知识的前提，作为认识不可或缺的环节，到达知性阶段并不是认识的终结，它还有必要进一步升华，同时要使知识具有普遍必然性和同一性，知性阶段也有待于进一步发展到理性阶段。

(3) 理性阶段的能动性。康德把理性界定为一种把握知识的能力，即要求超越现象世界并把握世界本体的能力。为便于把理性与知性区别开来，他也把理性称为原则的能力。康德认为，人类的一切知识都源自感官，由此进到知性并终止于理性。在理性之外，没有更高的东西来加工直观的材料并将其置于思维之上与统一之下了。由此可见，康德把理性看成是思维的最高阶段和最高的认识能力，理性具有与知性不同的思维形式——纯粹理性概念即理念，具有比知性更高级的综合统一功能，纯粹知性概念即范畴，具有的是综合统一感性的功能，理性绝不直接应用于自身经验或任何对象，而仅仅应用于知性，它用概念给予知性杂多的知识以先天的统一，这种统一性可以叫做理性的统一性，它具有与知性所能够提供的那种统一性完全不同的方式①。理性认识就是理性思维形式运用其统一功能，综合统一知性自身而形成的具有普遍必然性和统一性的认识，无论是理性思维形式还是理性统一功能，都是主体自身先天具有的。主体利用自身所具有的理性思维形式进行综合统一活动。在这里，主体的能动性至关重要，因为离开了主体，就根本谈不上理性认识。康德虽然未能真正解决唯理论和经验论的矛盾，但他把人类认识看成是主体利用自身先天具有

---

① 康德：《纯粹理性批判》，中国人民大学出版社2004年版，第276页。

的认识形式综合统一感官所提供的杂多表象，把科学知识看成是感性和理性的统一，把主体在整个认识过程中的能动性提升到突出的地位，这为认识论的发展作出了突出的贡献。

由此可以看出，从认识的起源到认识的发生和发展，再到认识的不断完善与提高，整个认识过程始终贯穿着认识主体的能动性活动。康德认为，认识主体是有着一套先天直观形式和思维形式的能动主体，主体的能动性集中体现为综合与统一。主体能动地设定、构造认识对象，同时先天的认识形式又赋予认识对象以普遍必然性，使之成为客观对象而具有真理的性质。构成对象的过程也就是不断地去综合统一的过程，综合统一的过程也就是认识过程，认识过程同样是发挥主体能动性的过程。

2. 皮亚杰的主体能动性思想

皮亚杰发生认识论的中心问题是"新认识的建构"问题，而"新认识的建构"又是以"认知图式"为分析工具的。在皮亚杰看来，一个人的"认知图式"随着年龄增长和社会化的程度，经历着一个从无到有、从低到高、从简单到复杂的过程。在这个过程中，伴随着人的主体意识的逐步成熟，接收外部信息经历着图式形成、同化、顺应、平衡和自我调节的各个环节，每个环节由于主体意识的不同，对外部信息内化的程度也就不同，也就是说，主体能动性发挥就不同。儿童期代表着"认知图式"的形成期，主体意识还没有形成，能动性地接受外部信息还很弱，基本上属于"顺应"。随着年龄的增长，人的主体意识不断加强，个体的"认知图式"已初具轮廓，这一时期的能动性表现为对外来信息的"同化"。到了成年，个体的主体意识已经建立，"认知图式"趋于完善，这一时期的能动性表现为对外来信息的"平衡"。成年之后，个体的主体性已经确立，"认知图式"趋于固守，这一时期人的能动性对外来信息表现为"自我调节"。

（1）图式。图式就是主体可变动的认识结构，包括动作图式和高水平时的思维运算。婴儿最初的动作图式（吮吸、抓握反射）是遗传获得的，之后的符号形式（语言、表象等）内化到头脑中，形成认识图式。随着儿童活动的发展，图式越来越复杂。图式的功能在于同化外来刺激，它决定了主体反应刺激的能力。儿童的认识只有借助于已有的认识图式才能进行，缺乏一定的认识图式，就不能认识有关的客体。主体认识图式的存在，表现了主体认识的能动性。皮亚杰认为不存在先验的认识图式，认识图式是儿童在活动中逐步建构的。皮亚杰的贡献，不仅在于说明认识图式的存在，而且说明认识图式的发展是一个连续不断的建构过程，并说明认识图式的发展机制。

(2) 同化。皮亚杰认为，图式的能动性突出地表现在同化作用中。所谓同化就是"刺激输入的过滤或改变"①。具体说，同化就是把外来刺激纳入主体图式中，对经验材料进行过滤、筛选、改变。外来信息只有经过主体图式的同化，才能为主体所认识。主体缺乏这方面的图式，就不能认识这一方面的外来刺激，或者只能作出错误的反应。主体同化作用的这种选择性，是主体能动性的重要表现。在同化作用中，主体借助原有图式对外来刺激进行筛选、过滤或改变，是对经验材料的加工制作过程，是主体能动性的又一重要表现。所以，在同化作用中，主体总是用已有图式去认识外在事物，人对外界事物的认识与主体的认识结构密切联系，因而难免带有一定的主观性和不符合现实之处。所以单凭同化作用，无法保证认识的正确性，还必须有顺应。

(3) 顺应。所谓顺应就是内部图式的改变，以适应现实。具体而言，当图式不能同化经验，经过主体自我调节，就会使图式改变以适应现实，这一过程就是顺应。所以，顺应是图式的革新或者质变。原有图式只能同化那些与产生这种图式的环境大致相同或变化不大的环境。这时候，原有图式在同化作用中也要根据环境的某些改变而对图式作某些局部的调整，所以，在同化作用中图式发生的是量变。当环境发生大的变化时，原有图式就不能对新的情况作出解释，同化就不能取得成功。这就迫使主体通过自我调节进行图式更新，使旧图式变为新图式，然后用新图式进行同化作用。主体只有先顺应客体，然后才能同化客体，否则主体认识和客体相脱离，就会陷于失败。同化与顺应作用交替进行，就使认识结构一步一步向前发展。

(4) 平衡。所谓平衡乃是主体对环境中的同化与顺应之间的合适状态。因为人的能力的本质是主体对环境的适应，即主体和客体的统一，其实质是同化与顺应的平衡状态。如果同化作用强于顺应作用，认识就会呈现"自我中心化"倾向，即表现为主观主义倾向；反之，如果顺应作用强于同化作用，主体就会陷于单纯模仿，失去创造性，主体也就失去能动性。因此，主体的能力发展、智力发展都是一个继续前进的平衡过程，是一个从较低平衡状态走向较高平衡状态的过程。在这个过程中，平衡并不是一个被动的过程，而实质上是一个主动的过程。平衡越大，需要的主动性也越大。当一个人足够主动，能用外在的补偿去对付一切干扰时，结构便处于平衡状态。可见，平衡过程是一个发挥主体的主动性的过程，这是主体能动性的突出表现。

(5) 自我调节。皮亚杰特别重视平衡过程中主体自我调节的作用。所谓

---

① 皮亚杰：《发生认识论原理》，商务印书馆1976年版，第21页。

自我调节，是说主体以一系列的主动补偿作用来反应外部的干扰，而且主体以一种既是逆向动作（回路系统或反馈）又是预见性的适应，来构成一个永久性的补偿系统。他认为，正是经过自我调节的平衡作用构成了前面所描述的各种结构的形成过程。也就是说建构过程是通过自我调节的平衡作用而实现的。他认为自我调节是生命组织的一般特征，是生物机体反应与认知性反应所共有的一般的机制。但认识性反应的自我调节主体主动的补偿作用，其中包括预见性的适应，也就是说认知性反应中的自我调节，是主体的一种自觉的能动作用。在建构过程中，主体通过主动的自我调节，使同化与顺应达到平衡，使认识结构不断从低级向高级发展，从而使主体适应并有效地转变客体。皮亚杰关于平衡过程中自我调节的重要作用的论述，揭示了主体能动性的生物学基础，同时也强调了主体自觉能动性的意义。

3. 马克思主义的主观能动性思想

主观能动性是马克思主义人学中一个重要概念。马克思主义认为，主观能动性作为人的基本特征之一，在现实生活中，应当是人人皆有的。然而，由于先天遗传、后天环境特别是教育训练的不同，无论在质的方面还是量的方面，人们的主观能动性彼此之间都会有差异。具体而言，人在自然、肉体等方面的具体情况影响主观能动性的形成与发展；社会方面的客观条件更会在总体上发生决定性的制约作用；已经掌握的科学知识等精神条件的作用同样不可忽视。发挥人的主观能动性，必须从实际出发，因人而异、因材而教。因此，马克思主义的主观能动性思想与其他主观能动性思想最大的不同在于：马克思不仅认为主观能动性是人所特有的和有差别的，更强调了人们的社会实践活动，即认识世界与改造世界的能动性。这就把人的主观能动性理论深深扎根于现实之中。

（1）主观能动性的发展动力在于主体对实现需要的追求。主观能动性，其实就是实践着的人在反映客体和改造客体的活动中所表现出来的积极性和创造性。这种积极性和创造性受人自身的内在动力的支配，这种内在动力是什么？根据马克思主义唯物史观，人的需要，特别是对物质资料的需要。它是人的主观能动性自我发展的初始动力，对物质需要和精神需要的追求是人的主观能动性发展的内在动力。因此，联系我们在本章第一节所阐述的有关思想，需要和主观能动性分别在不同层次、不同方位上启发并促成了主体的自我教育。

（2）主观能动性发展的基本途径。主观能动性在内在动力的驱使下不断发展，发展的基本途径是两层双向建构式的。第一层是主体与客体之间的双向建构。第二层是个体与群体、社会之间的双向建构。也就是说，人的主观能动性的发展不是空洞的、虚幻的、孤立的，而是深深地结合于人的社会化活动中，包容体现在主体与客观世界、个体与群体和社会的动态关系网中。这里着重介绍第一层主、客体之间的双向建构是如何实现人的主观能动性的发展和进步的。

（3）主观能动性在主体与客体的互相联系、互相作用中产生和发展。根据马克思主义的基本原理，主客体关系分为三层：一层是以整个人类社会为主体，以自然界为对象的主客体关系；二层是人类社会内的个体、群体、阶级相互之间的主客体关系；三层是个体、阶级及整个人类社会各自在进行自我教育中的主客体关系。所谓主体与客体的双向建构，就是主体与客体之间走向统一的矛盾运动过程，而这一过程客观上表现为一而二、二而一的两个方面：客体主体化和主体客体化。客体主体化的过程，即主体从自然界中吸取物质和能量来发展自己的生理和将自然物质改造为各种生活用具、生产工具来延伸自己器官与肢体，以及把外在客观规律转化为自己的信念、技能、知识和理性的过程，还包括主体对挫折和逆境进行辩证认识和利用的过程。通俗而言，就是主体通过实践使外部世界取得人的特性，成为人的不可分割的一部分，并为人所用的社会化过程。主体客体化的过程则是指人的活动的目的对象化、现实化的过程，也是人的智力、科学知识转化为物质生产力的过程。因为人们在把智力、科学知识转化为物质生产力的过程中，把原始自然改造成人化自然的过程中，把自己的理想观念对象化，把人的目的、意识、意志加到客体身上，使客体成为了表现主体能动性的媒介。

总之，主体与客体的双向建构，是主体和客体在实践基础上的互相改造、互相渗透、互相适应，是主体客体化和客体主体化统一的过程。其中，前者体现着客观制约性，产生和发展人的主观能动性，后者体现着主观能动性，使主观能动性得以更充分地发挥和提高。无论是客观世界还是主观世界，都在这一过程中成了被改造、发展的对象，都以不同的方式和角度促成了人的主观能动性的自我发展。

三、主观能动性理论是自我教育的重要根据

人的行动首先源于需要的刺激和召唤，但是，行动能否达到目的，速度如何，完整性、准确度怎样，投入与产出是否相称等，则须取决于另一重要因素——人的主观能动性。自我教育启动后的工作，甚至也包括自我教育何时何地、以何种方式被启动，都必须受主观能动性的约束。因此，如果说人的需要

理论指出了自我教育的初始动力、客观性、持久性和内部结构的话，那么主观能动性理论则进一步揭示了自我教育的内容要素和保障机制。

1. 主观能动性是自我教育的本质力量

低级需要较多地反映了人的本能，印证了人的生物性特征。高级需要更主要地体现了人的主观能动性，确证了人的社会性特征。其实，无论是高级需要，还是低级需要，其萌生和追求对于自我教育都只是提供了一种可能，表达了一种要求。自我教育能否开展起来，能否转化为现实，是否积极而有成效，最终要取决于主观能动性。主观能动性之有无、高低，对自我教育的影响至关重大。只有当人们具备了主观能动性的时候，才能对某种特定的需要进行多方面的思索和界定，包括其合理性、可行性、内容、手段等。由此确定目标，树立信心，努力行动，有意识的自我教育也才能真正自觉地、恰当地启动起来，实施开去，走上实现需要的轨道，从而尽快尽好地通过自我教育达到特定需要之目的。相反，如果没有主观能动性，自我教育将不可能开展，追求需要的行动也将是盲目的、无效的。比如婴儿，作为人的生命历程的初始阶段，它是不具备主观能动性的，需要对其而言，其实就是本能，因此，自我教育对其来说根本不可能。即使是正常的成年人，如果他的主观能动性欠缺或受挫，进行自我教育的意识差，行动起来效果也不会很好，反过来又影响着主观能动性的进步和提高。

主观能动性就是如此真切地影响着主体的自我教育，既为自我教育蓄积愿望，添铸开启之力，又为自我教育择定启动时机和方式。既为自我教育规划目标、寻求手段，又替自我教育协调关系、纠偏去错。自我教育的整个过程一直含容着、实现着主观能动性。

另外，自我教育本身就是一种主动、自觉而有意识的教育行为，在自觉、自主、创造等本质特征上跟人的主观能动性这种积极性保持高度一致。作为一般人共有的性能，主观能动性把自觉、自主、创造特性加注于自我教育，造就、巩固、促进了自我教育的自觉性、自主性和创造性。因而推动了自我教育，使自我教育整个过程保持了旺盛的活力。

与灌输教育相比较，我们也可以清楚地看到人的主观能动性对于自我教育的意义。进行灌输教育，当然离不开人的主观能动性，没有主观能动性，受教育者的接受愿望要受挫，接受能力要打折，教育者的灌输效果也要受冲击。但是，在教育现实中，受教育者似乎可以不把自己的主观能动性全部调动、发挥出来，消极、被动地接受依然能把灌输教育低水平、低效益地进行下去。这是对现实的抽象与嘲弄，也非歪曲。自我教育则不然，它要求教育者必须把自己的主观能动性全部调动起来，发挥下去。因为这时教育者和受教育者在主体上合二为一，失去了外在的压力和监督，须全面地、整个地依靠主体自我的自觉性，如有丝毫的懈怠和松弛，就会严重地影响到这种独特的教育活动，甚至前功尽弃，功败垂成。自我教育开始后，主观能动性活动不止。因此，可以毫不夸张地肯定，主观能动性是自我教育的根本力量，任何时候不能没有。

2. 主观能动性是自我教育的重要内容

自我教育为主体进步创造了一种可靠保障，它伴随着正常人的一生。从需要的角度看，自我教育有阶段性，随着矛盾的解决，即特定需要的满足告一段落。从主观能动性角度看，自我教育是连贯的、无止境的，激发、强化、提高主观能动性是人的高级需要的一部分，但是这部分需要都是发展着的、弹性的，有较强的开放性。随着主体自身的变化，特别是社会的发展，它必须要不断增加新的要素和内容，提出新的标准和要求，因此，不可能是一次性的，也不会一次就达到饱和，它要在不断被修正、补充的运动状态里逐渐地丰富。主观能动性每一次相对的提高和进步，就是人的潜力的成功开掘，是人的自然历史素质的彰显。反过来又把对主观能动性的要求推至一个新的高度，就这样运动不止，前进不已。因此，发展主观能动性客观上成了人们自我教育不能回避的一个长线内容和远期目标。

作为一种极其特殊的需要，主观能动性除了长期性、发展性特征外，本身也还是人的其他需要的重要影响源。发挥主观能动性不会像写一篇高质量的论文，烧一碟色香味俱佳的菜，做一个称职的部门领导等这些特定的、短暂的需要那样，在达到目的的时候便宣告专门性、针对性自我教育的终结。发展主观能动性的自我教育必须也必然要不停地进行下去，直至主体生命的终结。唯此，才能随着主观能动性的不断进步和提高，为主体注入更强的素质和能力，从而促进自我教育，促进多种多样需要的满足。

另外，从自我教育的具体内容来看，基本生活技能、社会规范、生活目标、社会角色、个性、心理素质、能力等，彼此似乎是孤立的。其实不然，每一个方面都程度不同地包含着主观能动性，都靠主观能动性来约束和支撑。先是主观能动性量的增长和质的提高，然后才是每一项具体内容的完成。即使某一次具体内容完成之后，主观能动性仍将作为自我教育的一项基本内容和一般任务继续下去。

3. 主观能动性是自我教育的保障因素

自我教育的过程，无论是一次特定内容的自我教育，还是相伴终生的自我教育，都要面对各种问题，都要遭遇来自主体自身及外部世界的各种干扰，这是由矛盾的普遍性和发展的复杂性决定的。如何使自我教育少受或不受外界的干扰，在尽可能清静的环境中和状态下顺利地进行下去，是每一个自我教育者不能回避的问题。为此，他可以对自我教育过程进行战略性预测和宏观规划，预见并分清过程中可能存在的有利因素和不利因素，用适当的策略和方法变被动为主动，化消极为积极。可以在自我教育过程中随时清除干扰、排除障碍、修正错误、化解矛盾，也可以及时改换方式、调整手段、增减内容、验证结果。但是，所有这些行为，作为自我教育主体的自觉行为，莫不是靠主观能动性来完成的。主观能动性给主体以清晰的认识、准确的思想、完整的准备和踏实的行动，使自我教育随时随地围绕着既定目标而动，一旦有所偏离，即行干预，从而为自我教育保驾护航。比如法官的自我教育，法官欲在自我教育中使自己成为一个忠实于法律的"清官"，就须凭借主观能动性的精神作用，发挥自身精神因素的高能量，排除自我控制、自我评价、自我意识的不健康成分，保证对目标的坚韧和忠诚，维护心灵在各种诱惑、挫折中的平衡，用自觉、自主和创造构筑起一道屏障和一架发动机，在职业角色规范的天地里修为不息。总之，主观能动性既充当了自我教育的推动者，又充当了自我教育的评判者，尤其是充当了自我教育的监督者，成了自我教育过程中一位身手不凡、功力高超的复合角色和多面手。

第三节　人的全面发展学说

人的需要理论集中回答了自我教育的起源问题，主观能动性理论着重解释了自我教育的保障问题，人的全面发展学说则将重点解决自我教育的根本方向、最高目标和社会历史条件等问题。

一、人的全面发展界说

人的一切活动，其出发点和归宿都离不开人类自身，不管是个体还是整体，人所追求的最高境界和终极目标就是人的发展——全面、自由、和谐的发展。什么是人的发展，怎样才是全面的发展，需要哪些条件，一般途径和具体的方法是什么，等等。这一系列相关的内容便成了人类一直思索的历史问题和众多学科共同关注的对象。

1. 人的发展的概念

关于人的发展问题，因不同学科研究角度的不同，出现了理解的差别，甚至于还存在着同一学科内部众说不一的现象。

教育学认为，人的发展是指作为个体的人从出生到生命终止，在生理和心理结构两方面有规律地进行量变和质变的过程。简而言之，就是人的身心的发展。也有人认为，人的发展是指人的肉体和精神的结合，体力与智力的结合，本质特征是脑力劳动和体力劳动相结合。

心理学认为，人的发展是指人的各种心理机能以及作为其基础的生理机能的成熟和成长。如，美国心理学家 R. M. 利伯特就曾说，人的发展"指的是成长和才能在时间上变化的过程，这是成熟和同环境的相互作用这两者的函数。"①

社会学认为，人的发展和人的社会化是同义语。所谓人的社会化，就是指"个人学习知识、技能和规范，取得社会生活资格，发展自己的社会性的过程。"② 个人的社会化过程，同时是他通过学习社会知识和技能、发展和形成自己的个性的过程。人的发展既是人的社会性的发展，也是人的个性的发展，是两方面在同一过程中的共进。

所谓人的发展，从追求的目标上，就是人的全面发展，而不是一个人某一个方面，或某一类人的发展，是整体式的、综合式的、协调式的发展，是和社会发展和社会文明程度相一致的发展。从发展的内容上，包含了精神和物质两个方面，人之所以为人（即与动物的区别），就在于人具有物质需求之上的精神需求。物质需求属于低层次、浅层次的需求，精神需求才是人类高层次、深层次的需求。偏离或过分强调任何一个方面，都不是人的全面发展。从实现的途径上，要坚持以人为本，大力发展生产力，满足日益增长的物质和文化需要。追求人的全面发展是现代社会的必然要求。

2. 人的发展质的规定性

人既不是单个的抽象物，也不能脱离现实，其自身有其特殊的规定性，主要表现为：

（1）人的发展的实践性。人的全面发展其实就是人的感性活动或实践活动的全面发展。无论是人的物质层面还是精神层面，都是在社会实践中形成，并在主体和客体的对象性关系中表现出来的客观能动的力量。人的能力的全面

---

① [美] R. M. 利伯特：《发展心理学》，人民教育出版社 1983 年版，第 8 页。
② 费孝通：《社会学概论》，天津人民出版社 1984 年版，第 54 页。

发展意味着人全面发展自己的一切能力，即全面发展自己的体力和脑力、自然力和社会力、潜力和现实力等，并在实践活动中发挥他的全部才能和力量。离开了丰富多彩的社会实践，人的发展无从谈起。

（2）人的发展的丰富性。人的社会关系全面丰富，人的社会交往广泛普遍，这充分体现人的社会属性。社会关系是社会实践活动的展开，它决定着一个人能发展到什么程度。人的全面发展就要求社会关系也应全面发展。人要摆脱以往个体、分工、地域、民族的狭隘性和局限性，形成各个方面、各个领域、各个层次的丰富而广泛的社会联系，使自己得以协调和谐发展。

（3）人的发展的协调性。个人向完整个人的发展集中表现为人的素质全面提高和个性的自由发展。人的素质和个性随着人的活动的多样化、社会关系的丰富化而形成并发展起来。人的素质的普遍提高，表现为人的身体素质、心理素质、思想素质和科学文化素质的发展和完善，还表现为各种素质之间的均衡协调发展以及个人独特性的增加和丰富。

（4）人的发展的整体性。全面发展的人不是抽象、孤立的人，而是现实、具体、社会中的人，不是某一个人，而是每一个社会生活的人。真正的人的全面发展只能是全社会的每一个社会成员的全面发展，而不是一部分人的发展，另一部分人的不发展。总而言之，人的全面发展是自由、充分的发展，是主体在追求最大满足的基础上，自觉、自愿、自主的发展，是社会中的每个人都能够充分发展和体现人的本质力量、人的社会性以及个性的永久变动性活动。

二、人的全面发展理论分析

人的全面发展问题对人类实践和社会进步有重大的意义。它不仅是有关人的哲学的最高范畴，具有统御其他范畴的总括性质，而且是教育活动的根本目的和任务，在全部教育学科领域里是一个最基本的理论问题。毋庸置疑，对人类的个体和整体的自我教育行为，人的全面发展同样是一个不容忽视，更不能回避的基本问题。

1. 西方关于人的全面发展的思想

在西方思想发展史上，人的发展问题是被广为关注的。早在古希腊罗马的古典文明时代，人的发展就已经被作为一个教育学思想提了出来。公元前1世纪的伟大哲学家西塞罗在解释 Humanitas 时，指人的发展是为个人才能最大限度发展的一系列教育。16世纪的教育家拉伯雷在批判经院主义教育时指出，要从智育、德育、体育、美育和劳动教育几个方面去发展人的个性。18世纪的教育家裴斯泰洛齐则明确地把人的发展视为教育的目的。他说："除了体力与智力的和谐发展外，教育没有其他的目的。"①"为人在世，可贵者在于发展，在于发展个人天赋的内在力量……这就是教育的最终目的。"②

文艺复兴时期，人文主义者疾声高呼"多才多艺的人"或"全才"，极力倡导全新而鲜明的人格典范，使得人的全面发展逐渐成为一种贯通西方整个文化领域的崇高社会理想。许多著名文学家、哲学家、教育家，包括最早的无产阶级代言人——空想社会主义者，都为之倾注了极大热情，并以此为武器，批判旧的分工制度给人造成的裂解和畸形，呼唤全面完整的人的出现。比如伟大的空想社会主义者欧文，他不但在理论上强调对儿童从小就要"培养他们的德、智、体、行方面的品质，把他们教育成全面发展的人。"③ 而且做了许多社会实验，力求把这一理想付诸现实。这些思想家的探索都是关于人的发展学说中不可逾越的阶段，为后来更加客观、真实的人的全面发展思想提供了历史的思想根据。

但是，不可否认，这些思想家的学说都存在着两个根本缺陷：一是片面强调了教育对人的发展的影响，视之成为了实现人的全面发展的根本途径。二是对近代工业文明流露出感情上的厌恶，主张回到古代原始社会那种所谓的理想状态。这样，他们既不可能看到社会历史条件对人的制约性，也不可能看到人的主观能动性和实践活动的重要性，最终陷入环境与人互相决定的二律背反而不得自拔。同时，在浪漫主义倾向中他们又表现出了幼稚的一面，结果除了使人陷入空想外，不会在实践中产生任何效果。到了19世纪30～40年代，马克思站在前人的高度上，提出了自己的人的全面发展观。他不仅摆脱了旧思想家们的困惑、空想和浪漫，为人的全面、自由、和谐发展指明了一条切实可行的途径，而且把人类对人的发展问题的研究推上了科学的高度。

2. 马克思主义关于人的全面发展的思想

马克思主义的人的全面发展观立足于哲学，与政治经济学和科学社会主义密切相关，同时还涉及教育学、心理学，内容精深宏博。在马克思主义看来，共产主义就是以"每个人的全面而自由的发展为基本原则的社会形式"，从人的自由和解放的可能性、必然性出发展开的。

（1）关于人的全面发展。马克思主义认为，人的全面发展包括了人的能

---

① 中国教育学会编：《论教育与人的全面发展》，人民教育出版社1982年版，第19页。
② ［瑞士］裴斯泰洛齐：《林哈德和葛笃德》下卷，人民教育出版社1984年版，第319页。
③ 《欧文选集》，商务印书馆1965年版，第13页。

力的充分发展、人的社会关系的全面丰富和人的个性的充分发展等内容。所谓能力的充分发展,是说通过劳动,使自然历史进程赋予人的各种潜能素质统统得到开发,最大限度地从潜在可能性转化为客观现实性。"各方面都有能力的人,即能通晓整个生产系统的人"①,马克思在《资本论》中把这种能力解释为人的体力和智力、自然能力和社会能力、潜在能力和现实能力等。人的体力、智力及情感力、意志力,都离不开一定的生理基础,都包含着一定的自然力;人的社会能力除了生产力外,还包括人的政治力、认识力、思想力、信念力等等。所有这些,作为人的本质力量的充分体现,都是人的能力发展的重要内容。所谓人的社会关系的全面丰富,是指与人的能力的充分发展相适应的,人的对象性关系的全面生成和社会关系的高度丰富。在这种丰富的社会关系中,人们之间的心理、情感、信息诸方面得到交流,受到启发,从而丰富、充实和发展自己。因此,马克思说"社会关系实际上决定着一个人能发展到什么程度"②。在现代社会中,人们之间的交往越来越多,人们的社会关系越来越丰富,从而有力地推进人的发展。所谓人的个性充分发展,包括了个人全面的、自由的、协调的发展。所谓全面的,指个体肉体和心理的完善,个人特性在个体中的全面发展。所谓自由的,是指"建立在个人全面发展基础上的自由个性",即独立性、自主性、自觉性。按照马克思的观点,只有独立才能自主,只有自主才能自由。总之,全面发展的人是一种健全的人,是对片面人、单面人、畸形人、病态人的克服和扬弃。个人的全面发展就是人的"类"特征、社会特性、个人特性在个体中的全面发展。

(2) 关于人的全面发展的条件。马克思认为,环境制造人,人也制造环境。人既是历史的结果,也是历史的原因;既是社会的客体,也是社会的主体。二者统一的根基在实践。实践发于主体,在创造更新客体世界的同时,又创造更新着主体自身。在这个意义上,决定人的发展的因素除遗传和环境外,还包括人自身在某一发展阶段上的发展水平和活动。其中,遗传和主体自身的身心发展水平是影响人发展的内在因素,环境是外附因素,活动则是贯通内在因素和外附因素的中介。其中前两个方面为人的发展提供种种可能和规定。活动因素把二者联结起来,是决定主体发展方向、性质、水平的根本原因。

(3) 关于人的全面发展的历史进程。马克思首先把全部人类发展史划分为三大形态:资本主义以前的"最初社会形态"——自然经济时期、资本主

---

① 《马克思恩格斯全集》第4卷,人民出版社1979年版,第370页。
② 《马克思恩格斯全集》第3卷,人民出版社1979年版,第295页。

义为典型的"第二大社会形态"——商品经济时期、共产主义是第三大社会形态——产品经济时期。在此前提下,剖析出了与其相适应的人的发展的三个历史阶段:自然经济状态下"原始充满的人"、商品经济条件下"片面独立的人"和产品经济条件下"全面发展的人"。不仅如此,人的发展与社会发展互相决定,二者在社会实践的基础上统一于一个双向同步的运动过程中,由原始的全面性到近代的片面性,再到未来社会的全面性,构成一个螺旋式上升的否定与否定过程。人的发展与社会发展互为手段和目的,彼此不可分离,双方共同发展。

(4)关于人的全面发展的根据。从可能性而言,发展是从一种状态到另一种状态的过程,是从潜在向实在的过程,或者说是从可能向现实转化的过程。从现代人力资源意义上讲,人力开发就是把人的诸种潜在的能力充分挖掘出来。这种发展之所以可能,因为它既有生物的根源,也有社会的根源。前者是说生物天生具有向上发展的可能,后者是说个体的存在都包含着人类的全部潜能,具备着人类无限发展的可能。从现实性而言,马克思、恩格斯在人类历史上第一次科学地回答了"人的全面发展"从可能向现实转化的根本依据,那就是实践,其中最根本的是物质生产实践。实践既是人的发展的途径,又是人的发展的根本动力。在马克思看来,人是"实践的存在物",人内在的本质必然外化为实践活动及其产物。

总之,马克思的人的全面发展学说,不单纯是教育学原理,也不仅仅是经济学原理,而是一个统御着社会活动的一切方面的总体性概念,是一个哲学原理。它不仅为我们设定了一个判别资本主义文明的坐标,同时它指出了未来新型社会文明的建设途径——只有无数个人独立的和全面的发展,才能够造就整个社会文明的繁盛。它规定了新型社会文明的性质,指明了这一文明建设的崇高目标,为我们建设新型社会文明铸造了指针。

三、人的全面发展学说对于自我教育的根据意义

对人的全面发展观的论述,引证该原理对自我教育多方面的理论支撑意义。比较而言,人的需要理论及主观能动性理论似乎较多地是站在人类个体的角度论自我教育,而人的全面发展理论所关注的是人类整体的自我教育行为,这种区别是相对的,但确实是客观的。

1. 人的全面发展学说规定了自我教育的根本方向和终极目标

人的需要是一连串的链条,没有尽头,人的一切活动无非是为了一个又一

个的需要。但是，需要是否是人的行动的目的呢？说其是，是指人的一切活动的动机和归宿都可以用需要来概括，还可以用低级与高级的需要层次来归纳、分别。那么，人的全面发展也便是一种当然需要——高级需要。说其不是，是指人的一切活动最终都是为了自我的发展、人类整体的发展，唯有人的全面发展才是人类活动的目的，或者说，作为需要的一种——高级需要，它相对地从人的需要的开放体系中游离出来人的全面发展，借助其他需要所具有的手段性、前提性、间接性而成为人类活动的最终目的。也正是因为需要在形式和内容上多属现象的、外显的，而作为目的的东西却多是内隐的、潜在的、一贯性的，人的全面发展便是这样的一个存于人的需要背后的根本因素，是人的一切活动的最高追求和终极指向。主体的自我教育必须服从于这一总体要求和内在规定，才能获得发展的保证。

  从我国改革开放以来的社会实践出发，我们尤其能证明这一认识的客观性和合理性。以前，整日为吃穿住用奔波、忙碌的人们，不得不把自己的需要定得低低的，也不得不把它们作为自己活动的目的。诸如自我全面发展、自我实现、社会尊重等高级需要对他们来说根本不可企及，没有任何前提的条件。但是，在其内心里层、脑海深处都隐藏着一种焦虑、一种渴望、一种挥之不去的情结——个体的全面发展。可以不客气地说，当时的人们是背负着物质生活的巨大负担，为了生存而极力压抑甚至放弃了自己的崇高精神追求。活动的目的是低廉的、粗俗的。目前，鲜活、蓬勃的社会为人们打开了、提供了驰骋腾飞的广阔天地，丰富的物质生活又把人们推向了多彩精神生活的追求。增己才干、强己素能、展己风格、示己价值、全面地充实发展自己便嵌入了绝大多数成员的人生规划。比如从农村涌向城市的民工，他们已不满足于基本需要的满足，也不再把追求温饱视为唯一需要，他们毅然决然地，而后又想方设法地要在象征文明的城市里扎下根来。因为他们也已懂得在此才能更好地进行自我教育，完成自我的全面发展。全面进步的自我才是能够为自己，也为别人和社会满意发展为接受的自我。的确，社会的进步，与全面发展的人成了越来越多的人所神往的最高目标。发挥自己的主观能动性，进行自我颐养、自我调控的自我教育就顺理成章地成了人们首选的途径和方法。

  从人类整体的行为来考察，全面发展的人是社会发展到高级形态的标志，也是社会发展的手段和目的。在每一个个体对自己进行矢志不渝的自我教育而至进步发展的同时，人类社会也获得了自我教育的推动，整个人类在类属层次上的自我教育中日臻丰满、高强和伟岸。自我教育因为人类共同利益的规定而循着个体和整体全面发展的崇高目标长进不已，人的全面发展学说亦深层而理性地揭示了自我教育的历史永恒性。

2. 人的全面发展学说规定了自我教育的社会历史条件

个体的自我教育主要靠其主观能动性，但也绝不能脱离时代赋予的既定的社会历史条件，比如经济基础、政治制度、文化传统、民族素质等，它们以不同角色在不同环节上制约着个体的自我教育，为之设定目标、内容、原则、途径、措施等。最重要的社会历史条件是具有宏观意义的社会发展水平。低层次的社会发展状况只能给人营造出较粗陋的自我教育外部环境，而且一般来说，这时存在主体内部的主观条件也往往是很薄弱的。比如在阶级统治刚刚开始的奴隶社会，各方面的发展都是相对落后的，奴隶的自我教育自然十分冷淡、肤浅甚至荒芜，初受文化之益的奴隶主贵族阶级也不可能展开十分鲜明、丰富的自我教育。进步到较高发展水平的社会，就能给人的自我教育以有力的支持和帮助。在当下的世界里，个体自我教育的环境条件已大为改观，自我教育的可能性、积极性、成效性，亦着实有了殷实的保障。

根据前面阐述的人的全面发展的思想，在社会发展水平的多重判断标准中，人的全面发展状况甚为突出，具有极强的涵盖性和表征性。因此，对于自我教育，最重要的社会历史条件当是人的全面发展。建立在人的全面发展的基础上的自我教育，将是非常成功的自我教育，而且是意义更伟大、作用更明确的自我教育。人类走向辉煌的漫长征程中，人的全面发展是过程性的，今天"全面发展的"人只能促成今日情态的自我教育，而真正全面发展的人到来时，自我教育则是另一番景象。这一辩证法，正是历史的前景，反映着人类社会发展的规律，也是人类自我教育的依据和要追寻的未来。因此，个人的自我教育不是孤立的行为，它是融化在历史发展进程中的具有重大影响的社会性行为。人类的自我教育也不是可有可无的，它照应着人类自己的明天。

第四章

自我教育结构论

自我教育就是从这里开始的：让一个人去关心另一个人，力求看到自己身上的好东西在另一个人身上表现出来。

——苏霍姆林斯基

自我教育是一种高度自觉的教育活动，正如我国著名教育家叶圣陶所说，教育的目的就是达到不教育，就是要使受教育者达到能通过自我教育，自觉按照社会思想品德要求进行认识和行为的程度。自我教育又是建立在自我意识基础上的教育活动，由于自我意识所表现出的局限性，教育在认识自我、调控自我、发展自我方面就显得尤为重要。正确地自我认识是自我教育的前提，有效地自我调控是自我教育的关键，全面地自我发展是自我教育的最终目的。因此，自我教育有三大结构系统：自我认知教育系统、自我调控教育系统、自我发展教育系统。

第一节 自我认知教育

自我认知是个体对自身的道德品质、思想动机和行为等方面的认识评价以及作出的目标选择。它在自我教育中起着重要作用，是自我教育的前提。苏霍姆林斯基曾说："人生的真谛确实在于认识自己，而且是正确地认识自己。"我国思想家老子也曾说："知人者智，自知者明。"只有正确地认识自己，认识自己与社会发展的关系，才能激发自我教育的愿望和要求，确立明确的自我教育计划。也就是说，自我教育首先是从自我认识开始的，没有自我认识，自我教育便不能发生。但是，人距自己最远，人对自我本质的认识并非易事，它有赖于自我观察能力、自我体验能力等自我认识能力的提高和发展。因此，自我认识是一个由自我感性认识到自我理性认识，并最终对自我状态作出正确评价的过程。

一、自我感性认识

自我感性认识，也叫自我感知，它是自我认识的初级形式，包括自我观察、自我体验、自我态度三个方面。

1. 自我观察

自我观察是自我感性认识的起始阶段。所谓自我观察就是自己观察自己，是观察者的我观察被观察者的我，自己既是观察的主体，又是自我观察的对象。这是一个人正确认识自己，提高自我认识能力的重要途径。因而，国外心理学家把通过认识自己的活动与行为来认识自己，叫作间接的认识自己的形式；把通过自我观察来认识自己，叫作直接认识自己的形式。当个体站在镜子面前或感到自己被别人注视的时候，他便会自觉或不自觉地注意自己。个体的行为和外部特征，可以成为自我观察的对象。此外，个体还把观察的对象直接指向自己的心理活动，这称为内省。内省对个体不仅是可能的，而且是必要的，否则，个体便不能作为一个人而生活。内省有两种情形：一种是个体把正在进行的心理活动作为注意对象；一种是对已有心理经验的认知。内省的可能程度被个体的技能和熟练水平所制约。早期的心理学研究主要运用的是内省的方法，冯特实验室的被试是经过严格的内省训练的，否则，就难以如实报告。虽然内省是经常发生的，但不一定可靠，因此，个体仅通过自我观察认识自己的内部世界是不够的，还必须有其他的形式。自我观察在不同的心理状态下，其表现程度不同。当人们比较安静、沉着、愉快时，自我观察最为有利；心境不愉快，或心理活动强度不够，或过分紧张，或过分集中思想时，都会缩小自我观察的可能性。当然，自我观察的水平及其客观性，最终取决于自我思想锻炼的态度和积极性：严格要求自己，重视自我修养提高的人，就能比较客观地观察自己的优点和缺点；对自己不严格要求的人，则往往喜欢夸大自己的优点，而缩小成掩盖自己的缺点。总之，自我观察是自我教育的前提，因为自我表象，即关于自我形象的认识，是在自我观察的基础上获得的。

2. 自我体验

自我体验是个体在自我观察的基础上，对自身心灵和肉体所受刺激的内心体验。表现为：一是自己意识到自己的情感，即能体验到自己此时是高兴、满意、平静，或是相反；二是自己对自己言行的体验，如自己对自己的言行感到满意、得意、沾沾自喜，或是相反。但是自我体验不仅仅是"自我这样或那样的状态在其主观意识中的反映，也不是作为自我消极观察的特殊形式，而是一种旨在恢复精神的平衡，恢复已失去的对存在的理解力。总之，是'产生理智'的一种活动的特殊形式"。也就是说，自我体验是自我特殊的活动，是改造心理世界的特殊工作，是旨在确定意识与存在之间意义联结的工作。其总的目是增进生活的理想。许多研究资料表明，自我体验能力高的人，不仅是见贤则喜，见不贤则怒，而且是通过喜、怒、哀、乐将思想品德转化为自我内在要求，通过自我控制，形成对自我思想品德的认识。在自我态度上，表现为自尊而不自负、自爱而不自赏、自信而不自固、自责而不自弃。由此可见，自我体验过程同时也是自我教育的过程。

自我体验分为直接性自我体验和间接性自我体验：

（1）直接性自我体验。直接性自我体验是个体亲身所经历的事实而引发的，或喜悦，或痛苦，或懊恼等的体验，它是自我体验最基础的形式。就其一般性而言，在自我追求过程中，个体最积极最主动的是自我快乐性、创造性、价值性的体验，这是由人之所以为人的内质所决定的。比如，自我悦纳、自我展示、自我实现等。但是，自我也常常会遇到这样的情境：自我在其中同自己生活的（动机、意向、价值等）内部必要性与现实的不可能性的冲突。自我表现出精神紧张、挫折、危机等心理体验。按照"增进生活的理想"这一自我体验的宗旨，最积极、最主动的自我体验不是随遇而安，而是进一步增进自信心、成就欲。同样，被动的自我体验不是心灰意冷，自暴自弃，而是自我激励、自我奋进。"卧薪尝胆"的故事就很能说明这个道理。

在现实生活中，自我最难把握的是逆境时的体验。它往往一开始表现为愤怒、焦虑、沮丧等，结果，要么是压抑、克制自己的欲望和情绪，要么所表现出的是"一旦被蛇咬，十年怕井绳"的心理。虽然，体验痛苦是痛苦的，但它毕竟为自己提出了一种警示，况且，体验痛苦本身也是一种自我暴露、自我宣泄。积极适度的自我暴露、自我宣泄是调节自我心理状态的一种有效的方法。

（2）间接性自我体验。间接性自我体验是把自我投射到一定的情境中，把情境中的人物置换为自己，从而去体验事情的经过的一种自我体验方式。间接性自我体验之所以必要，是因为每个人的经历是有限的，加之自我体验的背景材料的时间和空间跨度很大，内容很丰富。自我体验正是依据这种"没有空间的深度，没有时间的长度"的原则，把全部外部空间压缩成一点"在这里"，把全部外部时间压缩成"现在"，而历史就浓缩了"这里和现在"场景，自我身置其中，超越自我和历史对话，以自己的身心去体验那一幕幕惊心动魄的历史事件。比如参观历史博物馆、阅读历史故事、观看历史电影等。此外，间接自我体验还有对未来自我的体验。设定未来的自我，勾画未来的自我，把自身全部置于"未来我"当中，体会那一个"我"的喜悦和欢乐，摆脱现实中的自我困扰，增强自我战胜困难的勇气。间接自我体验的方法多种多样，比如"假如我是……""如果是我……"。这种对自我的设定，一个方面可以促使自我暴露、自我批评、自我矫正，另一个方面也可以增进自我激励、自我肯定。

　　3. 自我态度

　　自我态度是个体对自身反应的一种具有内在结构的稳定的心理准备状态。具体而言，它是主我对客我反应的一种心理活动和心理倾向。自我态度之所以成为自我认识中的一个重要问题，原因是多方面的。

　　自我态度决定着对自我的判断。心理实验表明，一般人容易根据现成的态度去判断自己。由于态度具有恒常性，它一旦形成就将持续一段时间且不易改变，并伴随着一套或强或弱的固定看法和情感体验，形成个体的习惯，从而影响着对自我的判断和选择。具体表现为：要么自我悦纳，自我接受；要么妄自尊大，盲目乐观；要么妄自菲薄，自贱自弃。影响自我态度的因素多种多样，从发生学角度看，少年期的自我态度主要受外界的影响居多，如父母、老师等，外界态度强化为自我的态度。由于这一时期的自我意识还不够完善，极易接受外界的态度，"别人对我的态度即是我对我的态度"。心理咨询的实践表明，有心理障碍的人许多是由少年时所形成的自我态度的偏差而引起的。从自我奋斗的过程看，成功率越高，自我悦纳就越强，反之，就越低。从自我价值取向看，应该说，态度来自价值。价值是指态度对象对人的意义和用途，价值越大，自我态度的积极性也就越强，而不同的价值观对同一事物产生的意义、认识不同，自我所表现的态度也就不同。

　　自我态度预定着对自我的反应模式。自我态度作为自我行为的心理准备状态，当然会预定我的反应状况，会潜在地决定按什么样的方式采取自我行动。心理学家朗格就在研究"反应时"的实验中发现，被试如果特别注意自己即将作出的反应（即当被试心理上对自己需要的反应有所准备）而具备某种态度时，则他作出的反应就会比其他被试作出的反应要快。之后，几乎在所有的心理学实验中，都发现被试心理上的准备状态支配着怎样去自我行为，或自我克制，或自我宽容。

二、自我理性认识

自我感性认知直接产生自我表象，但它只是个体对自我的一个初步印象，并带有很大的主观性。要使自我认识更加符合客观实际，就必须经过自我理性认识。自我理性认知的直接产物是自我意象。它综合了已有的经验，具有概括性，是个体由于自我认知形成的关于自身的概括形象。自我理性认识包括自我比较和自我分析两个方面，体现为理性认识过程中的两个环节。

1. 自我比较

自我比较分为自我纵向比较和自我横向比较。

自我纵向比较是指个体通过把现在的自我和过去的自我、现实的自我和理想的自我进行对比的方式认识自己的一种自我认识形式。自我比较是自我认识的深化、具体化。在自我纵向比较中，一方面是现在的我与过去的我相比较，另一方面是理想的我与现实的我相比较。前者是现在的自我对过去的自我进行反省，这种反省是对旧我的认识，同时也是对新我的认识。它是以旧我为镜子反观新我，体现了反省思维形式。这种反省建立在对"旧我"的审视上，依据自我内在的道德感，对自己过去言行的检讨。后者是理想我对现实我的反思，现实的我以理想我为镜子反观自身，体现了超前思维形式。通过这两种思维形式，现实我通过对过去我与理想我的对比、观照，产生了"我是什么""我将来可能是什么"的自我意向，进而使自我认识更加符合自己的客观实际。

自我横向比较是个体把自己与他人进行对比来认识自己的又一种自我认识形式。在自我横向比较中，自我把与自己相类似的人加以比较而作出认识。我们知道，人的自我认识从来都不是孤立进行的，总是要与他人发生社会性关系。社会心理学家费斯汀格指出，一个人对自己价值的认识"是通过与他人的能力和条件的比较而实现的"，他把这称之为"社会比较过程"。社会比较构成了自我认识中的"背景距离"，自我在这个"背景距离"中通常更多地看到、认识到自己与别人的差异和不足。在日常生活中，自我横向比较的方式很多，比如和周围的人相比较、和某些思想的标准相比较。和周围的人相比较，一般来讲，拿自己的缺点和别人的优点相比，会更全面地了解自己的不足，但也会导致"事事不如人"的自卑心理；拿自己的优点与别人的缺点相比，虽在一定程度上可以增加自信心，但也容易导致自我满足，甚至自骄自傲；和某种思想相比较是指个体从父母、教师、书本以及大众传播资料中获得很多知识和价值观念，以及融合他们而成的若干理想和模范。知道了很多名人或成功者的事迹，并以他们为比较对象，以自己能否向他们看齐作为"成功"和"失败"的量尺。"见贤思齐焉""我们要效法某某人"这类训言，一直存在于教育过程之中。当然，和理想标准相比较应把握好"度"的问题，历史上有许多圣哲、贤能、学者、英雄都足以为后世所效法的。不过一般人不会注意到，那些伟人贤哲所最值得后人效法的，乃是他们立身的准则、处世的态度、认真治学和治事的精神以及不屈于困难和逆境的勇气。至于他们的丰功伟绩或在某一方面的卓越成就，那是历史上的重要事实，也当为后世敬仰称颂，不过并不一定是每人都能与之看齐的，若将二者颠倒过来，则会失去"师法前人"的真正意义。

2. 自我分析

自我比较为自我分析提供了可靠的材料。自我分析是指个体从言到行、从行为到思想、从外部到内部动机对自己进行分析。它包括自我表露、自我反省、自我报告三个方面。自我反省介乎于自我比较和自我分析之间。如果说自我反省只是自我比较的一种形式的话，那么在自我分析中，它则是最初环节。自我反省是个体内心独白，在这个意义上，它和自我暴露一样，是"纯自我"的，有一种不为外人所知的内隐性。自我沉思是自我分析的深入，它不再停留于一般意义上的自我反省，而是上升为更深的层次，是对自我极限的冲刺，接近于自我激励、自我振奋。自我报告是自我分析的结果，是借助于语言载体的表现形式，它对自我分析的典型意义在于：个体在提出克服自己的缺点和提高自己的道德品质的任务之后，就要系统地记录证明所定自我教育计划实施程度的自我分析材料。

自我表露是个体认识自己真实面目的一种方式，是个体在特定环境和特定人物面前展示自己内心秘密的一种活动。但是，自我表露已不能简单地说是个体所追求的心理效应，如自我宣泄、自我高扬，而是已经带有价值评判的标准。虽然要正确地对自身认知而进行自我表露，但他在别人面前展示自己的行为、诉说自己的想法时，"什么该说或该做"，"以什么方式去说或去做"等，个体会在分析所处的环境及对象之后，有目的地进行自我表露。比如，对象信任度如何，对方接受的程度如何，以及可能带来多大后果。当然，自我表露也存在着个体、性别的差异。自我表露的另一种形式是将自己展示给自己，由于它的内倾性，自我把自己赤裸裸地展示给自己，以现实的我审视着过去的我，实现着"我"和"我"的对话、"我"对"我"的分析。这时如果实现了真正的自我统一，"我"对"我"就产生愉悦，否则，就会产生自我陌生感，甚至自我欺骗。这是因为，一般而言，个体的自我肯定强于自我否定，甚至有时到了不客观的程度，有时个体对自己有一个满意的印象，他就会采取自我欺骗的方式，对自己撒谎。如做错了一件事，他会找出种种理由，为自己开脱。因此，敢于展示自己、表露自己，是自我心理品质和道德品质的体现，其过程本身就是自我教育。

自我反省是自己对自己的思想和行为的反思和觉醒。如果说自我表露所展示的是"是什么"，那么，自我反省所要解决的是"为什么"。这时，自我所持的是一种明显的道德标准。反思使个体回归自我，觉醒使个体超越自我。回归意味着正视自我，超越意味着重塑自我，正视自我是重塑自我的前提。自我反省有两种类型：一是对自我事实的反省，体现为"新我"对"旧我"、"社会我"对"生物我"的反省。这里，"旧我""生物我"都是自我事实，是已旧的自我，自我反省就是对"旧我""生物我"以前的"所作所为"进行分析，从而达到自觉、自省。二是自我选择，"哪里有选择，哪里就有反省"。个体在确立自我发展目标时，总是面临多种目标。自我要对此进行决断、取舍，除目标引导自我选择之外，"经验的自我"促使自我体验过去的事实，引发自我反省。

自我报告就是向自己报告个人活动的过程和结果，报告个人的行为以及这些行为所表现出的个性品质。如果说自我反省所要解决的是"为什么"的话，那么自我报告则提出了"怎么办"的具体措施。自我报告可以是口头或专门日记的形式。鲁温斯基将自我报告又划分为两类：一是总结性报告，就是报告在相当长的一段时间内（也就是在一定的生活阶段内）所表现出的、在自认为能胜任并自愿接受的任务和活动的客观结果之间相符合的程度。在自我报告之前，对自己的行动、所要达到的结果要有详细的记录，要全面深刻地分析、判明行为与个性品质之间的因果依从性。这样的自我报告有助于提高自我认识的客观性。对于在较长一段时间内并能说明自己在各种情势中的行为特征的大量实际材料进行分析比较，可以使自己的判断更有充分的依据，从而对自己和自己的个性品质做出更为客观的结论。二是临时性自我报告，就是个体对短时间内即一天、几天或一周的自我报告。这种自我报告对自我完善具有典型的意义：一个人在接受克服自己的缺点或发展个性品质的任务之后，就要系统地记录证明所定自我完善计划实施程度的自我分析材料。

三、自我评价

自我评价是个体对自身及其与外部世界关系的肯定或否定的判断。正确的自我评价，对个人的心理生活和行为表现有重大关系，对于协调社会生活中的人际关系也是不可缺少的一个主观因素。早在20世纪初,美国心理学家库利就指出:"在人们的心理生活中,自尊和自卑的自我评价意识有很大作用。人们经常把自己看做是有价值的、令人喜欢的、优越的、能干的人。如果一个人看不到自己的价值,只看到自己的不足,什么都不如别人,处处低人一等,就丧失信心,产生厌恶自己并否定自己的自卑感。这样的人就会缺乏勇气,缺乏积极性。"但库利又指出:"如果一个人只看到自己比别人好。别人都比不上自己,这样就会产生盲目乐观情绪,自我欣赏、自以为是,因此就不能处理好人际关系,调动主客双方的积极性,而且还会遇到社会挫折,产生苦闷。"一般来讲,个人很难正确评价自己与外部世界的关系,评价容易过高或过低。要比较客观地评价自己,应遵循以下方式:

1. 依据别人对自己的评价来评价自己

自我评价以别人对自己的评价为参照点,例如,一个人因完成某项工作受到社会或他人的尊重和表扬,就容易获得自信心。相反,如果受到他人的批评或责难,就会缺乏自信心看不到自己的能力。库利指出,别人对自己的评价是自我评价的一面镜子。一个人处在一定的社会关系中,通过与他人相处,从他人对自己的评价中看到自己的形象,为自我评价提供基础。当然,他人评价这面镜子并不是指某个人对自己的某一次评价,而主要是指从对自己有影响的、关系较为密切的周围人的一系列评价中概括出来的某些经常的、稳定的评价,这才是自我评价的基础。

2. 根据自我分析来实现自我评价

个体的自我评价,常常是根据他人对自己的评价与态度估计自己,同时自己也对自身的心理活动和行为表现加以主观的分析。自我评价不等于他人评价,自我评价不是完全以他人评价为依据,常常是通过自我分析独立完成的。为什么有的人自我评价远离客观评价?这既有自我认识的原因,又有其情绪动机的原因。一种是自我认识不清而自我欣赏,或自感不如他人;另一种是由于怕如实反映了自我的真实评价后被别人取笑。如有人想如实地评价自己,评价很低,但又怕别人因此而轻视自己;有的人实际上的自我评价高一些,但又怕被别人指责为自高自大,因此才做了不符合实际的自我评价。

3. 通过和自己相当的人作比较来评价自己

个体总是通过与社会上同自己地位、条件相类似的人的对比来评价自己以及自己和周围世界的关系。例如,我的学习成绩不如那个人,"那个人"是与我年龄相当、所处环境一样、所受教育一样的,因而我才与之相比较。个人评价自己的其他方面,如道德品质、能力等,都是如此。社会学家费斯汀格指出：一个人对于自己的评价"是通过与他人的能力和条件的比较来实现的"，费斯汀格称之为"社会比较过程"。

4. 通过与自我期望相比较来评价自己

个体的自我评价，往往取决于他本人的自我期望。有的人在客观上取得了很大的成绩，周围的人们对他作出了高度的评价，但他自己却缺乏自信；有人被他人看作没有什么值得夸耀的地方，甚至表现很差，但他对自己却怀有很大的自信心和自尊心。这种差异实质上是由于自己对自己的要求即自我期望所致。如果个体对自己要求很低，自信心却很强，那么只要他有一点成功，就会变得自满自足。

由此可见，一个人的自我评价既是客观的，也是主观的，它主要取决于个体内在状态和自我期望等主观因素。这些主观因素决定着个体对自己的感情与态度、判断与估计，因此产生个体的自尊、自信、自大、自卑。研究资料表明，深刻的自我认识和正确的自我评价，是自我调节机制的主要成分。人们在相互关系中，行为的协调性、稳定性和一贯性，主要取决于自我评价是否适应。一个人的自我评价是选择、修正自我发展目标的依据，是个人思想和行为的调节器，因而自我评价过程在自我教育中起着重要作用。一个人愈能正确地评价自己，分析自己的优缺点、进步与不足，就愈能明确自我教育的目标和要求，愈有助于道德修养和道德行为的调节。

上述分析表明，由自我感性认识到自我理性认识并最终作出自我评价的自我认识过程决定和影响着自我教育愿望的产生。首先只有能够正确自我认识，才能发现自己的不足，找出自己与别人、与社会、与教育要求的差距，进而激起对自己的不满意，产生自我教育的愿望。正如哈尔拉莫夫所说：一个人"感受和认识到他内在道德矛盾——道德发展已经达到的水平和应有水平之间的某种'差别'和'脱节'，就会引起他的不安，使他产生提高道德的愿望。"[1] 其次自我教育愿望的强烈程度与个人自我认识水平高低有很大关系，影响着个人对自己不满意的幅度和强度。如某人某方面不足的暴露可能激起他对自己全面、深刻的反省，产生出对自己整个已有水平的强烈不满。

自我认识过程也决定和影响着自我教育目标的选择。自我教育目标是个人希望达到的水平，就是说个人深信目标一旦实现，自己的现有水平将达到一个新高度。它是对现有水平的一个否定。从这个意义上讲，自我教育目标是自我认识过程的结果在主体头脑中的超前反映，是自我认识过程中设想的理想结

---

[1] 哈尔拉莫夫：《教育学教程》，教育科学出版社1983年版，第354页。

果，即"理想我"。同时，自我认识过程也影响着自我教育目标的选择水平。自我认识能力强的人，在自我选择中，就能对同时在头脑里出现的系列自我目标和理想作出判断与取舍。如果缺乏自我认识能力，个体就会在自我选择上举棋不定、左右摇摆，下不了决心，阻碍自我教育的进程和提高。因此，作出自我目标选择，首先必须认清个人发展的最佳的目标，进而排除内外影响的干扰，以确定理想自我。

第二节　自我调控教育

个体在自我认识、评价的基础上，选择并确立了自身发展的目标——理想我，而理想我与现实我之间又必然存在着一定的距离，这会形成自我教育过程中的矛盾。要实现自我教育目标，个体就必须靠自己自觉地调控自身的思想和行为，即自觉进行道德修养。在这个过程中，自我调控起着关键性作用。

自我调控是思想道德意志活动的体现。自反、自持、自调这些思想意志的规定性，突出体现了自我本身实践精神本质和完善。自我调控过程包括自我调节、自我控制、自我激励三个方面。

一、自我调节

自我调节是个体为达到自我教育预定目标而自觉调节自己心理状态和言行的活动。它是自我调控的开始，表征着个体不断按照社会需要，自觉调整自身需要以适应社会要求的活动。自我调节以自我情感调节、自我思想意识调节、自我行为调节为始终。

1. 自我情感调节

自我情感调节在自我教育中起着重要作用。情感是构成自我心理结构的核心成分，自我的任何活动都伴随着一定的情感。列宁曾说："没有'人的情感'，就从来没有也不可能有人对真理的追求。"[1] 列宁所指的情感是一种正确的、积极的情感。古书《大学》中也说："身有所忿懥，则不得其正；有所恐惧，则不得其正；有所好乐，则不得其正。"意思是说，一个人缺乏自我情感

---

[1] 《列宁全集》第10卷，人民出版社1981年版，第255页。

的调节能力，其行为就不能获得端正。情感基于自我认识，有所知才有所感，"知之深，爱之切"。只有当主体反映了客体属性及主体需要之间的关系，才能产生相应的情感体验。情感就是由自我需要所引起的一种心理反应，情感又是意志的前提。一般地说，自我有了一种情，相应地就会产生一种自我意向、自我意图。古人云："爱之欲其生，恶之欲其死。"说的就是这个道理。由此可见，情感在自我的活动中起着重要作用，它不但直接影响着自我的生理因素，如"喜伤心""怒伤肝""忧伤肺""思伤脾""恐伤肾"等，而且还影响着自我的社会交往和人际关系。因此，如何搞好自我情感调节，对于自我的形成、发展和实现，具有重要的作用。

心境自调是自我情感调节的一个重要方面。心境是自我在某一段时间内的一种微弱而持续的情绪状态，具有弥散性的特点。当自我处于某种心境中，往往以同样的情绪状态看待周围的一切事物。"忧者见之而忧，喜者见之而喜"说的就是心境。良好的心境会使人态度积极、思维敏捷、思想丰富、信心百倍。而心境不好，就会情绪恶劣、思维迟钝、思路闭塞、缺乏想象，甚至往往不能客观估计问题的严重性和解决问题的困难性。长期处于压抑状态就会导致固执、偏激、失意，造成行为失误。由于自我情感调节活动体现了人的理智特征，这就为自我情感调节提供了可能性。在自我情感调节中，要加强自我情感的节制和引导。由于情感具有较多的理性内容，在受理智控制的同时，也能对情绪有所控制。故有人提出"以情制情"更有利于人的全面发展之说，但是节制不是目的，关键在引导，要通过调节情绪形成良好的思想品德。在引导中，要使自我追求之"情发而中节"，即达到正当的情。古人说"情合当然之则"，就是要使自我之情符合道德的必然性，当发则发，不当发则不发。换言之，就是要调节自己的情绪，防止感情用事；要善于驾驭自己的情绪，不要做情绪的奴隶。

激情、热情自调是自我情感调节又一个重要方面。"激情、热情是人强烈追求自己的对象的本质力量。"激情是与心境不同的一种强烈而短促的情绪状态，以很强的表现力为特征影响着整个自我。积极的激情，可以使人表现出极大的主动性、积极性，使之成为调动自我并全身心地投入到自己的事业中的强大精神动力。但是，消极的激情，尤其是缺乏道德感、理智感、美感的激情，如暴怒、狂怒等，常常使自我理智分析能力减弱，自控能力降低，不能正确地评价自己的行为的意义及其后果。因此，我国古代军事家孙子把"急躁易怒，动而跳，触而暴，易被凌辱而妄动"列为五危之一。美国心理学家建议"请不要在情绪紧张和受压抑的时候作决定"。精神病学家也希望每个人都能"学会依照自己的选择控制感情",并认为,"伟人之所以伟大,关键在于:当他与别人共处逆境时,别人失去理智,他则下决心实现自己的目标。"自我情感调节的意义就在于此。

2. 自我思想意识调节

如果说自我情感调节主要是以同情心、羞耻心、自尊心等心理状态为参照系而进行自我调节的,那么,自我思想意识调节则上升为更高的层次。它主要是以世界观、人生观、价值观、道德观、政治观等社会思想品德为参照系来进行自我调节的。它是自我调节的核心,制约和影响自我情感调节和自我行为调节。所谓自我思想意识调节,就是个体自觉地调整自己的思想意识,除去不合时宜的旧观念,确立顺应时代潮流的新思想的活动。在实施自我思想意识调节中,个体必须调节现实我的思想意识,调节自我情感需要,统一指向"理想我",以"理想我"调节"现实我",最终使"现实我"一步步靠近"理想我",实现自我的统一。

自我思想意识调节主要表现在:

(1) 当外界的思想影响的内容与自我原有的思想、观念和立场相一致时,自我就积极接受,主动吸收,而且他原有的思想观念越牢固,立场越坚定,自我接收与之相一致的思想就越积极、越主动、效果越好。

(2) 当外界的思想影响的内容与自我原有的思想观念和立场相抵触、相违背时,自我就反对、回避和抵制。

(3) 人们头脑中的思想有正确的,也有错误的;有积极的,也有消极的。这就决定了自我对客观外界的思想影响有两个"接受范围",即主导接受范围和非主导接受范围;相应的也有两个"排斥范围",即主导排斥范围和非主导排斥范围。自我调节就是要合理调节自我"接受"与"排斥"的关系。自我可以通过主观能动性来改变和调节自己头脑中的接受范围、排斥范围的地位。就是说,可以通过自我理智的控制,使主导接受范围和非主导接受范围相互转化,使主导排斥范围和非主导排斥范围相互转化。

(4) 一般来讲,当自我头脑中正确思想占统治地位时,自我接收外界正确思想的吸引力较大;当自我头脑中错误思想占统治地位时,自我接收外界错误思想的吸引力较大。这就是说,自我接受外界一种思想的吸引力和抵制与此相反的思想的排斥力成正比,和接受与此相反的思想的吸引力成反比。

(5) 自我由于相同的思想相吸的作用,接受越来越多的正确的思想,由于相反的思想相斥的作用,自我头脑里的错误思想就会被排斥得越来越少。可以说,自我思想调节的过程就是吸收与排斥的过程,排斥中有吸收,吸收中有排斥。

（6）自我在什么时候接受什么思想，主要取决于自我内在的思想状况，即取决于自我当时的主导接受范围。

3. 自我行为调节

自我思想意识调节表征着个体已进入更为自觉的自我调节之中，要使其进入完全的自觉，就必须进行自我行为调节。自我行为调节是指个体调节自己的行为，使之符合社会思想品德原则、规范和要求。古人说"知之不若行之"，"行之，明也。"我们也常说：听其言，观其行。正确的行为是自我行为调节的结果，因此，自我行为调节是自我调节的最终表现。在自我行为调节中，首先要坚持"禁于未发"的原则，要防止不良行为的出现，防微杜渐，防患于未然。其次要坚持"改"的原则，古人说"过则勿惮改"，"有则改之，无则加勉"。当然，"改"是一种补救措施，但它不失为自我行为调节的一种好方法。"人非圣贤，孰能无过？过而改之，善莫大焉。"正是这一方法的辩证观。

自我情感调节、自我思想意识调节、自我行为调节三者相互影响、相互作用，有机地统一于整个自我调节过程中。

二、自我控制

自我控制是指个体对自身言行和心理状态的控制活动。如果说自我调节侧重于引导，那么自我控制则侧重于节制，它是个性心理的意志特征在自我教育能力方面的体现。自我教育活动是按照社会的要求自觉改造自己的活动，因此必然会产生一些内部心理冲突与矛盾，这就需要人们能自觉地控制自己的思想和行为，控制自己的心理状态，以使思想品德的发展能沿着正确的轨道发展。同时，由于人总是生活在一定的社会环境之中，而环境的影响既有积极的，也有消极的；既有正确的，也有错误的。在环境影响面前，特别是在消极的、错误的影响面前，人们要保持和发扬自身的优良思想品德并不断使之向更高水平发展，就必须依靠自我控制能力的作用。只有经过自我控制能力锻炼，并不断积淀为心理定势，养成良好的行为习惯的人，才能在自我教育中表现出持久性、一贯性，形成良好的思想品德。

自我控制过程表现为以下三个方面：

1. 自我前控

自我前控是指个体意志活动开始时的自我控制。自我教育活动首先是从自我认识活动开始的。个体的意志活动也就表现为自我认识的控制，也就是说，自我认识控制是由意志的参与而得以完成的。思维科学告诉我们，一个人的认知结构、思维方式影响并决定着自我认识所应达到的程度及其效果。由于人的认知结构、思维方式一旦形成，具有认识思维的习惯性和相对的稳定性，改变起来不那么容易，加之人自身的弱点，在进行自我认识时，高估型自我多于低估型自我，自我的优点多于自我的缺点，甚至以优点掩盖缺点。因而，正确地自我认识并非易事，必须克服自身的思维定势和心理定势，不断健全和完善自身的认知结构和思维方式，有效地控制、适时地调整自我认识范围，提高自我认识能力。以自己的优点与别人的缺点比较，提高自信心，或以自己的缺点与别人的优点比较，以增强内动力，从而达到自我的不断提高和完善。自我认识控制的教育意义就在于此。在自我教育中，它主要体现在对自我实现目标的选择、自我实现计划的修正上。首先，在自我实现目标的选择上。个体在自我认识的基础上确立自我发展的目标时，往往面临着多种目标或系列目标，这就要求作出选择。但是自我目标选择并不是一件很简单的事，它受到种种制约：一是受到外在客观的历史条件、社会环境和传统习惯等的制约；二是受到内在的主观因素包括价值观、道德观、世界观等的制约。因此，在选择自我实现的目标时，要加强自我控制，排除内外影响干扰，确立自我理想。其次，在自我目标实现的修正上。所谓计划是目标的具体化，也是自我教育所遵循的具体方案。制订计划必须根据自己的已有水平和条件把目标具体化，包括提出明确、具体的任务和要求，选择活动内容、形式和方法，规定程序步骤，进行时间安排，以及检查和监督的有效方法等方面。但是，在自我认识中，人们往往不了解自己的实际水平与目标的真正差距，产生高估型自我或低估型自我的现象、脱离社会现实和自我的实际水平，据此制定的计划就难以实现，甚至出现失误，这就要求个体进行自我认识控制，克服自我认识阻力，或停止，或修正，以避免失之毫厘、差之千里。因此，自我前控可以说是一种自我认识控制。

2. 自我中控

自我中控是个体意志活动过程中的自我控制，它是自我控制的核心部分。首先，道德上体现为自反、自持两个方面。自反就是"反躬自问""反求诸己"。古人言"躬自厚而薄责于人"，意思是说，要求自己要严格和全面，要求别人要宽宏。今天，这种传统美德又被赋予了新的内容，严于律己、自我批评等也是自我控制的表现形式。自持就是以大局为重，保持节操。荀子曰："志忍私，然后能公；行忍性情，然后能修。""忍"也是自持，在原则问题上，要做到"富贵不能淫，贫贱不能移，威武不能屈"。在非原则问题上，以大局为重，不徇私情。其次，自我中控的核心作用在心理上体现为克服内心阻力。自我教育的内心阻力来自两个方面：一是由于严重的外部障碍引起的内部动机冲突，二是主体已经成型的心理定势，如懒惰、不良行为等。如果不及时、有效地克服内部障碍，就有可能导致自我控制的失败、自我教育的落空。因此，必须加强自我控制，学会战胜自己。马克思曾说："如果没有限制，在任何地方都做不出重要的事情。"① 限制也是控制，如果个体不善于自我控制，即使他能够正确地认识自我，有良好的自我教育目标和计划，也难以实现。

3. 自我后控

自我后控是意志活动结束后的自我控制。自我教育活动的结果标志着某项自我教育的完成，此时，似乎不再需要自我控制了。其实不然，该活动虽已结束，但目标实现的程度如何，往往对以后的意志活动发生重大影响。因此，自我教育活动并不是在结果出现时就放弃了自我控制，相反，它还要控制自己，既不因目标的基本达到而自满自足、自我膨胀，也不因与原定目标尚有差距而心灰意冷、自暴自弃，而是一如既往地追求、实现理想的自我。

三、自我激励

自我激励是人们自觉地激发思想品德修养的动机，并在这种内在动力的推动下，朝着预定的目标而奋斗的心理活动。有人认为，自我调控就是单纯地调节、控制自己。其实，自我调控既有引导、节制的功能，又有激励、振奋的功能。它是个体运用主体精神的刺激、奖励、鼓舞、振奋、蓄积起巨大的自我提高的内在动力。缺乏自我激励的自我调控是不完整的自我调控。

自我激励包括两个方面：一是给自我行为以肯定的自我评价。包括自我教育进行前的自我希望与自我鼓舞，进行中对个人行为的自我肯定，进行后对自我调控成果的自我欣慰和自我欢乐。这一点最为重要。如想象目标实现时的乐趣以使自己抵制那些干扰自我教育目标实现的强有力的诱惑，设想错误行为的严重后果来强制自己克制不正当欲望的产生和膨胀，等等。每一次自我调控的成功都会给主体带来自豪感、自信心，自我控制能力也得到进一步提高。二是给自我行为以否定的自我评价，包括自我谴责、自我批评、自我惩罚等。总之，既从肯定方面，又从否定方面来给自我以刺激和鼓舞，从而巩固自身良好的思想和行为，加速自我教育目标的实现。也就是说，强烈而深刻的情感是巨大的能动力量，它能推动自我教育的发展。因此，自我激励对于增强行为的连

---

① 《马克思恩格斯全集》第 23 卷，人民出版社 1979 年版，第 399~404 页。

续性具有重大作用。自我激励能力愈强,个体愈能自觉地调动自身潜在力量,充分发挥主观能动性,及时排除不道德的动机及内外障碍,为实现自我教育目标提供更大的内驱力。如果没有自我激励,自我控制就缺乏后劲。

第三节 自我发展教育

在自我教育中,自我认识和自我调控都不是目的,目的在于使自我得以发展,因此,自我发展是自我教育的最终目的。所谓自我发展,是指自我的各种素质在与社会历史发展方向相协调一致所取得的进步的活动。它包括自我实现、自我超越、自我完善三个方面。

在论述自我发展的时候,人们对"自我实现""自我超越""自我完善"三个词用法不一,不同的人按自己的理解加以使用,同样的词说的却不是同样的事。比如有的人将自我实现等同于自我完善,有的人将自我完善等同于自我修养,等等。这难免引起混乱。我们认为,自我实现、自我超越、自我完善是自我发展的内在机制,三者在自我发展过程中有着紧密的联系,缺少任何一个内容,自我发展过程都是不完整的。

一、自我实现

自我实现是自我发展阶段目标的实现,是自我充分利用社会所提供的可能性,发挥自觉能动性而使内在潜能发挥出来的活动。这种实现过程,在现今的历史阶段,通常只能偏重于某一方面或少数几个方面,还有许多没有实现的方面,有许多有待继续实现的任务。在个体自我存在的范围内,自我实现没有终止完成之日。实现自我就要超越自我。人们执著自我,是为着实现自我,但实现自我,不是笼统的,必须以不同方面、不同阶段的具体目标来衡量。当内在潜能被具体化为某一或某些目标的实现,方可相对地说有了一定程度的自我实现。我们认为,自我实现容易引起误解之一,就是将自我实现视作最终的实现和自我的完成。而这种状态,对于一个活着的人来说,是不可能有的,因此,自我实现只能是一种阶段性状态,并且这种状态必须不断地被打破,如同生命机制要保持活力,必须毫不停顿地进行同化异化一样。自我要保持自我实现的活力,就必须不断超越自我,即突破已有的自我实现,而追求一种新水平的自我实现。自我实现是对自我一定价值目标的追求和达到，自我超越则是对自我一定价值的突破、提升，二者统一于自我发展。自我就是在自我实现和自我超越的交替运动中发育成长，走向完善，从而以更高素质的主体性，更高的人格，更鲜明的独特性立身于世，服务社会、实现自我。

自我实现并非纯粹操作性的，而是这样一个过程：个体力图在对象活动中认识自己、评价自己，进行自我调控，有意识地与书本和现实中的人物相比较，用英雄的尺度衡量自己，用思想道德原则和规范衡量自己，注意自身行为的社会效果，不断地自我认识与自我调控，改变和巩固自己已有的思想道德价值标准，形成思想道德信念。当然，正确地认识自我毕竟有局限性，自我实现必须不断地进行自我反馈、自我检查。在自我调控中，克服困难，使"现实我"向"理想我"转化，最终实现自我。

二、自我超越

前面我们提到，实现自我就是要超越自我，自我超越是对自我实现状态的打破和提升。可见，自我超越是自我发展中的最活跃的因素，没有自我超越，自我实现只能停留在阶段性状态中，自我完善也不可能实现。自我超越分为纵向超越和横向超越两种形式。

自我纵向超越实质上是"新我"超越"旧我"的过程，体现了自我在历史发展中的超越。我们知道，人们对已成自我，总发现有不完善的地方，总有改进的余地，从而不断努力去实现这种改进。人们通过实践的启示和理性的调节，不断地在观念上构造着新我，并不断使观念中的"新我"转化为现实。虽然并不是每个人都能获得成功，更不是每次都能获得成功，但人们通常总处于努力之中，不断地进行自我修正、自我调节，重新作出努力，力图将自己推向前进。人们就是这样不断地认识自己、更新自己，不断地超出"故我"达到"新我"，不断地自我更新，自我塑造。我们常说"战胜自己""同昨日的我告别""自己是自己的老师"等，就是这个意思。当然，这种由"旧我"向"新我"的循环往复地推移，必然受到客观条件的制约，"新我"只能是客观条件与主观能动性共同作用的结果。

自我横向超越是指个体冲出自己奋斗的范围，由自我的强化转化为对他人、对社会的关切，体现了个体的社会认同感和社会责任感。人们在追求自我思想品德的超越中，随着自我的成长，就有能力为实现高层次的需要，而压制、降低或放弃某些低层次的需要，或在不同层次需要同时出现时，首先着眼于意重大的需要的满足，同时放弃、抑制或牺牲另一种需要。如为追求某种崇高目标，而不顾个人安危，乃至个人生命，即牺牲小我，以顾全大我。所以，人们常常把摒弃私心杂念，放弃不正当的个人利益，也称之为自我超越。自我只有不断地突破狭隘的"为我"的局限，投向"为他"，把"为他"认同为自己义不容辞的责任，自我才能被提升到一个新的高度，进入了一个新的境界。

当然，在自我超越中，纵向超越同时也是横向超越，反之亦然。任何一种形式的超越，都是在一定程度上达到了"新我"。将二者割裂开来，要么导致孤立的、片面的"自我设计""自我奋斗""自我实现"，要么导致自我的失败，自我教育也无从谈起。

三、自我完善

自我完善是自我发展的目标指向，是自我实现的结果和积累，其过程是逐步的，也应该是相对全面的，不应仅仅指向伦理道德的要求。应该说，每一个自我的阶段性实现，就是向自我完善的目标前进了一步。自我完善的高境界，应该是人的主体性、人格、独特性在与社会发展相协调的方向上的充分发展以及智力潜能比较充分地发掘。在追求自我完善的过程中，首先要改变人的独特性即个性，积极与周围的社会环境相适应。因为生活在社会现实中的人，总是力图摸索和思考自己在现实世界中的地位和作用，并且不断地去完善自己的独特品质，使之与社会保持良好的适应。这是人们进行自我完善的重要方面。其次要注意自我完善内容的全面性和实际性，自我完善的内容是多方面的，而且它们之间是有机联系的。片面地强调自我完善，或者以自我某一方面的相对完善来代替整个自我，以偏概全，都有可能造成人格的分裂。自我完善内容的实际性，要求个体在追求自我完善时，要结合自己的学习、生活、工作等。只有这样，自我完善活动才能深深扎根于自我现实之上，否则，自我完善就是空中楼阁。其三，自我完善是开放的、发展的。自我完善的发展是个体自我教育中质的变化，但它不是自我完善的终结。随着社会的发展，个体所处环境的变迁，现实生活会对自我完善提出新的要求，进而产生自我完善的新的需要。个体就会在原来自我完善状态的基础上向更高、更新的层次迈进，不断推动自我的发展。

通过上述分析，我们不难看出，自我教育过程是：自我认识——自我调控——自我发展。自我认识产生自我教育动机，进而制定自我教育计划；自我调控保证自我教育计划的顺利实施；自我发展体现自我教育发展水平的形成和更替，是自我教育质的变化。整个过程都贯穿着自我的分化与统一，即现实自我与理想自我的矛盾于统一。当然，自我教育过程的各个环节也并非是纯粹的。自我认识也包含有意志的因素。自我认识体现了理性功能，意志为理性提供动力，理性活动不可能没有意志参加。理性要发现对象、描述对象，进而意志要制造对象、克服对象。要描述对象、发现对象，就必须排除外来的和情感内部的各种干扰。因此，自我认识在一定程度上是自我认识调控。同样，自我调控过程会加深对自我的认识，而自我发展本身就是自我认识、自我调控的结果。自我的发展会进一步加强和提高自我的思维功能和意志功能。

在自我教育实践中，个体自我教育的发生、发展并非绝对的。它可能从自我认识开始，也可能直接从自我调控开始，因人而异，因时而移。自我认识和自我发展存在着一定的距离，个体有了对自我的正确认识，并不一定就能求得自我发展，这就需要自我教育首先从自我调控开始。比如有的人也能够发现自己的不足，也产生了改进和提高自己的要求与愿望，但自我控制能力差，"常立志"并不"立长志"。这就需要进行自我意志的锻炼和培养，提高自我调控能力，只有这样，才能开展正常的自我教育活动。

自我教育的"一过程"并非意味着自我教育的终结。从自我教育理论上看，现实我和理想我始终是一对矛盾，不断地进行着自我的分化和统一。科恩指出："现实的'自我'和理想的'自我'不相符合，这是自我意识发展的完全正常和自然的结果，是进行有目的的自我教育的必要前提。"① 自我教育中，现实我与理想我的矛盾推动着个体去否定、改进和提高自我，努力促成现实我向理想我的转化。实现理想我，达到现实我与理想我的统一。但是，由于现实生活的变化以及个体自我需要的提高，这种暂时的同一平衡状态又会被打破，在此基础上，又产生新的自我矛盾。从自我教育实践上看，现实的自我与理想的自我存在着一定的距离，加之对现实我认识不足，或对理想我确立过高，都直接影响着现实我向理想我的转化，即使达到自我的统一，也只是自我某些要素的统一，而不是自我的全部，因而必须实施自我教育的"再过程"。从自我本身上看，自我是开放的，自我发育越完善，就越把目光投向更广阔的世界，进而更能达到对"大我"——人类命运的关怀和对集体、对社会生活的认同。自我健康成长过程可以说是自我教育的过程。

综上所述，自我教育过程是一个从自我认识到自我发展，再到新的自我认识，循环往复不断发展的自我矛盾运动过程，其中，自我调控始终起着关键性作用。

---

① 科恩：《青年心理学》，广西人民出版社 1983 年版，第 100 页。

第五章

自我教育功能论

> 唤起人实行自我教育的教育，按照我的深刻信念，乃是一种真正的教育。
> ——苏霍姆林斯基

人的活动是人的主体性活动。简单地说，就是人的活动的动力因素，它是考察人的活动何以发生、何以发展的问题。从根本上说，人的活动不是简单地由外力推着走，而是被他想象或预期的结果所驱动。自我教育是自我高度自觉的教育活动，它是个体自我发展、自我完善的内在要求。众所周知，任何一个人都不能直接控制别人的意识，而只能自控，也就是说，只有通过自己的思想意识活动，才能实现自我教育的"内动""内化""内导"，从而最终达到自我的"外化"。

第一节 自我教育的内动功能

内动，即内部动力，它是相对于外部动力而言的，是指诸如好奇、求知欲、自我实现等一切由内部动机所引起的内部动力。由于"自我"的特性，自我内部动力又具有特别重要的意义，表现在自我激活、自我定位、自我推动以及自反自持等方面。而自我教育是一种特殊的自我活动形式，它高扬的是"向上、健康、文明"，追求的是自我的全面发展。它所要求的自我需要、自我动机绝非一般意义上的，而是体现为与社会发展相协调、相一致的层面，并且在实现自我需要、调整自我动机的过程中，更表现出巨大的自持力量。因此，自我教育的内动功能表现为唤起功能、定向功能、推动功能和自持功能。

一、唤起功能

自我教育的唤起功能就是直接引发自我教育愿望，使自我处于一种不寻常的积极状态。众所周知，人们的一切活动都是由一定的动机支配的，而动机又由需要决定。需要是一种被意识到的欠缺和不满足状态，这种状态引起的感觉、思想、动机、意志成为追求理想的意图，并通过人们的现实活动来达到消除欠缺状态和实现理想。没有对需要的追求，便不能产生自觉的活动。正如马克思所说，"人的每一种本质活动的特征，每一种生活本能，都会成为人的一种需要。"① 自我教育就是如此。当个体尚未意识到自己现有水平不足的时候，个体处于平衡状态，自我教育愿望便不会产生。只有当个体自觉与之相对照、相比较，或者反观旧我，从而发现了自己的不足，并改变了过去的自我评价，产生了对自己的不满情绪和态度，才能激发改进和提高自己的要求和愿望，自我教育的愿望才会产生。

1. 自我教育的唤起功能就是要唤起自我觉醒

自我觉醒是一种自我的"高意识"状态，是对自我的一种高度的理性的认知。它源于自我意识，又高于自我意识，是一种"有意识"地去意识的意识。我们可以说，只要是一个正常的人，都是自我意识的主体，都具有意识自我的可能，但他不一定时常都是"有意识"地去意识自己。而自我觉醒就不同了，他不是停留在一般意义上的自我意识状态，而是一种为理想、而不仅是为目的的醒悟。自我觉醒同样是基于自我需要，但它不是一般的自我需要，而是一种对需要的需要。它基于一定的价值标准和道德标准，努力实现着需要的合理性，并有目的地加以选择，使自我需要向着更高的层次发展。自我教育的意义就在于此。

自我教育唤醒的是人的"向善力"。由于自我之穴，人的"向善"必然具有很大的牵引力，它要求必须有着明确的自我认识、自我评价，以及"向善"的强烈愿望和自主性。我们日常所说的"学坏容易学好难"就是这个道理。古人曾以"吾日三省吾身""见贤思齐焉，见不贤而内自省也"来教育后人。历历数千载，又有多少人践行之？利益的驱动，自以为是、自我弥漫、自我丧失，又曾几多寻找过自己？找回失去的自我？自我教育就是要唤醒自我良心和自我的"向善力"。

---

① 《马克思恩格斯全集》第2卷，人民出版社1979年版，第153页。

自我教育唤醒的是人的"情动力"。"情动力"是个体活动的最直接的动因，古人云："哀莫大于心死"。"心死"，使人安于现状、无所追求；"心死"，也使人事不关己，高高挂起；"心死"，更使人丧失自我、道德沦丧。这就是说，一个人可能为一时的挫折而心灰意冷，听任命运的摆布，也可能因此而麻木不仁，良莠不分，甚至还会因此而走向犯罪的道路。这样的例子在现实生活中有很多。我们起初为此所实施的教育方式也多是唤起人的情感。正如一位犯人在其悔过书中写道："当我看到白发苍苍的母亲和那嗷嗷待哺的孩子，我悔不该……"当然，自我教育所唤醒的"情动力"是一种积极的、高尚的情感动力。我们可以这样说，任何活动没有情动力的参与都将是乏力的，是苍白的，是非自主性的。自我教育也是如此。

2. 自我教育的唤起功能就是要诱发自我矛盾的生成

所谓自我矛盾就是"理想我"与"现实我"的矛盾，它是自我教育的基本矛盾，也是自我教育的动力。其矛盾运动的结果，是"现实我"向"理想我"靠近，最终实现自我的统一。这就是说，新的自我要求，一般高于自我原有的道德水平，这就产生自我矛盾。因此，自我教育就是不断地激发自我道德需要，促使自我思想斗争向积极的方向转化。

根据形成需要的条件来看，一是自我感到缺乏什么东西，有不足之感。二是个体期望得到什么东西，有求足之感。前者仅是对"现实我"的一种感受，自我也仅处于不积极自我需求状态，缺乏较为明晰的目标，自我指向性不强。这时的自我是混沌的，没有产生思维上的二分。比如：当个体因自身知识的匮乏而面临尴尬、不安时，就产生了对自我的不满，产生期望提高的愿望。但是如何提高，提高到什么程度，达到什么目的，自我还没有给自己以明确的回答。相反，后者是在前者的基础上，在对自我做出认识、评价的同时，提出了自我追求的方向，设置了"理想的自我"，并在体验"理想我"的同时，加剧了对"现实我"的不满，这时自我的某种需要就转化为自我实现这一需要的动机，自我矛盾就随之产生。随之而来的自我教育，就是对这一需要、动机、目的的审视和评判。也就是说，通过自我教育这一高度自觉的有目的的活动，避免一般活动中可能出现的对目标认识的模糊性，使自我活动一开始就有对可见到的或可预见到的某一特定目标的清晰认识，并将这一特定目标"自我化"，形成观念上的新的自我，剔除可能由动机的内隐性而出现的同一动机所产生的不良行为，以及行为和动机之间可能出现的不一致。

3. 自我教育的唤起功能就是要激活积极的自我矛盾感

自我矛盾的生成与解化需要自我矛盾感，但要使其向着健康的方向发展，就需要激活自我矛盾的道德感和理智感。因此,这里所说的自我矛盾感是一种高级的自我情感。但是,人的需要是宽泛的,由此所引起的动机也是复杂的。在每个人身上,有许许多多动机,它们构成复杂的动机系统,包括有需要、愿望、定势、兴趣、理想、信念、世界观等,动机体系往往反映一个人的思想信仰、文化教养、道德面貌、个性意识倾向。正由于此,自我矛盾的激活并非易事。错误地激活,害己非浅,即使激活,由于个体的人生观、价值观、世界观的影响,又往往以"比上不足、比下有余"聊以自慰,以求自安。更有的人看到别人腰缠万贯,"灯红酒绿",便"自惭自愧",于是就贪污受贿,中饱私囊。因此,自我引导积极的需要。激活正确的自我矛盾感就非常重要,而自我教育则在其中起着关键性的作用。

前面已经谈到,自我需要有积极和消极之分,也有社会需要与自我需要之分。就需要的积极与消极来说,积极的自我需要是依循社会道德的需要,而消极的自我需要则是有悖于社会道德的需要,当二者发生矛盾时,就会引起自我情感上的不平衡,其结果,要么产生一种肯定的情感,如愉快、满意、喜爱等,要么产生一种否定的情感,如厌恶、愤怒、憎恨等。就社会需要与自我需要来说,社会性的需要所引起的情感,乃是人类高级的情感或情绪,由此所引起的自我的需要也是极其复杂的,因而社会性的需要与自我的需要之间就构成了多种多样的关系。同一事物可能以其不同方面与自我的需要处于不同的关系中,从而引起自我不同的以至矛盾的情绪或情感,致使自我同一时间内可能处于交织的不同性质的情绪或情感之中,或使自我对同一事物在先后时间内的情绪和情感也完全不同。总之,无论是积极的需要和消极的需要所引起的情感情绪,还是社会性需要和自我需要所引起的情感情绪,在二者的矛盾中,自我教育要求必须高扬积极的自我情感,抑制消极的自我情感,促使社会道德价值评判标准的内化。自我必须以社会性的需要审视自我,把握自我,促使自我需要与社会性需要协调一致。其中理智感、道德感起着关键性的作用。

二、定向功能

自我教育的定向功能就是引导、确立自我教育的发展方向,使自我活动一开始就朝着既定的目标发展,它决定着自我活动的性质和发展方向。如果说需要、动机、愿望决定着自我追求的诱因系统的话,那么理想、价值观就是决定自我追求的方向系统。理想是人们对未来的希望或对于某种超前境界的向往,它为人们指出前进的目标,鼓励人们为达到这一目标而奋斗。如果没有目标,或者丧失目标，自我活动不但是盲目的，更谈不上自我超越、自我发展。

1. 自我教育的定向功能表现在确立自我矛盾的发展方向

人的需要是同人的活动目的联系在一起的。目的引导人的活动，诱发人的动因，规定活动的性质，并确立活动的方向。这种目的，从一般意义上说，是活动结果的观念形象。如果从其根源或内容上讲，则是被自我意识到了的需要，是对于某种对象的需要在意识中的反映。一个事物，只有当它被认为是能满足人的这种或那种需要的时候，它才能成为自我活动的目的。需要的满足，也即是目的的达到。但是，目的不是理想，目的有积极的，也有消极的，而理想只有一种，那就是一种积极的幻想，是符合事物发展规律的想象。同时，一个人的理想的发展，往往是与其信念相联系的，而目的只是以需要的满足为终结。虽然二者都具有一定的指向性、选择性，但在"为我"与"为他"以及性质的选择和最优选择中，又有很大的区别。也就是说，目的的指向性和选择性的一面可能是"为我"，而理想的指向性和选择性只能是最优的和"为他"的。正如一位哲人所说，一个人不能只为目的而活着，而应当为理想而活着。比如，为目的而活着的人，可能为一时物质上的满足而停步不前，因此忘记精神上的需求，甚至不择手段地肆意攫取；为理想活着的人，所追求的是与社会发展相一致的自我完善，甚至是为社会和他人的利益而自我牺牲。自我教育的定向功能就在于引导自我确立一种"理想我"，努力实现这一积极的、向上的目的，排除消极的、低俗的目的，确保自我矛盾向着积极的方向发展。

2. 自我教育的定向功能表现在自我价值目标的选择

价值作为活动的动因带有总体的性质，它产生于人的需要，又高于需要。需要实际上是价值的一个方面，是构成价值内涵的一个因素。价值作为自我教育活动的动因，主要是通过自我的需要，形成自我的价值目标，推动个体的自我教育活动。人的活动都是有目的的，这个目的根源于人的需要，具体地表现在获得满足需要和具有价值的社会财富上。人的活动都具有目的性，它的更深一层的含义就是：人的活动都是在追求某种价值，都是围绕着一定的价值目标进行的。价值目标是自我追求价值活动的内在根据，是人类活动的一个基本特征。人们要想成功地进行活动，达到预期的目的，就必须于活动之前提出价值目标。价值目标的形成，取决于个体对自我的认识，思维上的对自我的二分，使自我认识成为可能，进而形成对自我的事实判断。在此基础上，"主体我"观念地改造"客体我"，并形成价值判断，最后提出自我的价值目标。简单地说，这一过程是自我"是如何"到"应如何"的过程。自我一旦确立了追求的价值目标，就会积极地行动起来，全身心地投入到自我教育的活动中去，为实现这一目标而奋斗。这种价值目标对自我教育活动起着一种定向作用。人的全部激情、意向和活动过程，无不服从于这个经过选择了的价值目标。可以说，人有什么样的价值目标，就有什么样的行动方式，价值目标的选择直接决定着自我教育的成败。事实证明，只有正确的选择，才能形成对事物发展趋势的正确预见和对价值成果的积极追求。只有把价值目标有机地统一起来，才能使自我教育活动既遵循自身的教育规律，又沿着自我的需要和利益的方向发展，进而达到自我教育的目的。这种价值目标还直接决定着自我教育的指向性，影响着自我的选择。自我教育的对象是个体自身，具体指向可能是自我的全部，也可能是自我的某一个方面。先改造什么，后改造什么，取决于自我的需要。

三、推动功能

自我教育的推动功能就是推动自我矛盾的化解，使自我处于不断完善的过程之中。根据需要满足的积累效应的原理，一种需要越是不能充分地得到满足，它就越处于不活跃状态；一种需要越是充分地得到满足，它的发展越是加快。正如马克思所说："已经获得了满足的第一个需要本身，满足需要的活动和已经获得的为满足需要用的工具又引起新的需要。"① 在自我教育中，个体在没有追求自我需要的实现时，他可能会是静态的，为其他类型的需要所压抑。一旦自我成为道德的主体，积极追求自我完善和自我发展时，他的自我教育愿望就会接连不断地出现，呈现出自我教育的"惯性"。因此，健康的、积极的自我教育的愿望的实现，不但不会使主体松懈自己的追求，反而会产生更多的自我教育愿望，进而不断地推动自我教育活动的开展。如果说理想、价值是自我追求的方向系统的话，那么在理想、价值基础上的习得兴趣、情感体验则是对自我教育起着最直接的推动作用。

1. 自我教育的推动功能在兴趣品质上的表现

兴趣是建立在需要基础上的，是个人对客体的选择性态度。兴趣产生的根源既在客体的特性上，也在主体的特性上。客体之所以能引起人的注意，使人感到愉快，是因为它们的特点在某种程度上是同个人的需要或思想情绪相适合的。对客体的不同态度，依赖于个人的经验、知识，同时也依赖于个人在生活历程中所形成的心理品质（气质、性格、智力等）的特殊性。

---

① 《马克思恩格斯选集》第 1 卷，人民出版社 1972 年版，第 32~33 页。

兴趣的品质，以及它对自我教育活动的持久作用，可以从内容、广度、深刻性、稳定性和效能来考察。

兴趣的内容是对兴趣所指向的客体来说的。自我教育的客体是自身，而兴趣所指向的客体是教育内容。在自我教育中，如果个体对教育的内容无兴趣，那他绝对不会去深入地了解它，决不会产生成功的追求；相反，个体对某件事有兴趣，甚至有浓厚的兴趣，就会产生自我前进的强大的推动力。我国著名数学家华罗庚曾说，"我学习的唯一力量，就是兴趣与方便，因为数学是充满了兴趣的科学，也最便于自学。"华罗庚的这一认识不可能发生在学习数学的当初，而是在一个相当长的过程中产生的习得兴趣。随着兴趣的推动、认识的加深，这样就产生了强有力的、持久起作用的内驱力。

兴趣的广度是就兴趣的涵盖范围而言的。研究资料表明，兴趣的宽窄直接影响着个体活动的韧性，尤其是少儿时期，过早地出现兴趣的狭窄，对儿童的发展极为不利。较宽泛的兴趣，对于个体去适应多变的世界，有较大的选择余地，能表现出自我整体积极向上的持久力。

兴趣的深刻性意味着对客体的一切内在联系都有浓厚的兴趣，都乐于认真探求。自我对其所受教育内容的价值性、实用性，以及由此给自己所带来的效能、利益（比如由不知到知，由知之甚少到知之甚多），成功后的喜悦以及价值美感的体验等，都能浓厚自我的兴趣，促使自我去探索未知世界。

兴趣的稳定性是指某些兴趣被长久地保持，并且成为个性中相对稳定的特征。缺乏长久性的人，对某一事情可能会产生浓厚的兴趣，甚至达到狂热和痴迷的程度，但这种兴趣会很快衰退，被另一种兴趣所代替。

兴趣的效能是指一个人的兴趣对他所从事的实践活动的后果发生的影响。有效能的兴趣深刻地影响着个人的生活和工作，激励着他按一定的方向进行系统的、目标坚定的活动，使他积极地、创造性地去探索，从而获得成效。

2. 自我教育的推动功能在情感体验上的表现

情感是对客观事物的态度的体验以及在此体验基础上做出的一种心理反映。情感的形态多种多样，有喜、怒、哀、乐、爱、憎等。有的表现强烈，有的十分脆弱；有的深沉内向，有的易于外露；有的持久不消，有的瞬间即逝；有的处于较低的形态，有的处于较高的形态。

情感的发展水平可分为三个层次：一是直觉性情感，是指由直觉引起的情绪体验，它是情感的较为低级的形式。情绪是情感活动的基础，是推动情感活动的原始动力。整个情感的活动是在对零散的情绪的体验之下进行的。二是形象性情感，是指由具体的形象所引起的情绪体验。三是伦理情感，它是由一定的品德认识所支配，明确意识到社会要求的情感体验，是情感的最高形式。

情感对自我教育的推动作用表现在：①自我的情感体验直接影响着自身对教育信息的信任度，影响着品德认识的提高。"亲其师，信其道""情通则理达"，情感不属于认识范畴，但它与认识有密切关系。个体认识上的道德认同，并不简单地等于情感上的认同，只有当情感认同与理性认同相一致时，才能产生巨大的心理力量。当个体进行爱国主义教育时，往往使人马上联想起历史上那一幕幕国破家亡的场景，进而激起情绪上的波动，经过长期的相同的情绪体验，最终在心理中积淀为一种理性的认识，产生振兴中华的愿望。可见，情感对自我教育的推动作用，是伴随着连续的情绪体验而不断向前发展的。②自我情感体验是促进自我认识水平提高，促进个体从"知"到"信"、从"知"到"行"的推进器。比如，对国家的一定的认识，你也许还只是某些感性认识，在此基础上产生对祖国的感情，更愿意了解自己的祖国，从而加深这种感情，自己乐于为祖国服务，乐于为祖国奉献。在此过程中，形成对祖国深厚的感情，在任何困难面前，乃至威胁和危险面前，仍忠于祖国。这是理智与情感的相互作用和促进，并产生巨大的推动力量。

四、自持功能

自我教育的自持功能在于确保自我教育按照预定目标发展并使其最终完成。需要对于活动的意义和力量在于它使人确立一种意志即活动意识，它使人们在活动中表现出主动性、积极性和顽强性。这是人们进行任何有目的活动都不可缺少的一种精神动力，这种动力的有无与强弱，不仅对活动的展开和持续具有重要意义，而且在关键的时刻决定着活动的成败。

意志是人们最为熟悉的心理过程，意志能够支配情感，意志也能调节内驱力。意志能使一个人自觉地克服困难去完成预定目标或任务，意志是调节自我行为的内部力量。人之所以伟大，特别体现在意志和智慧上。意志坚强的人，其智慧能闪烁出更为耀眼的光芒。意志坚强的人，不仅自身富有力量，而且能使他人获得力量，受到感染。可见，意志对于人的活动具有重大意义。

自我教育的自持作用表现在：

（1）心理品质上的毅力。它要求在发展自我中，要有锲而不舍、持之以恒、视半途而废为耻辱的精神，表现出意志的坚持性。在这里，坚持与固执有明确的区分。如果事情发展到尽头，则应审时度势、及时转向，但这并不表明此时无需意志的作用了，而是意志在另一个性质上起作用。英国科学家道尔顿从1787年开始做气象观察记录，这项工作并不以难度大为标志，但他持续做了57年，直到他去世的那一天。更难得也更可贵的是，他还做了许多与这一工作性质很不一样的事，并取得了杰出的成就。心理品质上的毅力还在于对待困难，要迎难而上，表现出意志坚强性，在挫折、失败和痛苦面前，表现出意志的坚忍性。

（2）思想意志上的自制力。自制力是一个人在道德意志行动中善于控制自己的思想情绪、约束自己的言行。自制力表现在两个方面：一方面是善于促使自己去执行已采取的决定，并能战胜与执行决定相对抗的一切因素。如在执行学习计划和工作计划时能克服犹豫、恐惧、懒惰、羞怯等；另一方面是善于在实际行动时抑制消极情绪和冲动行为。一个有自制力的人能忍耐和克己，自觉地控制和调节自己的行为。

（3）道德意志上的自主性。它不仅是主体道德行为目的性、毅力的实现，而且也能作为区分自我抗拒引诱的道德意志强弱的指标。在一定程度上可以说，每个人就是他的思想和心理的制造者，特别是在一个人成长的关键时候，在独处的时候，甚至在受到外界威胁和引诱的时候，自我教育常常表现出巨大的自持力量。自我教育可以使人按照社会要求去选择生活目的，树立正确的政治理想和道德理想，实现自身的改变。自我教育还可以协调社会道德规范的要求与缺乏足够的自我教育能力之间的矛盾，促进自己内心的斗争，使"现实我"向"理想我"转化。自我教育更能减少因社会教育方法不当，或因人们自身的不理解而带来的"抗药性"。

第二节　自我教育的内化功能

内化是指个体主动接受社会影响，把外部现实或客观现实化为内部现实或主观现实的过程。从社会学的角度来分析，个体的社会化是内化的过程。在自我教育中，内化是指个体对社会教育信息进行反映、选择、整合，最终形成能指导主体的社会行为并相对稳定的主体意识的积淀过程。这个内化过程，一方面是指个体对教育信息的反映，另一方面是在反映的基础上，根据个体的思维方式和认识图式对信息进行选择、整合，体现为个体的思维活动。

个体内化是一个不断发展的过程。随着年龄的增长、知识经验的增多、心理水平的提高，社会化的外在强化方式逐渐为内在强化所取代，个体对社会的认识以及过去的经验等内在因素决定性地影响着个体的行动。皮亚杰曾说思想是内化了的行动。

自我教育的内化功能表现在对社会信息的同化、顺应以及主体自身的建构。

一、同化

同化是指在自我教育活动中,当社会教育信息与主体原有思想品德结构中的观念体系具有指向一致的相容性时,二者发生契合,个体把其信息纳入原有的观念体系,引起原有思想品德结构量的变化的活动。

1. 什么是同化

同化也叫"自我化",严格意义上叫"意识自我化"。它是指主体依据自身的思维方式和认知图式,对进入到认识范围内的信息,进行选择和加工的过程。

首先,主体自身的思维方式和认知图式是主体在成长过程中逐步形成的,它带有明显的历时性。个体在出生时无所谓思维方式或认知图式,随着个体社会化程度的提高以及主体意识的增强和完善,个体的思维方式逐步完善,认知图式也逐步协调和合理,并具有认识、判断和思维的能力。他不仅能够反映事物的外部现象,而且能够由感性认识能动地上升为理性认识,反映事物的本质和规律。他不再是"复制"当前的对象,而是能根据自身已有的思维方式和认知图式,有目的、有计划地选择和吸纳。由于人生活在不同的社会和不同的环境之中,因而人的思维方式和认知图式也不尽相同。种族、性别、年龄等的差别,造成其思维方式和认知图式也有差别。即使是同一个人,随着年龄的增长,社会阅历的丰富,生活环境的变迁,或者是社会的变化,其思维方式和认知图式也在变化。

其次,主体吸纳社会信息是建立在自我认知图式和思维方式基础上的,有着明显的自我性。由于主体已形成了自己的认知图式,在吸纳社会信息时,不考虑信息来源是否合理,是否先进,而是以自我原有的思维方式和认知图式去评判和选择,凡是与自我相吻合的,就接纳,反之,就排除在外。一般来讲,这种接纳如果受到某人或社会的赞许或认可,就会强化自我原有的思维方式和认知图式。

主体的思维方式和认知图式是相对稳定的,一旦形成,改变起来就不太容易。由于人是活动的,这就决定了人认识问题、解决问题必须具有一贯性和连续性，也就是说，必须要有稳定、一致的认知图式和思维方式。此外，主体的认知图式和思维方式是建立在深厚的心理机制基础上的，有着知、情、信、意、行的有机统一。因此，主体在接纳社会信息的过程中，总是保持相对的稳定性和一贯性。

2. 同化的前提是自我已有的思想品德结构

我们说"已有的思想品德结构"是指个体在社会化过程中已经形成的、心理机制协调一致的、具有一定的认知图式的相对稳定的思想品德结构。这是因为：个体的成长过程实际上是其社会化的过程，同时也是自我化的过程。前者决定着个体接受社会教育信息的不可选择性，后者决定着"人之所以为人"的共时性。也就是说，一定社会或一定时代的思想、文化道德以及科技水平必将影响和决定着自我社会化的性质及其程度。正如一个人的出生不能选择父母一样，他同样不能选择时代，不能选择时代意义上的文化环境。而个体在接受社会教育信息的过程中，无论是自觉的，还是强制的，随着自我意识的产生、发展和成熟，即自我化的进程，都会形成具有时代特征的相对稳定的思想品德结构，进而影响着自我对新的社会教育信息的接受、评判和选择。如果这种思想品德结构是强固的，或者新的社会教育信息是弱化的，那么自我的接受是以同化的形式出现的。

自我原先已有的思想品德结构具有知、情、信、意、行协调一致的特征，有着"知"和"情"上的认同，"信"和"意"上的坚定。心理上的接受始终遵循"先入为主"的规律，它对"后入"的即将要内化的道德要求必然形成一定的心理定势和态度倾向，并成为制约内化的主导性因素。因为一个人总是根据自己原有的思想观点、需要来认识和对待社会道德现象，所以如果"后入"与"先入"的道德要求在方向和要求上基本一致，就容易被内化；反之，就会产生心理障碍而被拒绝。

自我的思想品德结构的稳定性，反映在认识上就体现为个体认知图式。它是以已形成的思维习惯和逻辑分析来对待新的教育信息，同化的机制首先就体现在这一认知图式上，因为不论是思想品德结构的动机系统、心理过程特征系统，还是其能力系统、意识内容系统，首先都体现在一定的认知图式上。凡符合自我的认知图式，"后入"的教育信息就会被纳入同化的范围，否则，就会被排除在外。

3. 同化是个体对教育内容的认识加工

所谓认识加工是个体通过感知、记忆、想象、思维等心理活动，把现实世界内部化的过程。在同化过程中，个体对社会教育的反映并非是盲目的，而是根据主体原有的认知图式对其信息进行反映和选择的。个体利用其大脑皮层的感觉、视觉、听觉、触觉功能和反映整合机制将教育信息所包含的语义、概念、观点"移入"大脑,在主体意识中进行复制、再现、同化,形成与原有图式相关或对应的形象和概念。众所周知,个体对现实世界的反映,不是像照镜子那样简单机械,现实世界什么样,反映到头脑就什么样。每个人的经验不一样,认知能力与认知方式也不一样,由此产生的认知图式也不一样,因而进入人脑的现实世界也不一样。如"少妇——老妇双关图",同样的一幅画,有人看到的是少妇,而有人看到的却是老妇。即使对同一个人而言,现实世界反映到头脑中时已被加工改造过了,这已为认知心理学家的大量实验所证实。如心理旋场实验中人们对字母R的认知,不管R的相对位置如何,笔画是否准确,反映到头脑中总是标准正写的R。这种认知现象,在我们所见到的"花瓶——人面双关图"中也可以看到,当一个人以"花瓶"的认知图式去审视画面时,反映在他的头脑中就是花瓶;当他以"人面"的认知图式去看图画时,反映在他头脑中的则是两个人的侧面孔。个体对简单事物的认识如此,对复杂的事物的认识更是如此。个体在对教育内容的认识上,是认同、接受,还是对立、排斥,就必须从"自我"的角度,也即从自我认知的图式上来权衡,个体原有的思想品德的综合水平如何,在其中起着重要作用。新的教育要求与原有的综合水平之间,如果只是程度上有一些距离,属于自我认知图式的范围之内,这种要求往往容易为个体所认同和接受。如果相距太大,或者有悖于自我认知图式,往往被排除在外。

4. 同化是个体对教育信息的选择

选择是个体运用一定的思维方式和思维方法,依据自我评价标准,对进入认识领域的教育信息进行事实判断和价值判断,判明哪些属于真、善、美,哪些属于假、恶、丑,通过筛选和判断,确立对教育信息中每个有独立意义的成分的取舍态度。教育信息符合主体需要,主体便与之发生现实的联系,使之进入自我认识场,与原有思想品德观念相比较、对照,继而进行同化,充实或强化主体的思想品德观念。我们知道,内化客体及其外部因素影响并制约着自我的内化,也就是说,内化不仅受主体内部环境和内化心理结构的制约,也要受内化客体——道德及其他外部因素的影响和制约。而影响和制约内化的外部因素有不同的方面,每个方面既有促进因素,又有干扰因素。就内化客体道德而言,就有不同的性质、方面和层次,这是影响内化难易和进程的直接因素。首先,不同的政治、经济制度就有不同性质的道德。不同性质的道德,就会有不同的出发点和价值观取向。比如社会主义原则首先是集体主义,利他、利集体、利国家是其价值取向，内化这种道德就要克服个人主义思想。要求内化的思想境界越高，难度就越大。其次，内化不同的道德规范也有难易差异，像内化集体主义思想、公而忘私等高层次的道德要求要比内化遵守纪律和社会公德要困难得多。对环境的选择是内化的外部条件，社会环境特别是良好的道德环境对道德内化起着重要作用。因为：其一是内化受社会风气的影响。如果道德风尚好，人们的道德行为和活动与宣传、教育的道德要求相符，就会形成一种讲道德的社会心理定势，从而增强教育的信奉度和合力。反之，社会风气差，与教育要求反差太大，内化主体就会对道德要求产生怀疑，干扰内化。其二是一个国家的文化道德传统，形成了一定的社会道德心理定势，凡符合文化传统的道德，容易被认同和内化。其三是家庭成员的品德及其相互关系构成良好的家庭道德环境，既发挥着潜移默化的影响作用，又会在家庭生活中得到体现、引证，增加其信奉度。其四是学校人际关系和道德环境，特别是班级道德环境是学生亲身体验到的影响因素。学生会从教师、同学的品德及其与自己的相互关系中来认识和体验道德原则、规范的价值和信奉率。总之，道德原则和社会规范在社会生活中的信奉度、印证率越高，对个体道德内化的信仰度、信奉率也就越高。

二、顺应

顺应是指当社会教育信息与主体固有观念的指向不同，其强度又足以使主体不能同化时，便迫使主体重新自我评价，打破原有观念体系的边界，改变甚至重组原有的思想品德结构，使主体适应教育信息的性质和要求，重新确立自我教育的发展方向。也就是说，主体不再以自身原有的思想品德观念来反映和选择教育信息，而是以主体在社会发展的方向来反映和选择信息，努力改变主体已形成的思维定势，但这种改变必须出于主体自我需要，而非被迫。它是积极的，而非消极的；是内在的，而非表面的；是正面的，而非反面的。因为伪装的顺应、被迫的顺应，并不能实现内化，因而也不可能是自我教育，不可能养成良好的思想品德。

1. 顺应是由道德内化结构的水平所决定的

道德内化结构有着一个发生、发展、健全和完善的过程，在这个过程中，个体接受社会信息大多是靠个体对道德的顺应来完成的。儿童、青少年的内化结构是在主客体相互作用下形成发展起来的。它一般随儿童年龄的增长、智力和自我意识的发展、活动和道德需要的增强而发展并完善的。它的发展趋势是由简单到复杂、由无序到有序、由不健全到健全、由不完善到完善、由低层次到高层次的。幼儿园孩子道德认识能力和自我意识尚未得到发展，这时的道德认识和接受主要是靠机械的、简单的、直接的模仿和刺激来完成的。上小学后，学习成为主导活动，道德认识能力和自我意识开始得到较快发展，这一时期儿童的道德认识和接受不限于直接的行为模仿，而有着认识上的反模仿及模仿效应。如儿童看到他人把手放进开水里而被烫伤，他就把这种行为的结果当做一种教训而接收下来，指导自己不去做或不这样做，这种行为就叫反模仿。到了小学高年级，自我评价的独立性和原则性开始得到发展，已形成初步的道德内化心理结构，已能内化像"遵守纪律""诚实""公正""助人"等具体的道德信念，并产生模仿效应。如听到同伴因听老师的话而受到表扬，不听老师的话而受到批评，虽然他观察到的是具体行为，但他可能会更自觉地按老师的要求去做。初中阶段是学生道德内化结构形成的关键时期，也是品德分化较大的时期。这一时期已逐步形成一定的道德意识体系，且强烈关注自己的个性和人格，至于道德内化的过程则关键是看他们对社会、道德和自己抱什么态度。如果抱积极的态度，自觉按道德标准评价和要求自己，将会形成良好的道德内化心理结构和自我教育品质。顺应内化也将成为这一时期学生自我教育的主要形式。高中阶段学生由于理论思维的发展，对社会和道德的认知更加深刻，自我意识的发挥已较自觉地分化为主体自我和客体自我。这种自我意识的分化和矛盾运动，推动着自我意识、自我教育及个性品质的发展和完善，他们已能独立地、客观地认识评价自己，思考着人生的意义和理想，从而有可能形成高尚的道德需要和道德理想。由于这时学生的认知及其心理、生理等特点，他们的道德内化结构还不够强固，虽然同化内化已明显出现，但由于学校的教育要求往往强大于自我道德要求，因而同化、内化、顺应内化的程度依据教育的要求及其强度的不同而有所不同。

2. 顺应是个体对已有品德结构的再认同

所谓"再认同"，就是社会教育信息与个体的要求不一致，甚至相悖时，个体重新自我认识、自我评价，改变自身原有的观念体系，重新实现价值和观念上的认同。之所以如此，是因为在个体道德结构形成的过程中，个体会受到各种各样的影响。社会的变化、时代的变迁暂且不论，但就个体所处的生活环境以及道德自身的多义性而言，从一个方面就足以说明顺应内化的客观性。社会生活丰富多样，公德之外的负向价值观念、价值取向也比比皆是，道德结构的形成不可避免地受到各种各样的影响。我们所经常提出的"要不断完善人的道德品质"，除了时代意义外，从动态的角度考虑，其意义就在于此。这时的顺应，我们称之为积极的顺应。即使同一道德要求，其意义有时也存在双重性，考虑到儿童的认识能力，社会、家庭所范导的可能纯粹是正向的一面或负向的一面，由此所形成的道德认知也是如此。但在对待一些事实信息上就会产生一种困惑感。比如，一提起"谎言"，在一般人的心目中首先闪现出的是"不道德"，甚至是"罪恶"，对青少年更是如此，这就与社会、家庭的教育和引导有直接的关系，可以说是形成了一种认知图式。我们说，恶意的谎言害人害己，善意的谎言受人尊重。这种困惑感就要求个体必须调整、评价自身原有的道德结构，改变其认知图式，以顺应新的道德要求。这一切都可以说明"再认同"的顺应意义。顺应与同化不同，同化是"自居"的，即以已有的道德内化结构去审视、化解新的教育信息；而顺应则是"反观"的，即以新的教育信息去调整自己已有的品德结构，因而在接受的过程中，不仅仅接受的是教育概念，更主要是对行为模式的接受。表现在一是对他人的认同。被认同的个体成为"重要他人"，这个重要他人便成为个体效仿的榜样。与父母认同是婴幼儿的一种主要的内化方式，但当年龄稍长，个体就与他的同伴、朋友相认同。这种方式在个体的生活中越来越重要。二是个体与群体相认同。这个群体我们称之为"我群体"，或叫"参照群体"，"我群体"或"参照群体"的行为标准与价值观念，一般会自觉地为个体所顺应内化。

3. 顺应是一种积极的自我接受

个体对教育信息的顺应多种多样，有积极的顺应和消极的顺应、自觉的顺应和被迫的顺应、内在的顺应和表面的顺应等。在这里，我们所说的顺应，是一种积极的、自觉的、内在的自我接受。首先，个体是一个积极的主体，具有个性的积极性，他能意识到自己在一定的道德环境中的地位和作用，具有一定的动机、定向和行为方式。顺应在一定程度上是服从，但不是盲目地服从。它作为一种普遍存在的心理现象，广泛地运用在教育领域。正如朱智贤教授所说，儿童的个性最初是受外部事物制约的，是受个体的生理需要制约的，因此，他的行为只能从属于当前的直接愿望。随着其身心的发展，以及道德观念系统的形成，他的行为逐步由服从当前的直接愿望发展到能够服从远大的理想、信念。服从绝不是无条件地俯首听命，尤其是在涉及政治和道德等问题上，也绝不是单纯地取决于服从心理，而是取决于人的人生观、价值观和道德观。其次，个体是社会生活实践的主体，也是道德内化的主体，实现道德内化要靠主体内在各因素（思维、实践和开展思想斗争等）的自觉自主的能动作用。顺应作为内化的一种形式，同样是个体自觉自主的活动。也就是说，个体并不是静止、被动地接受外部影响，而是能动地对新的教育要求做出评价与选择，并根据自己的认识、需要、情感、思想反作用于外部教育，并主动地接受外部教育。在这一点上，顺应与同化没有什么区别。在这里之所以专门提出来，是因为人们往往把顺应绝对化，在认识上表现为顺应就是顺从，就是绝对地服从，在教育行为上表现为"我说你听""我打你通"的满堂灌现象，忽视或贬低了自我教育。再次，个体的顺应是知、情、信、意、行的统一。顺应是内在的，也就是我们常说的"口服心服"，它不但是指口头上表示顺应，而重要的是指行为上的顺应，它深入到人的内心层次。一方面个体可能出于对道德内化的崇敬和佩服，另一方面则是对教育信息的高度正确和明晰，因而心悦诚服。表面的顺应是暂时的，可能是屈于某种威慑和压力，虽然在特殊教育领域有其一定的作用，但它必须转化为自我的、内在的要求和动机，才有可能实现真正的内化。

三、构建

从本质上讲，构建包含着重构和建构的双重含义，在同化的基础上建构，在顺应的基础上重构。主体的建构包括道德的建构、知识的建构、认知方式的建构等，而道德主体的建构和认知方式的建构是最关键的。

1. 什么是构建

所谓构建是指重构与建构。重构是指主体行为者所接受的社会信息，引起主体原有观念结构的质的变化而自组的一种活动。这就是说，主体所接受的社会信息同主体自身原有的观念体系不一样，而社会信息又很强大，打破了主体原有的观念体系的边界，使得主体重新构筑自身的观念体系。这是一种对"旧我"的突破，对"新我"的确立。

建构是指主体行为者所接受的社会信息，引起主体原有观念结构的量的变化而自组的一种活动。这就是说，主体所接受的社会信息，基本上和主体自身的观念结构相吻合，使得主体在其原有的基础上调整、充实自己的观念体系。这是一种对"现实我"的充实和提高。

2. 自我教育构建是认知结构的自组

所谓认知结构是主体认识客体的一种具有认知功能的知识逻辑结构系统，它是由人的知识、能力、经验、认知方式、思维方式、方法论思想等多种因素构成的开放性的知识逻辑结构系统。这种系统能够适应主体的认知需要，并具有特殊的认知功能。认知结构是每个有认知能力的人都具有的，只是由于人们用以构筑自己认知结构的材料的性质和水平的差异，而使各自的认知结构具有不同的方向和不同水平的认知能力。

在自我教育中，建构主体认知结构的基本材料是理论知识，其建构过程是理论知识和个人经验的一种自组过程，这种自组过程是极其复杂的。主体已有的知识经验和认知兴趣是人们再认识的基础，当新的理论知识以及其内含的客观逻辑法则进入人的大脑之后，与原有的认知经验相互作用，开始了主体认知结构的重构或扩展。这种主观经验和客观知识、主观逻辑结构与客观逻辑法则的反复作用，一方面在人的认知系统中积淀为主体的认知倾向和思维方式，另一方面又调整和构筑起主体的世界观和方法论倾向。对于同一个具体的人来说，主体的这种认知倾向、思维方式及其世界观方法论的调整和扩充，都是在同一的知识和经验的背景下逐步形成的，因而它们之间原有的诸种复杂关系，在该过程中就自然而然地内化成了主体内部的一种多层次、多维度，并具有多种变式的逻辑结构系统。主体内部这些认知因素和系统的反复调整、扩充和自我完善，就构筑成了主体的认知结构系统。而主体的这种认知结构总是处于一种能动地认知——建构、建构——认知的发展过程中。

3. 自我教育构建是道德主体的自组

道德主体的构建是指道德行为者在接受社会道德要求的过程中，积极参与社会道德生活的构思和建设，同时完成自身道德素质的自组的活动。构建不同于同化和顺应，因为同化和顺应只讲了人的内部构建，而没有指出人与社会道德环境的关系。实际上人是在构建外在的道德环境的过程中实现其内部主体素质构建的。构建也不同于塑造和改造，因为塑造和改造都只是从社会环境和教育要求的角度来看待问题的，没有体现道德行为者的主观能动性的作用。构建既体现了人与外界环境的相互作用，又包括了实施道德教育者与受教育者的相互作用，它体现了道德主体形成过程的本质特点。

道德主体的构建作为一个操作活动过程，有如下几个环节：模仿——领悟——参与——判断——选择——自主行动——个性化。前三个环节为构建的准备，四至五环节为构建的设计，六至七环节为构建的实施。模仿是指人在缺乏自我意识能力的情况下，对成人要求的适应状态。领悟是在理解的基础上，人们将社会的思想道德要求转化为自身的体验。参与是指人们根据自己所掌握的道德规范来支配自己的行为，并在社会生活实践中加以推广，试图对他人发生影响。判断与选择是指人们对于社会道德生活中的实际问题进行重新认识和重新评价，并在此基础上调整自己的道德价值取向和行为方式。自主行动则是指人们按自己的准则和习惯化的行为方式来建设周围的道德环境。个性化是指人们在道德生活实践中确立了自己的道德信念，并形成了独特的道德行为品质。但是，道德主体的构建，并非仅仅是一个随着个体年龄增长而渐进的过程，而主要是一个在自我意识发展的基础上，个体接受社会影响并主动作用于外界环境和内部心理环境的自我创造过程。

第三节 自我教育的内导功能

内导是指主体在外部导向教育的影响下，根据自己的思想实际、知识水平、认识能力、行为习惯而进行自我引导的活动。在自我教育活动中，内导包括思想观念系统的内导、情感系统的内导和行为系统的内导三个方面。

一、思想观念系统的内导

思想就是客观事物在头脑中的反映，客观事物千差万别，因此，人的思想的表现形式必然是多种多样的。从思想性质上可分为正确的思想和错误的思想；从时间上可分为历史的、现实的和将来的；从阶级上可分为无产阶级的和资产阶级的等。我们所谈论的思想观念是正确的、无产阶级的思想观念。思想观念系统内导是思想观念系统各要素之间相互影响、相互作用的一种活动。一般来讲，高层次的思想观念引导着较低层次的思想观念，低层次的思想观念影响着高层次的思想观念。

1. 思想观念系统内导的客观性

思想观念系统内导的客观性是由思想观念的特点所决定的。

首先，人的思想依赖于社会存在、依赖于社会实践，离开社会存在和社会实践，什么思想都不可能产生。每个人的思想体系的形成，都与他个人独特的生活经历、教育特点以及各种各样的社会政治影响有着密切的关系。一般来讲，一个人总是在一定的经济地位和社会关系的基础上，接受社会意识，掌握人类积累的知识，并形成自己的思想体系和思想状况。这就形成了思想观念系统的内导的前提和基础。

其次，人的思想的能动性不仅要认识和改造客观世界，而且还要认识和改造主观世界。在反映客观现实时，人不仅处于认识外部客体的过程，而且也在认识作为一个有感觉并能思维的生物的自我本身，认识自己的理想和道德品质。把自己从周围世界中抽出来，就可以看清楚自己在感觉什么、想什么和做什么，由此出发，人类就开始了从自在向自为、从生物本能向自由自觉发展的历程。正是这种自我意识的能动性，开辟了思想观念系统内导的可能性。

再次，任何事物都是有层次的，人的思想也不例外，在一个人的思想观念体系中，同时具备世界观、人生观、价值观、道德观、荣辱观、生死观等，不同的观念相互指导、相互影响、相互作用。人的思想是极其复杂的，即使同一个人，其思想观念体系中既可能有积极的成分，也可能有消极的成分，这两种成分相互矛盾、相互斗争，作用于一个人的成长过程。这就决定了思想观念系统的内导是一个长期的过程。

最后，人的思想的相对独立性，不仅表现在相对于客观存在的滞后性及其发展的继承性，而且还表现在它的相互感染性。这是针对群体自我教育而言的。人与人之间，正确的思想和错误的思想之间都可以相互影响、相互感染、相互发生作用，最终形成群体思想观念系统的内导。

2. 思想观念系统内导的机制

我们知道，以世界观为核心的思想观念体系是人们思想的高层次结构，是思想品德的核心部分。世界观是人们对于生活在其中的整个世界的总的根本的观点和态度。它居于主体意识的高层次，在其统领之下存在着价值观、人生观、道德观、真理观等一系列具体观念。"这些观念都来自经验、都是现实的反映——正确的或歪曲的反映。"① 它是人们认识和实践活动的总结和提炼，反过来又参与和指导人们的认识和实践。

在思想观念体系中，价值观是一个非常活跃的因素，因为无论是人生观、道德观，还是荣辱观、生死观，每一种具体观念的形成都必须以主体的价值参与为前提。它从属和反映世界观，而对具体认识活动的作用比世界观来得更为直接和经常。整个思想观念体系中的导向功能通过意义的标准或尺度的方式表现出来。首先它通过导向作用机制引导主体的需要和动机，以其鲜明的阶级性和政治倾向规定着主体自我的态度和立场。因为主体需要，尤其是精神需要总是同一定的世界观、价值观相联系和相对应的，对社会、历史、人生的不同判断必然导致不同的追求和信念，在具体问题上产生不同的立场和观点，这种既成的立场和观点作为一种内在的客体力量，必然驾驭着主体有目的、有选择地认识和改造主客观世界。

人生观是一个最积极的因素，如果说价值观尚具有双重意义的话，那么，人生观只具有"一元性"，即积极或消极、正确或错误。因为经济领域的等价

---

① 《马克思恩格斯全集》第20卷，人民出版社1979年版，第66页。

交换的价值观，在社会生活中，尤其是在个体的人生态度、人生价值取向、人生责任以及人生幸福等方面就显得不适应，有时甚至是消极的、错误的。因此，在整个思想观念体系的导向中，人生观以其积极、向上的特质，一方面调节、规定着人的价值活动，使其在双重意义上，有质、有量、有度地发展；另一方面以其强烈的责任感，直接影响着主体自我的道德观。道德观是一个最生动、也最丰富的因素，任何观念的展现和外化，都直接地表现为自我的道德动机、道德情感和道德行为，它以其最为直观的评价标准去衡量和判断主体的行为，影响并规定着主体行为的取舍。

在自我教育微观运行过程中，这种思想观念系统的导向作用更为突出。在自我认识上，它作为一种现实模本，直接为主体的自我评价和自我选择提供了标准。在自我教育上，它则同思维方式和知识经验一起形成思维定势，推动或抑制自我认识的发挥，并吸纳、改造教育信息，为自身的巩固增添了新的材料。如果这种自我教育失败，则意味着现有观念体系融入了异己的因素，当这种异己成分增加到足够程度时，便引起现有观念的改变和思维定势的转向，使整个自我教育活动朝另一个方向发展。

二、情感系统的内导

前面已经提到，情感不属于认知范围，虽然它与认知也有密切关系。情感是对客观事物的态度和体验，以及在体验基础上作出的一种心理反映。情感包括有原始的情感和高级的情感。原始的情感也指情绪，是比较简单和低级的体验，主要有爱好、快乐、厌恶、愤怒、恐惧和悲哀等；高级的情感有道德感、理智感、美感等。情感系统内导是情感系统各要素之间相互影响、相互作用、相互制约，并通过积极、健康的情感因素抑制或消除低级、有害情感的一种活动。

1. 情感系统内导的客观性

情感系统内导的客观性同样是由情感的特点所决定的。

首先，情感是主体心理结构的核心部分。主体的任何活动都伴随着一定的情感。古人云："登山则情满于山，观海则意溢于海。"列宁也指出："没有'人的感情'，就从来也不可能有对真理的追求。"[①] 情感系统内导除了制导情感系统外，其本身就是人的一种主体性活动，也就自然有情感的参与，只不过

---

① 《列宁全集》第 20 卷，人民出版社 1981 年版，第 225 页。

这种情感是积极的、高级的情感。

其次，情感基于认识，有所知，才能有所感。"知之深，爱之切"，只有当主体反映了客体属性及其同主体需要之间的关系，才能产生相应的情感体验。情感就是主体对客体是否符合自己的需要所作出的一种心理反应。人的需要是多种多样的，相应人的情感也必然是丰富的、强烈的，不同的事物引起不同的情感，即使同一种事物也可能引起多种情感，加之需要满足的程度不同，情感的强度也有所不同。对事物的认识、对需要的压抑，即是对情感的制导。因此，情感系统的内导本质上是一种对需要的抑制与张扬。

再次，情感又是意志的前提。一般来讲，一个人有了一种情感，相应的一种意向、意图便会油然而生，"爱之欲其生，恶之欲其死"就是这个道理。喜爱一样东西，就一定要去爱护它、保全它；相反，厌恶一种东西，就要去排除它，甚至消灭它。情感正是有了意志、理智的参与，才使得情感系统的内导成为可能。我们常说的"以情制情、以情化情、以情导情"就是这个道理。

最后，情感较之于其他心理要素，具有强烈的感染性。在人与人之间，在群体内部，一句话、一个行为、一种表情都可以引起共鸣而感染其他人。这也是我们常采用情感教育的目的所在。群体是这样，个体同样如此。可以说，个体的自我暗示就是一种自我感染，当个体以一种情绪去感染自己时，这种情绪会得到强化，甚至爆发，而不可抑制。积极的自我暗示是情感内导的一种最有效的形式。

2. 情感系统内导的机制

情感是主体的内部体验和潜在动机，贯穿于主体活动之中，在心理世界起着调节和定向作用。这是因为，主体的情感通常是与主体的需要和目的联系在一起的，而需要和目的又直接决定着主体活动的方向。凡是能满足已勃发的需要或能促进这种需要得到满足的事物，便引起积极的情绪状态，而作为稳定的情感巩固下来，促进主体积极的活动。凡是不能满足这种需要或者防碍这种需要得到满足的事物，便引起消极的情绪状态，作为情感而巩固下来，阻碍主体的活动。引起快乐的最主要的条件是，一个人的追求达到了目的，满足了主体的需要，而快乐强度依赖于追求的目的大小和满足需要程度的高低。引起愤怒的主要条件是防碍达到目的和不能满足需要。引起恐惧的关键因素是缺乏排除达到目的的障碍，缺乏处理可怕情境的力量和能力。而悲哀是与失去某种所追求的或重视的东西有关。总之，客体与主体需要的不同关系产生不同的情感，这些不同的情感造成主体对于客体的不同态度，从而驱使主体以不同的精神状态去从事活动。

在情感系统中，道德感、理智感、美感是情感的最高形式，它们产生于主体的社会性需要，具有持久而炽烈的特色，能最大限度地调动主体的能量去完成使命。如爱国主义情感，它可以促使一个人以极大的热情投身于祖国的解放和建设，而不惜牺牲自己的生命。道德感是根据社会道德行为法则评价别人或自己的言行所产生的情感。它直接体现了客观事物与主体道德需要之间的关系。当自己的思想意图和行为举止符合这些道德行为准则时，就会产生肯定的情感，感到心安理得；反之，则痛苦不安。当别人的思想意图和行为举止符合这些规则时，就会对他肃然起敬；反之，则引起蔑视和愤怒。当然，道德感是在人的社会实践中产生和发展的，并受着社会历史条件的制约。不同的道德标准，会产生不同的道德感。一个人的信念、理想、世界观在道德感中起着决定性的作用。理智感是指人在认识和探求真理时的需要是否得到满足而产生的情感，它是与人的求知欲、好奇心、热爱真理相联系的，如战胜困难后的自信，对科学研究进程中出现的新现象会产生怀疑，问题解决后渴望寻求新问题等；又如对真理的维护和热爱，对偏见和谬误的鄙视和痛苦等，都属于理智感。理智感对调节其他情感有着重要作用。一般来讲，一些消极的激情，如暴怒、狂喜等，常常使主体理智分析能力减弱，自控能力降低，不能正确地评价自己的行为的意义和后果。但是，如果理智感强的人，就会有效地控制自己的情感。正如美国一位心理学家说，"伟人之所以伟大，关键在于：当他与别人共处逆境时，别人失去理智，他则下决心实现自己的目标。"美感是人们根据社会美和自然美的标准，在欣赏、评价社会和自然时产生的一种情感。

道德感、理智感和美感这些社会性情感是相互联系、相互制约的。道德感是一个人的方向性情感，理智感是核心性情感，美感是欣赏性情感，它们调节着个体不同的情感体验，引导着各种情绪向健康的方向发展。

三、行为系统的内导

人的行为是人体在环境影响下所引起的内在生理和心理变化的外在反应。人们在日常生活中所表现的一切动作，统称为行为。行为是行动的形态，有行为的活动，组织目标才能实现。人类行为因人、因时、因地的不同而有所不同。行为的基本单元是动作，所有的行为是由一连串的动作所组成。动作则是指向某一对象或某一目标的运动。按不同的标准可以把人的行为划分为积极的行为和消极的行为，目标导向行为和无目标导向行为，有意识行为和无意识行为，成功行为和挫折行为等等。各种行为相互影响、相互范导，使人的行为向着合乎目的的方向发展。

1. 行为系统内导的客观性

行为系统内导的客观性也同样是由人类行为的特点所决定的。

首先，人类的主观能动性决定了人类行为都是自动自觉的有意识的生命活动，这直接把人同动物的生命活动区别开来。对于有意识的人来说，外力可以影响一个人的行为，但无法发动人的行为，外因只能通过内因而起作用。与动物不同，人是一个能自我认识、自我调节和自我完善的实体，也正是这一特性，决定着自我能够根据自身的需要，自主地做出选择和判断。

其次，人的行为是有目的的，大体都是受某一欲望所驱动，以实现某个目标。因为人有思维，才有意识。由于人有意识，才有自觉的有目的的活动。正如恩格斯所说："任何事情的发生都不是没有自觉的意图，没有预期的目的。"① 所以说，能够自觉的有目的活动是人类行为的基本特征。这种目的性不仅表现在能够有意识、有目的、有计划地从事活动，而且还能够意识到自己行为的目的和后果。这就使得自己在行动之前和在行动之后能做出行为的选择和调节，从而制导自己的行为系统。

再次，人的思想支配人的行为，人的行为反映人的思想。人的思想的复杂性决定了人的行为是多种多样的，由此构成了一个多变的行为系统。在这个系统中，一种行为的成功或失败，直接影响另一种行为的发动，甚至改变其他行为的活动方式。即使同一种行为，行为过程的不同阶段也相互影响、相互制导，或行为中断，或行为转化，或行为加强，表现出行为的可塑性。其中，思想始终都起着调节器的作用。

最后，群体行为作为一种有组织、有结构的整体行为，是在个体间的互动中而进行的。由于群体自身的特点，群体呈现出行为的一致性。在群体行为中，个体行为既受群体行为规范的制约，又有心理上的自我需求，表现出行为上的从众和模仿。同样，个体的行为一旦得到群体的认可，就会起到范导作用，促进和影响着群体行为。可见，群体行为系统的内导是群体与个体、个体与个体之间的互动与发展。

2. 行为系统内导的机制

人的行为不可能无缘无故地自发产生，它总是由客观事物引起的。影响人的行为的因素很多，有主观的，也有客观的。如世界观、各种需要、社会舆论、性格特征、自我认识、兴趣、技能、态度等，都影响着人的行为，但是，

---

① 《马克思恩格斯全集》第 4 卷，人民出版社 1972 年版，第 243 页。

行为之间的影响最为直接。上述的各种影响因素也最终由行为或行为结果决定。因为行为或行为结果是衡量和检验诱发行为动因的尺度和标准,其中,思想则是行为主要的调节器,它调节人的世界观、政治观以及切身利益需求。

在人的行为系统中,成功行为具有典范性,范导甚至制导其他行为的发生和发展。心理学认为,引起某种行为的客观原因是刺激物。行为在任何情况下都是由一定的刺激物所引起的,行为本身不是别的,它只不过是对某种刺激物的特定反应而已,在刺激物之间存在着一定的因果关系,没有刺激物就不会有反应行为。同一刺激物在不同人身上或者对同一个人在不同时间、地点、条件下引起的反应行为并不相同。成功行为作为一种经典刺激物,更容易诱发人坚定地从事其他行为,它可以使自发的行为成为自觉的行为,也可以使潜在行为变为外显行为,还可以使消极的行为变为积极的行为。如:一个自卑感很强的人,偶撰一文,见诸报端,此次行为的成功,会极大地增强他的自信心,使其积极、主动地提高自己的行为效果。相反,挫折行为,尤其是连续的挫折行为,作为一种反向刺激物,它一般直接引起的是不为行为,抑制人的行为的发动。

人的同一行为或同一行为不同阶段的范导和制导也是如此。在同一行为中,如果"彼行为"获得成功,达到了预期目的,直接影响和范导"此行为"的发生和发展,虽然两者的行为目标、行为内容不尽一致,由于它们所具有的同一性、相似性,使"彼行为"直接为"此行为"提供了经验材料。如:考试这一同一行为,某人前期因作弊行为而受到处分,它直接影响到后期此行为不会再发生。在同一行为的不同阶段,目标导向行动和目标的行动相互影响、相互制动。前者是指行为前的准备阶段,包括制订行动方案、计划提纲等;后者是指从事目标本身的活动,也就是直接获得满足的行为。这两类的行为最重要的区别在于它们对思想动机的强度有不同的影响。思想动机随着目标导向行动而增强,这种行为持续发生,思想动机不断增强,直到成功或失败。与此相反,目标行动开始后,思想动机的强度就开始递减,目标行动越持续下去,思想动机的强度就越降低,满足需要的水平就越高。由此可以看出,目标导向行动直接影响到目标行动。如果所定目标太高,或在目标导向行动上所处时间过长,则需要的强度降低,激发状态减弱,思想挫折就可能发生,最后导致放弃目标行动。同样,如果停留在目标行动的时间太短,很快得到满足,人的激发状态就很快消失,直接影响到目标导向行动的质量。当然,行为之间的内导多种多样,按照自我教育的要求,行为系统的内导就是要形成正确的行为以及良好的行为习惯。

第六章

自我教育原则论

教育的目的就是为了达到不教育。

——叶圣陶

开展自我教育活动，必须遵循一定的原则，原则上的偏差，不仅直接关系到自我教育的效果，而且还影响着自我教育的性质和方向。自我教育的一般原则是指灌输教育与自我教育相结合、群体自我教育与个体自我教育相结合、实践教育与自我教育相结合三个方面。

第一节　灌输教育与自我教育相结合的原则

自我教育与灌输教育是现代大教育观中的一对基本范畴，二者的有机结合是自我教育理论中的重要原则之一。坚持并认真贯彻这一原则，对于提高自我教育的有效性，防止两种片面的教育观，有着重要的意义。

一、灌输教育概述

"灌输教育"一词，多见诸于思想教育学和德育学。这自然就把灌输教育仅仅理解为思想、道德观念上的灌输，而把知识、技能等方面的灌输排除在外，这不能不说是对灌输教育认识上的偏差。灌输和教育是两个不同的概念，二者既相互联系，又有区别。"灌"中有"教"，"输"中有"育"，这是灌输所具有的基本功能。

1. 什么是灌输

关于灌输，目前国内理论界有很多说法，有人认为，"灌输"所要解决的是"有关政党的作用和性质的根本问题";也有人认为"灌输"就是"传播发展论""教育宣传论""教育方针方法";还有人认为,"灌输"一词有"强制""粗暴"的含义,应将"灌输"改为"充实";更有人简单地将灌输划分为"他人灌输和自我灌输"。

（1）灌输的词源意义。灌输,顾名思义,浇灌、输入之本意也。在《词源》中,"灌输"被解释为"灌注输送"。在《现代汉语词典》中"灌输"又被解释为"输送（思想、知识等）"。可见,"灌输"一词并不是"灌"与"输"两字的简单的相加。俗语说："禾苗不灌则枯,灌而不入实为妄灌。灌则细流涓涓,入则滋根育苗。"溺灌实为强注,这已成生活常识。"灌输"只不过是教育学中的一种极为贴切的形象比喻。原本就没有强制、粗暴、压制的意思。至于教育实践中,尤其是在思想教育实践中出现的简单化和命令主义,不能归过于"灌输"一词,而只能说是对"灌输"的误解及其在方法使用上的不当。

"灌输"一词,早在两千多年前的《史记·秦始皇本纪》中就已经出现了。但作为一种理论,是伴随着科学社会主义的传播而形成的。现在研究灌输理论,从大教育观看来,仍然具有重大的现实意义。

（2）灌输的基本要义。灌输这个概念不是无产阶级所独有,任何阶级、任何国家的教育所利用的所有宣传媒介,尤其是现代化的传播媒介,都是政党向广大民众,尤其是向青少年灌输本阶级意识形态的重要手段,以使自己阶级思想灌输到全社会中去,并成为占统治地位的主流思想。马克思主义的灌输理论正是在这个意义上提出和发展起来的。概括起来有以下几点：

首先,灌输从社会宣传学角度来说,就是进行科学社会主义宣传教育,就是用马克思主义的立场、观点和方法去发动群众、教育群众、武装群众,使人民群众懂得社会发展规律,认清自己的历史使命,坚定社会主义信念。这种灌输,是马克思主义的一项重要原则,也是我们党的思想政治工作的优良传统。淡化或放弃这一原则和传统,就必然造成整个社会思想的混乱。

其次,灌输作为一种指导思想和原则,它是针对"自发论"提出来的。马克思、恩格斯不仅致力于创建革命理论,使社会主义从空想变成科学,而且十分重视革命理论的传播。一百多年来,共产主义从一个徘徊在欧洲上空的"幽灵",逐渐发展成声势浩大的共产主义运动,从这场伟大的变革中,可以看到马克思主义的伟大力量,也可以看到传播和灌输的伟大作用。列宁针对社会主义运动中崇拜自发性的机会主义思潮,反复强调科学社会主义思想不可能在工人运动中自发产生,这种思想只能从外面灌输进去。无产阶级政党必须把社会主义思想和政治思想，灌输到人民大众中去，并形成他们的自觉行动，才能实现自己的历史使命。可见，灌输，从政治学的角度讲，又是对无产阶级政党的性质和地位的肯定。

最后，灌输"只能从外面灌输进去"。"从外面"是指从"经济斗争范围外面"向工人灌输政治意识；也是指从"工人同厂主的关系范围外面"向工人灌输阶级意识。而"只有从一切阶级和阶层同国家和政府的关系方面，只有从一切阶级的相互关系方面才能吸取到这种知识"[1]，这样才能"发展工人阶级的政治意识"，进而掌握社会主义学说，而这些先进思想及其知识体系，工人阶级原来并不了解。灌输的过程，就是用马克思主义的立场、观点、方法武装群众的头脑，引导群众树立科学的世界观、方法论的过程，也就是说，灌输的过程就是通过无产阶级政党的灌输教育，引导、启发工人群众自我教育的过程。单纯的自我灌输不但是矛盾的，也是不可能的。

2. 什么是灌输教育

从教育学意义上讲，灌输是指在一定程度上对教育者"主体地位"的一种强调，它是由一定的条件所决定的。一种新的思想、理论、知识，不可能在受教育身上自发产生和形成，必须通过一定的形式进行灌输，尤其是在"知"与"不知"之间，理论知识的灌输不仅是必要的，而且是可行的。可以说，"传道""授业""解惑"本身就是一种灌输。教育者的主体地位与受教育者的客体地位，二者是相辅相成、互为前提的，忽视甚至贬低任何一方，都是违背教育规律的。在这里，就教育者的"主体"性而言，灌输使受教育者由"不知"走向"知"，由"知之甚少"走向"知之甚多"，由"知之零乱"走向"知之系统"，最终达到自我教育。我们常说，教育必须坚持自身过程的完整性，即教育、接受教育和自我教育的统一，其中的"教育"就是灌输教育，它在整个教育过程中起着重要的作用。仅从人们的思想品德的形成看，受教育者的思想品德并不是先天就有的，而是在后天的外部影响下形成的，主要是在一定的社会关系的影响下形成的。这种影响一般来说具有两种表现形态：一种是实际关系的形态，另一种是精神因素的形态。实际关系，即人与人之间发生的各种社会关系中个人在这种关系中所处的地位。这种实际关系在很大程度上决定人的思想品德发展的方向。精神因素，即以语言、文字等符号形态表现出来的影响。作为一种特定的过程，灌输教育所表现出的实际关系和精神因素的影响，又可分为社会的和学校的两种。无论是社会影响，还是学校影响，无论

---

[1] 《列宁全集》第5卷，人民出版社1981年版，第392页。

是实际关系的影响,还是精神因素的影响,都是在用社会的思想道德要求去影响受教育者,而从特定的教育形式来看,这种影响主要是灌输教育。因此,所谓灌输教育,是指教育者由"外界"向受教育者系统地传播某种理论或知识的活动。

灌输教育作为教育中的一个基本概念,是相对于自我教育而言的。它所强调的教育者的主体地位,是相对于理论的先进性、知识的系统性以及受教育者的自发性而言的。它所强调的灌输的方法,又是针对受教育者的主体性而提出来的。灌输教育呈现出自身的显著特点。

(1) 灌输教育内容的先进性。灌输教育内容的先进性体现为:①政治思想的先进性,主要体现为科学的社会发展理论以及正确的世界观、人生观、价值观、荣辱观等。②道德品质的先进性,主要体现为公民道德、职业操守、家庭美德以及个性品质。③知识能力的先进性,主要体现为前沿的科学文化知识和运用知识的能力以及创新能力,崇尚科学、追求真理的学风等。④意识形态的先进性,主要体现在居安思危、励精图治的精神,艰苦奋斗、勤俭建国的精神;审时度势、狠抓机遇、奋发进取、永不懈怠的精神等。

(2) 灌输教育形式的多样性。对于不同的灌输对象和不同的教育目标,灌输教育不仅要安排不同的内容,而且应当采取不同的形式。一般来讲,根据灌输的对象,儿童多属于启蒙灌输,青少年多属于导向灌输,成年人多属于自我灌输,失足者多属于强制灌输等;根据灌输的载体不同,灌输又可分为舆论灌输、情景灌输、课堂灌输、互动灌输等;根据灌输的内容不同,灌输也可分为知识灌输、思想灌输、道德灌输、技能灌输等。当然,即使同一灌输对象,由于其思想认识有一个过程,灌输的手段和方式也有所不同。

(3) 灌输教育主体的广泛性。所谓广泛性是指"教育者"既可以是单个的人,也可以是群体的"人";既可以以"人"的形象出现,也可以以"人化"的现象出现。如:负载群体精神、群体价值取向的群体相对于群体内的每一个成员,它就是教育主体(即教育者),而其中的成员就是教育客体(即受教育者)。再如:以自身人格影响人、感染人的人,极尽"无教"之教功,那么此人就是教育主体,被影响和被感染的人就是教育客体。在现代的一些教育理论中,一些人为了强调自我教育的作用,笼统地否定教育者的主体性,要么是教育的主客体不分,要么将二者分为诱体和主体。我们强调教育者的主体性,对于正确认识自我教育,正确开展自我教育活动有着重要意义。防止那种以自我教育为名,歪曲甚至否定灌输教育的教育行为,它实则是一种放任自流的教育观。

二、正确认识教育主客体的关系

正确认识和处理灌输教育和自我教育之间的关系，最首要、最根本的是要弄清什么是教育主体、什么是教育客体以及二者之间的关系。关于教育主体和教育客体的划分，历来是教育工作者争论的焦点。传统教育观认为，教育主体指的是教师，教育客体就是学生。如在《教育大辞书》中，就明确地指出："教育之主体系指普通所谓教师而言。""教育之客体系指所谓被教育者而言。"[①] 与此相反，现代一些人撇开教育主客体之说，简单化地将受教育者称之为教育主体，教育者称之为教育诱体。我们认为，教育主体和教育客体是相对的概念，从理论上讲，二者都是教育实践的主体，任何教育活动都是双方的自主活动。但是，在教育实践中，事实上存在着主体与客体的划分。

1. 什么是教育主客体

"主体"一词作为哲学术语，具有二重涵义。其一，在本体论范围内，具有本体意义，具体指某现象、关系、变化及活动过程的载体、基质与承担者，即承担某种精神现象的物质实体。马克思曾说过贵金属"作为货币关系的主体"是"作为货币关系的承担者"，[②] 这里他径直将"主体"一词用为本体意义。其二，在认识论中，主体作为认识能动主体的简称，指能动的认识者（感觉者、思维者）。能动认识者有以下特质：能够按一定规律认识世界；认识的实现取决于认识者的意愿与积极性。所谓主体是相对于客体而言的，是在和客体的相互作用和相互比较中而得到自身的规定的。概括地说，主体是指有目的、有意识地从事实践活动和认识活动的人。但是，主体和人是不等同的，不是任何人都是主体。严格地说，只有在自我意识的基础上，具备了一定的实践技能、经验和科学文化知识，并实际地从事实践和认识活动，才算是真正的主体。主体有着多种存在形式或类型，它可以是个人，可以是集团，也可以是社会和人类。所谓客体是指主体活动所指向的，并反过来制约主体活动的外界对象。凡是构成主体活动的对象都是客体。客体既可能是物质的东西，也可能是精神的东西，还可能是人。而客体的人既可指他人，也可指自我。主体是人，当主体的人通过活动指向他人时，他人就成为这主体所指向的客体。作为客体的他人，其生理、心理、文化结构、行为也可能分别成为主体活动的对

---

① 孙邦正等《教育大辞书》，台湾商务印书馆 1964 年版。
② 《马克思恩格斯全集》第 46 卷，人民出版社 1979 年版，第 121 页。

象。自我在活动中指向自身时，自我就成为自我主体的客体，其生理、心理、文化结构和行为也能成为自我指向的对象。

在教育学中，教育主体是人，教育客体也是人。所谓教育主体是教育信息的发出者，即教育者。教育者之所以成为教育之主体，是指教育者在教育中的地位而言的，即他主导着教育的信息，包括教育目的的明晰性、教育内容的系统性、教育方法的针对性以及所依循的教育规律等。所谓教育客体是教育信息所指向的对象，是教育信息的接受者。它是指"人与人"之间关系上的客体，即"主体性"的客体，它不同于人与物之间关系上的物质意义的客体。物质的客体只是被认识、被改造的对象，而人这一客体就不同了，除了被认识、被改造之外，其自身又是一个积极活动的主体。因而，这种被认识和被改造又是双向的、积极的和主动的。我们不能因为教育客体的"主体性"而否定其客体性，否则教育无从谈起，灌输无从谈起。自我教育也是建立在"主体我"和"客体我"思维上的二分。在现代一些教育理论著作中，为强调受教育者的主动性、自主性，将一般意义上的"人"的主体性简单地应用到教育理论当中，否定教育主客体的存在，说什么"教育者是诱体，受教育者是主体"，或"教育者是主导，受教育者是主体"等，其实质都是教育无主客体论。

2. 教育主客体分化是教育的前提

教育规律告诉我们，教育是教育双方的交流和互动，但这种交流和互动有着质和量的区别。主导的一方发出的是教育信息，而接受一方反馈的则是对教育信息接受的程度。接受方能促动主导方自觉地调整教育内容，改变教育方式，寻求为教育对象易于接受的内容和方法。至于主导方在实施教育过程中所受到的启发和教育，那只是量的变化，不可改变他的主体地位。对教育客体而言，只要个体处于受教育的地位，他的教育客体的地位也是不可改变的。无主体就无所谓执行教育，无客体也无所谓指向教育。当然，受教育者的客体地位也并非是永远的，只要他走出了"教育与被教育"的领域，也就是说，当他完全能够进行自我教育时，那么他就变成了教育的主体，即自己能够教育自己。学习主体如此，道德主体也是如此。在学校，"传道""授业""解惑"是教师的天职，而接受教育则是学生的任务。教师永远是教育信息的输出者，即教育主体，学生永远是教育信息的接受者，即教育客体。在党团，负载党团精神的组织永远是教育主体，而其中的每一个成员永远是教育客体。在社会，负载民族精神的民族体永远是教育主体，而每一个公民永远是教育客体。在整个人类，负载人类文明的人类体永远是教育主体，而享受该文明的每个人、每个民族都是教育的客体，等等。即使受教育者由"客体"走向了"主体"，具有了自我教育的能力，也是建立在对"自我"思维二分基础上的，即"主我"和"客我"之间的教育关系。

3. 教育主客体变化是教育的关键

教育主体就是教育者，教育客体就是受教育者，这一点毋庸置疑。问题的关键是：谁是"教育者"，谁是"受教育者"。我们认为：在教育与被教育的关系上，谁主导着教育信息，谁就是教育者，谁就是教育主体；反之，谁接受教育信息，谁就是受教育者，谁就是教育客体。教育者与受教育者随着时间和地点的变化而变化，也随着教育目标和教育内容的不同而变化，因而教育主客体就在不断地移位。孔子曰："三人行，必有吾师也。"就是这个道理。因此，教育活动之间的互动与交流，决定着教育主客体的变化。传统的教育观一般把教育者仅仅界定为"教师"或"思想教育工作者"。这种"职业化"的教育观，一方面容易造成"教育者"的自居，在教育实践中，常常以先知先觉的身份出现；另一方面也容易忽视教育客体的主观能动性，出现"我讲你听，我打你通"的教育现象。

三、贯彻灌输教育与自我教育相结合的原则

自我教育一开始就是伴随着灌输教育而展开的，灌输教育是自我教育的前提，自我教育是灌输教育的延伸和继续，自我教育的高度自觉性是灌输教育的目的。从发生学的角度看，个体的自我教育能力是在外部灌输教育的影响下形成和发展的，而自我教育能力的发展，又促使个体更好地接受和进行灌输教育，增强和巩固灌输教育的效果。因此，通过他人的灌输教育启动自我灌输的主动性，就必须把灌输教育与自我教育结合起来，坚持马克思主义从外部充实的灌输论与主动充实的自教论的统一。

1. 灌输教育是一种充分尊重教育客体的主体性的教育

灌输教育应包括两方面的含义：一方面是教育者利用各种舆论工具向被教育者传播和传授先进的思想和科学文化知识；另一方面是受教育者通过各种渠道学习、接受先进思想和科学文化知识。可以说，前者是由他人灌输，后者则是自我灌输，这两方面都是必不可少的。而无论是由他人灌输，还是自我灌输，都是向受教育者的头脑输入新的思想和科学文化知识，但这丝毫不意味着灌输带有某种强制性，即强迫人接受某种思想和知识。可以说，任何灌输教育都是为了唤起自我教育的主动性、积极性，从而达到灌输教育的目的。没有灌输教育，自我教育便不能发生和进行，正如马克思所指出的，人起初是以别人

来反映自己的。进行自我教育，首先必须在灌输教育的作用下，培养和提高自我教育能力。在现实生活中，人们往往把灌输教育仅仅理解为教育者单纯向受教育者宣讲，是"我讲你听"，甚至是"填鸭式"地强行硬灌，尤其是在学校，灌输成为教育活动的忌语，"灌输"成了"满堂灌""注入式""教条式"的代名词，似乎一提起灌输，就是对教育规律的违背。这种观点把受教育者完全看成是受动的对象，这是对灌输教育片面的狭隘的理解。从一定意义上讲，学校内部的一切教育与教学的影响，都执行着一种灌输功能。德育有灌输的功能，智育更有灌输的功能，受教育者在不同的学习阶段所获取的知识，多是接受这种灌输的结果。离开了灌输，学校也就失去了其存在的依据。可见，学校灌输成为受教育者不断实现个体社会化的重要手段。

灌输教育不能等同于灌输式。其实，灌输论与灌输式是两个不同范畴或层次的概念。前者是一种指导思想，后者是教育实践中的方式方法，它是与我们提倡的"启发式""讨论式"相对立的。灌输式不顾受教育者现有的知识思想水平和理解能力，以及他们认识过程的客观规律，主观地、硬性地把现成的知识和结论灌输给受教育者，严重地限制了受教育者自我教育的积极性。"填鸭式""注入式""命令式""教条式"都不是正确的灌输方法，都是我们在教育过程中要防止的。反对"灌输式"，提倡"启发式"，就要求教育工作者要讲究灌输的方法和艺术，不能把灌输教条化、简单化，要针对不同的灌输对象、灌输内容，采用不同的方法，只有这样，才能真正收到灌输的效果。灌输作为一种指导思想或原则要坚持，对于灌输式的方式和方法，过去、现在、将来都必须防止。既不能将"灌输论"等同于"灌输式"，也不能盲目地反对一切灌输。

2. 自我教育是灌输教育的继续和延伸

灌输教育的目的就是培养和提高人们的自我教育能力。自我教育是灌输教育的结果，灌输教育只有在自我教育的前提下才能够完成，没有自我教育过程，灌输教育的目的则难以实现，也就是说，灌输教育的内容和要求必须通过被教育者的自我教育才能被认识、接受、反映和内化。纵观一个人的成长过程，从无知到有知，接受教育是自我发展的第一步。只有不断地接受灌输教育，才能获得知识，为形成自我教育的能力奠定基础。所以，没有灌输教育也就谈不上自我教育。即使一个人经过了学校教育，有了一定的自我教育能力，但要使自己得以继续发展，仍需要灌输教育。但要使灌输教育起到效果，还必须经过自我教育，没有自我教育，也就不会有真正的灌输教育。正如苏霍姆林斯基所说，只有经过自我教育的教育，按照我的深刻信念，乃是一种真正的教育。因为一个人是否接受教育者的要求，是否按照教育者所期望的方向发展，不完全取决于教育者的主观愿望和教育，也不完全取决于"外因"，而必须取决于"内因"，取决于个人接受灌输教育的程度。所以，自我教育在整个教育的过程中，占有十分重要的地位。从一定意义上说，离开了自我教育，灌输教育就失去了成功的条件，灌输教育的目的就难以实现。

实现灌输教育的继续和延伸，最根本的是培养个体的自我教育能力，这也是灌输教育的重要任务。首先，自我教育根据教育提出的教育目标和要求，能动地做出评价和选择，并根据自己的认识、需要、情感、思想反作用于灌输教育，主动地接受或排斥。现代化的传播手段，为灌输教育提供了前所未有的、无时不有、无处不在、无孔不入的强大的影响网络，不仅在内容上十分广泛，而且真假、谬误难辨。因此，提高是非辨别能力，自我教育就显得非常重要。其次，要深化内化的能力。个体内化了的认识，并不意味着某种教育过程的终结。仅从思想道德方面来看，受教育者思想道德认识的形成并不等于受教育者某种思想道德品质的形成，他还要经过由知到行的转化过程。在这个过程中，灌输教育要求转化为自我需求，经过自我认识、自我调控、自我发展等一系列自我教育机制实现灌输教育的要求。这时的内化不仅仅是认识上的内化，而且是行为上的内化。

3. 防止两种误区

灌输教育与自我教育相辅相成，互为促进。良好的灌输教育有助于自我教育能力的提高，自我教育能力的提高又反过来会更加主动地接受灌输教育。坚持自我教育与灌输教育相结合的原则，要防止两种误区：

一是片面地强调灌输教育而忽视自我教育的"灌输万能论"。传统的教育观忽视教育对象的主体性。在教育实践中，"听不听一分钟"，"看不看满堂灌"等形式主义严重，不管教育对象是谁，不管对象是否接受、是否理解，也不管教育所起到的效果如何，一味地硬灌。

二是以自我教育为名而放任自流的"自我教育万能论"。现在一些人在教育哲学中把人的主体和主体性、本体论和认识论混为一谈，否定教育中客体的存在，片面地强调自我教育，尤其是在思想道德教育领域。在一些单位和学校，正常的宣传教育不搞了，必要的政治课不上了，他们认为只有把教育寓于各种娱乐活动之中才能有效，其他的都是不受欢迎的"假大空"，这势必导致教育的失控。

第二节 群体自教与个体自教相结合的原则

"自我"这个概念，包含着个体的自我和群体的自我，也就是我们常说的"小我"和"大我"。自我教育也是如此，它不仅包括个体自我教育，而且也包括群体自我教育。群体自我教育与个体自我教育相结合是自我教育的重要原则之一，它是提高自我教育有效性的客观要求。

一、群体自我教育概述

在散见的自我教育理论中，多是从个体出发研究自我教育，对群体的自我教育论述不够且也不系统，这在一定程度上影响了自我教育理论的研究。其实，群体的自我教育是一种极其普遍的现象，而它自身的教育作用又是其他教育形式无法替代的。况且个体的自我教育也是得益于群体的自我教育而完成的。因此，研究群体自我教育，对于指导自我教育实践，有着重要意义。

1. 什么是群体

群体是社会协作的产物，它是一种极为普遍的社会现象，涉及人类生活的各个方面，有政治群体、工作群体、娱乐群体、密友群体等。一个人可以同时参加几个群体。他可以是家庭成员，又可以是工作成员；可以参加工会组织，又可以归属于某种党派。由于群体在社会上占有重要的地位，因此引起了多种学科对它的兴趣，如社会学、教育学、管理学、心理学等都对它进行了广泛的研究。在自我教育理论研究中，应当从教育学的角度，探讨群体与个人之间的相互影响、相互作用，群体教育的基本特征，个人在群体的情景下自我教育活动的规律等。

（1）群体的特征。群体必须是一群人，而不是一个人。"群"就意味着多，而"多"是一个笼统的概念。一般来讲，它可以是两三个人，也可以是三四十个人；可以是一个班，也可以是整所学校；甚至是一个国家、一个民族。

群体存在着一定的结构。我们说，萍水相逢、偶然集合并不能算是群体，只有将一群人有机地联系起来，相互作用，并构成一个整体时，才能称之为群体。在任何群体中，每个成员都占有一定的地位，扮演一定的角色，并由此构成一定的等级体系和人际关系网络。

群体具有一定的目标。目标是人们想要达到的境地和标准，任何群体都有一定的目标，这种目标是群体进行活动的方向和目的。没有目的，群体就没有动力，更谈不上存在和发展。正是由于目标的一致，使人们产生了共同的兴趣和愿望，从而联合成一个群体。

群体具有共同的心理意识。群体成员要明确意识到自己是属于某个群体，同时，群体成员要能在心理上发生共鸣，产生一定的情感和相互依赖的关系，成员间的活动发生相互影响，并能彼此相容，建立起共同的心理意识。

群体有共同的价值和规范。所谓群体价值，就是对社会现象的一致看法和评价，它是在一致态度的基础上形成的，并由群体在社会关系中的地位和环境所决定。群体在其共同价值的基础上建立了活动、认识的准则，使成员在接受或拒绝某种有社会意义的现象时一致起来。群体的价值和规范是群体成员必须遵守的，它使群体成员的共同活动得以协调进行。

（2）群体的分类。群体是各种各样的，每种群体的性质、结构、作用和活动方式各不相同。一般的划分有这样几种：

①假设群体与实际群体。这是根据群体是否真实存在而划分的。所谓假设群体，是指实际上并不存在，但是为了研究和分析的需要，把具有某种特征的人在想象中组织起来，成为群体。这种群体主要存在于统计学中，如老年群体、青年群体等。实际群体是客观存在的群体，是指在一定的空间和时间范围内存在的群体。这类群体有明显的界限和实际的交往，有着共同的目标，从事着共同的活动。如学校里的班级、社团、学习小组等。

②正式群体和非正式群体。这是根据群体活动的原则划分的。正式群体是指有着规定的正式结构，其成员具有固定的编制，并占据着所规定的地位，扮演着安排好了的角色的群体，如政府机关、学校班级等。非正式群体是指自发形成的群体，其成员间的关系有明显的情感色彩。非正式群体往往是由于一些个体有好感或有共同的兴趣爱好而形成起来的，也有一些非正式群体是由于一些个体思想政治观点接近、理想信念相同、感到志同道合而建立起来的。非正式群体可以是合法的，也可以是非法的。如密友群体、流氓团伙等。

③大群体和小群体。从"量"的角度来划分，可以把人数多的群体叫做大群体，把人数少的群体叫做小群体。人数的多少也是相对的，没有绝对的界限。大群体是指人数较多，群体成员之间不一定有面对面的直接接触或交往的群体。大群体一般分为两种：一种是在历史过程中形成的，在社会上具有一定地位，并长期存在的群体，如阶级、民族等。另一种是为着某种临时目的而暂

时联合起来的群体，如观众、听众等。小群体是指人数较少、成员间的关系比较密切，交往比较频繁，心理感受也比较明显的群体。

④松散群体、联合群体和集体。这种划分方法是苏联心理学家彼得罗夫斯基提出来的。他是以群体的发展水平和群体成员之间关系的密切程度为标准进行划分的。松散群体是指成员间虽在空间和时间上结合而成，但是却没有共同的活动内容、目的和意义，其成员只是集合在一起，他们之间并没有深刻的交往。松散群体的进一步发展，成员之间的关系进一步密切，就会形成联合群体。联合群体是指参加这种群体的成员为着共同的活动目的，从而联合起来，但这种共同活动只具有个人的意义。如达到一定团结水平的学习小组、球队，都属于这样的群体。联合群体的更高一层是集体，集体是群体发展的最高阶段，它是由共同的活动把成员密切联系起来的群体。这种群体不仅对成员个人有意义，而且还有着广泛的社会意义，也就是说，它既符合个人利益，也符合社会利益，是社会、集体和个人利益的统一。

⑤参考群体和隶属群体。参考群体也可以称为标准群体、参照群体和榜样群体。这种群体的目标和规范可以成为人们行动的指南，成为人们努力要求达到的标准。个人将自己的行为与参考群体的标准、规范相对照，如果发现自己与群体规范不合，则会修正自己的行为。隶属群体则是个人实际参加的群体。对于成员来说，他的参考群体可能就是他的隶属群体，但也可能不是他的隶属群体，也就是说，一个人参加了某个群体，却把另一个群体的准则作为自己的标准。

2. 什么是群体自我教育

群体自我教育是基于群体角色的两栖性而言的，就是群体中教育者与教育对象角色的相互依存、相互转换的自己教育活动。在群体自我教育中，在相互帮助或教育别人的时候，同时也在教育着自己。群体自我教育是一种群体式的自我发现、自我创造、自我调控的教育活动形式，它包括群体正面教育为主的讨论、群体发现调查、群体中树立榜样、群体友谊比赛和群体中的激励与批评等。群体自我教育又是社会中普遍存在的现象。人是社会的人，个体的群体归属感决定了群体是人存在的形式，只要有群体的存在，就有群体自我教育。群体自我教育包括正面的群体自我教育和负面的群体自我教育。正面的群体自我教育是积极、健康、向上的群体自我教育；负面的群体自我教育则是有悖于社会的群体自我教育，如犯罪群体。而我们所谈论的是一种正面的群体自我教育。

群体自我教育是建立在群体心理、群体规范、群体价值以及群体行为基础之上的，群体自身的特点，影响和决定着群体自我教育的特点。归结起来，有以下几点：

（1）一致性。社会心理学告诉我们，群体形成以后，为了保障其目标的实现和群体活动的一致性，就需要有一定的行为准则以统一成员的信念、价值和行为，也就形成了一定的群体规范。群体规范一旦形成，就要反过来对群体发生作用，这种作用小到每个人的穿衣戴帽、一言一行，大到成千上万人的一致行动。不仅如此，这种作用还是深入的、持久的，它使成员在社会生活中遵守共同的行为模式，沟通思想、交流感情，共同生产和生活。群体规范就像一把尺子，摆在每个成员面前，约束着他们，使其认知、评价都有一定的标准，从而形成共同的看法和意见。即使有个别人持不同的意见，但由于规范的压力和个人的遵从性，也势必使其与规范保持一致。不同的群体有不同的规范，群体规范不同，群体成员的认知和评价也就不同。认知的标准化作用并不是外在的、强迫的，而是内在的、自觉的，它已内化为每个成员的个人意识，在无形中发挥作用。

（2）潜在性。潜在性也叫无意识性。在群体中存在着强大的群体心理场，正是因为它的存在，个体的社会化、个体自我的形成，才得以进行下去，而这种群体心理场所产生的影响却是潜在的、无意识的，这正是群体自我教育天然的优势。正如心理学家鲁宾斯坦所指出的，人的自我改造，不能带着自觉的自我改造的意识去进行改造，而只能在社会活动中无意识地进行。加之群体心理所特有的吸引力，增加了个体对群体的归属感和认同感。它可以不受时间和空间的限制，几乎随时随地都能进行。只要群体存在，只要群体的向心力、凝聚力存在，无论个体走到哪里，群体自我教育都在发生着作用。所有这些，使得群体自我教育更具有其特殊的意义。

（3）广泛性。群体自我教育既可以是群体的自我创造、群体发现，也可以是群体内的相互鼓励、相互促进，还可以是个体成员的自我进取、自我实现。从教育内容上讲，可以是个体的思想、道德、行为，也可以是个体的心理、情感、兴趣，还可以是个体的衣着装扮、言行举止；从教育的方式方法上讲，它可以是有意识的、无意识的，也可以是文体娱乐、社会交往，还可以是树立典型榜样、开展批评和自我批评。可见，群体教育是极其广泛的现象。

（4）规范性。群体规范不仅约束着成员的认知和评价，还约束着成员的行为，使他们表现出一定的群体特点。群体规范对行为的定向作用，主要是为成员划定了活动的范围，制定了日常的行为方式，也就是告诉人们应该做什么、不应该做什么、怎样做等。人和动物不同，人是社会的人，其行为要受社会的制约，群体正是社会与个人的中介。社会准则通过群体才能影响个人，群体是影响个人的具体形式。

二、正确处理个体与群体的辩证关系

研究群体自我教育和个体自我教育相结合的原则，首先必须认清个体与群体之间的关系，它是我们提出这一原则的理论依据，它对于如何认识和贯彻这一原则，有着重要的理论意义和现实意义。

1. 个体与群体

个体和群体之间相互依赖、相互作用。一方面，个体依赖群体，无群体也就无所谓个体。这是因为：首先，群体使个人得以生存，离开群体，单个人根本无法生存，人就不称其为人。其次，群体使个人力量得以发挥和增强，个人的活动不论属于什么性质，都是在多层次的群体中进行的，离开群体，离开社会，任何人的个人作用都表现不出来。正如马克思所说，"我们知道个人是微弱的，但是我们也知道整体就是力量。"① 再次，群体为个人发展创造了条件。群体作为一种环境，对个人的培养、教育和发展影响很大，优秀的群体能为个体的聪明才智和个性发展提供良好的环境。

另一方面，个体影响群体，群体也依赖个体。首先，群体由个体所组成。没有一定量的个体，也就没有群体，离开单个个体的活动，就没有群体活动。其次，个体力量发挥的程度影响群体的力量。群体的所有成员都能积极发挥个体的力量，并齐心协力，群体的力量就得以增强。再次，个体才能和品质的发展状况也会影响群体，带动群体中的个体，尤其是优秀个体，通过自身的人格力量，形成良好的群体氛围。

2. 个体意识与群体意识

个体意识是个体的独特的社会经历与社会地位的反映，是个体独特的实践产物。群体意识则是一定的人群所结成的社会共同体的共同意识。个体意识和群体意识，在一定程度上存在着部分和整体、个别和一般的关系，它们同个体与群体有着密切的关系。个体意识和群体意识不仅相互依赖，而且相互作用。一方面，群体意识影响和作用于个体意识。每个人在自己的实践中、与他人的交往中形成个体意识时，总会受到他周围人的意识的影响，并同时受到一定群体乃至整个社会的意识及其历史传统的影响。另一方面，个体意识又影响和作

---

① 《马克思恩格斯全集》第1卷，人民出版社1979年版，第80页。

用于群体意识。有意识的个体,对于群体意识,或顺从或抵制,或批判或创新,总是这样或那样地影响着群体意识及其发展。

群体意识与个体意识还可以相互转化。在群体意识的熏陶下形成的个体意识,也就是群体意识向个体意识的转化。至于个体意识转化为群体意识,在历史上和现实中都是经常发生的。一旦某人的个体意识为社会群体所接受,个体意识便转化为群体意识。

三、贯彻群体自我教育与个体自我教育相结合的原则

根据群体和个体的关系可以看出:群体自我教育是个体自我教育实现的基础,个体自我教育又是群体自我教育的具体实现。实践证明,只有将群体自我教育与个体自我教育有机地结合起来,才能更好地发挥"平行影响"的教育作用,才能使自我教育向着健康的方向发展。

1. 个体自我教育是群体自我教育的具体实现

苏霍姆林斯基指出:"自我教育就是从这里开始的:让一个人去关心另一个人,力求看到自己身上的好东西在另一个人身上表现出来。"这里有两层含义:一是自我教育是从群体自我教育开始的。在群体中,教育者和教育对象的角色相互依存,相互转化,在相互帮助和教育别人的时候,同时也在教育着自己。二是个体是自我教育的具体实现。群体的自我教育首先是从个体自我教育开始的,个体以良好的自我修养去感染、促动另一个人,而另一个人又以同样的方式去教育身边的人,最终实现整个群体的自我教育。而个体的自我教育是靠个体自觉地自我认识、自我调控、自省自纠来完成的,就是能对自身的各种品质做出分析和有批判的评价,自觉地克服自身的弱点和缺点,能自觉地控制自身心理,管理自身举止,经常性地反省、鞭策自己,逐步养成"富贵不能淫,贫贱不能移,威武不能屈"的意志和毅力,不断实现自身的内化和外化,以外化的品格去影响周围的人。

2. 群体自我教育又是个体自我教育实现的有力促动

自我教育的实现一是在个体自我认识、自我修养中;二是在个体参加群体正面教育的相互影响和相互帮助中。个体参加群体正面教育活动,有利于通过群体规范来自觉约束自己的行为并为行为定向;有利于个体品格行为的自主调节;有利于相互交流感情、相互学习、彼此团结协作。个体品格的形成和发展,需要群体的监督和评价,在此基础上,才能在自我修养过程中进行自我调节。对于个体来说,群体是公正的评判者,典型是正面的导航灯。群体中开展

树先进、学先进的正面自我教育活动，这是坚持正面教育，用积极因素克服消极因素的最基本、最生动、最有效的方法。个体可以将自己的思想和行为状况与群体的共同目标、规范、要求加以比较，与群体中的典型楷模加以比较，判断自己的品格修养水平和主要存在的问题，听取群体或他人的意见，并根据意见和参照体主动调节自己的思想和行为。个体可以在群体正面教育和楷模作用下，汲取营养，以群体经验和典型充实自己、丰富自己、形成和发展自己完美的独立的人格。

3. 防止两种误区

一是要防止强调个体自我教育，否定群体自我教育的倾向。有的人认为，现代人尤其是知识分子，具有一定的个体性和独立性，个人相对独立地扮演一定的社会角色，他们能独立思考，能独立发现，并普遍具有独立的思想、独立的心灵、独立的见解和独立的人格，因此群体自我教育不适用于知识分子。这显然是片面的。怀疑甚至否定群体自我教育的作用，个体自我教育不但失去了推动自身的外部动力，还会导致脱离社会、脱离群体、脱离他人的"自我设计""自我奋斗"的个人主义。

二是要防止强调群体自我教育，否定个体自我教育的倾向。有的人在批判传统自我修养中唯心主义的时候，认为我国古代的思想家、教育家自我修养的方法是脱离社会实践的闭门"修身""养性"，是唯心主义的，因而，怀疑甚至否定个体的自我教育。这实际上是没有弄清个体的独立性、自主性以及个性的差异。

第三节　实践教育与自我教育相结合的原则

实践教育与自我教育相结合是开展自我教育活动的又一重要原则，它是区别于一切旧的道德修养的本质所在。自我教育之所以能够提高人们的思想品德，最根本的问题在于人们在改造客观世界的斗争中去改造主观世界。离开了各种社会实践而空谈所谓的自我教育，那只能是唯心的、形式的，谈不上真正的自我教育。我们说，实践是检验一切的标准，自我教育同样如此。自我教育活动的内容、方式及成效如何，最终要通过实践的检验。

一、实践教育概述

实践一词古已有之。在古希腊语中，实践即行动。苏格拉底说："只要一息尚存，我永不停止哲学的实践，要继续教导、劝勉我所遇到的每个人。"亚里士多德把人的道德行为看成实践。在汉语中，实践是履行的意思，如实践诺言即履行诺言，这实际上也是一种行动。现代语义上的实践概念则与之有很大的差别。实践和教育分属两个不同的概念，在实践中谋求教育，在实践中实施教育，在实践中达成教育，这就是我们提出实践教育的依据。

1. 什么是实践

马克思主义哲学认为，实践是标志主客体之间改造与被改造关系的哲学范畴，是主体能动地改造客体，同时主体自身也得到改造的一种物质性的社会活动。

（1）实践的特征。实践的第一特性就是人的意识对实践的能动干预。实践的这个特性，具体来说有以下几点：

目的性。人的意识对实践的干预，最突出地表现为实践是一种有目的的活动，目的贯穿于实践的全过程。首先，实践的目的来自实践主体的两种认识：一是实践主体对其自身需要的认识；二是实践主体对客体的性质、结构及其发展规律的认识。其次，实践的目的一经产生，就"作为规律决定着他的活动的方式"①，这表现在作为实践目的的具体化的计划和方案上，使整个实践过程具有明显的整体性。实践的各个环节和每一部分操作都以严格的程序进行并有机地衔接起来。整个实践过程表现为一个趋近目的的连续运动，直至目的的实现。最后，实践的目的性还表现在结果上。实践的结果，在实践开始时已经作为表象在实践主体的头脑中观念地存在了，最终的结果只不过是这种观念的外化，是实践目的的物化形态。

调节性。实践是一个自我调节的系统。这是人的意识能动干预的又一表现。由于实践是一种有目的的活动，所以整个实践过程就是实践目的的实现过程。在这个过程中，可能因为计划、方案的原因，也可能因为事先未考虑到的因素的影响和意外的情况，出现使实践偏离目标的现象。为了顺利而有效地趋近目的，就必须把这些情况及时反馈给主体，然后采取相应的措施进行调整。这就是实践过程的反馈、调节机制。

---

① 《马克思恩格斯全集》第 23 卷，人民出版社 1979 年版，第 202 页。

创造性。这是人的意识能动干预的另一种表现。创造，意味着生产出某种新事物。从根本上讲，实践活动必须遵循事物运动所固有的共同规律，但是，由于主体意识的能动干预，可以在规律所能提供的多种可能性中进行选择，同时创造也能在认识规律的内容、要求及其起作用条件的基础上，在一定的范围内改变规律起作用的条件，从而改变规律起作用的方式和结果。

社会性。实践的社会性是指实践的主体必须以一定的方式结合起来才能进行实践，实践的主体总是处于特定社会关系中的个人或人们。正如马克思所说，如果人们不以一定的方式结合起来共同活动和相互交换，便不能进行生产。

（2）实践的分类。关于实践的划分，不同的标准存在着不同的划分方法。一般来讲，根据实践的主体不同，可以把实践划分为个体实践、组织实践和社会实践；根据实践所指向的客体的不同，可以把实践划分为生产实践、社会实践、精神文化实践和管理实践；根据实践的结果所体现出的创造性程度的不同，可以把实践分为创造性实践和重复模仿性实践，等等。

2. 什么是实践教育

实践教育是指有组织地引导人们积极参加各种社会实践活动，从而不断地提高思想觉悟水平和认识能力，在改造客观世界的过程中同时改造自己主观世界的活动。

首先，实践教育是一种人类社会活动。活动是一个范围广泛的概念，它包括人的活动以及自然界的种种物质运动。实践教育作为一种活动，其主体是人，而且实践教育必须在一定的社会历史条件下，必须与他人结成一定的社会关系才能进行。

其次，实践教育是一种主体改造客体，同时主体自身也得到改造的人类社会活动。当主体作用于客体并改变客体时，也就同时改变了他自己。因为在实践过程中，主体一方面获得了关于客体的知识以及对客体进行改造的经验与教训；另一方面在对自己有用的形式上实现对客体的占有。实践教育的每一次成功，都使主体的实践教育能力得到提高，都使主体向自由迈进了一步。当主体通过实践教育活动改变客体，进而生产出一个满足他的需要的世界的时候，也就同时改变并因此生产出他自身。

最后，实践教育是一个关系范畴。实践与认识一样，始终是主客体关系的基本方面。认识的标志是主客体之间反映与被反映的关系，实践教育则标志着主客体之间改造与被改造的关系。

3. 实践教育的特点

实践教育和教育实践是教育活动中两个不同的概念，前者是教育活动的目的，后者是教育活动的手段。这就决定了实践教育自身的特点。

（1）针对性。实践教育作为整个实践活动重要目的之一，它要求要有更强的针对性和有效性。任何实践教育活动，都要坚持理论联系实际的原则，都要根据不同的教育目标、教育内容和教育对象，采取相应的实践教育途径和手段。同时要有目的、有计划、有组织、分层次、多渠道地开展实践教育活动。无论组织哪种形式的社会实践，都要有明确的目的性和长短计划，要有比较完善的组织形式和管理办法，这是实践教育能够取得成效的客观保证。

（2）反复性。实践教育是一个长期、复杂的过程，一两次的社会实践不可能取得教育的效果，因为要把实践教育中的感性认识成果升华到一定的理性认识，以至形成坚强的信念，实践教育不可能一蹴而就，必须要经过多次的、反复的、长期的社会实践，才能达到认识上的认同、情感上的共鸣、行为上的一致。

（3）广阔性。社会实践形式多种多样，而它的多样性决定着实践教育的形式是极其丰富的。教育者可以根据自己的需要，根据教育对象，选择多种教育参照体，或横向比较，或纵向比较，或正向比较，或反向比较。实践的主体既可以是个人，也可以是群体；实践的形式既可以是实地参观或考察，也可以是模拟。总之，实践教育无论在其实践的广度、深度，还是有效度方面，都为人们提供了了解社会、开阔视野、增长才干、完善自我的最有效最基本的教育途径。

二、正确处理实践活动与教育活动的关系

活动作为哲学范畴，特指人的活动。人的活动可以分为两大类：实践活动和认识活动，这里所指的是人的实践活动。正确处理实践活动与教育活动的关系，是贯彻实践教育与自我教育相结合的原则，是正确指导自我教育实践的客观要求。

1. 教育活动是实践活动的一项重要内容

人的活动具体形式多种多样，教育活动则是依据活动的目的而表现出的一种活动形式。教育是有目的、有计划、有组织的培养人的活动。它根据一定的社会需要，规定一定的方向，选择适当的内容，采取有效的方式，利用集中的时间，通过系统的知识传授和能力训练，使人获得比较完备的科学文化知识和

技能，形成一定的思想观念和道德品质。任何一项实践活动，都是由活动的主体、客体和手段三个基本要素的相互作用所构成的，这三个要素的性质、特点及其它们在相互作用过程中的规律性，规定着一种实践活动不同于另一种实践活动的本质特征。教育作为人的实践活动之一，其本质特性也不能例外地承受着这样的规定。

首先，教育者是教育活动的主体，它把受教育者作为对象，以其自身的活动来影响受教育者，促使受教育者身心得到发展。作为教育活动主体的教育者，以社会要求体现者的身份参与并主导教育过程，以其有目的有计划的活动来调整教育手段、教育内容以至整个教育过程，而使社会的要求得以实现。

其次，教育手段作为教育活动的中介，构成教育必不可少的要素之一。教育主体对教育对象的作用是以教育手段为中介的。教育者通过教育手段，把自己的目的、活动传导给教育对象，就是教育。这就是说，在主体有目的的活动中，教育者使教育手段和教育对象各自按照他们自身的特性相互作用，从而实现预期的目的。

再次，受教育者作为教育活动的客体，是主体性的客体。受教育者是人，人的身心构成人类实践活动的一个特殊的对象世界。人的身心发展就其主要的和根本的特性来说，必须在教育活动的影响下得以实现。

2. 教育活动是有意识、有目的的实践活动

人的活动并不都是有意识、有目的的活动，人的许多活动也具有本能的性质，某些活动是受种种下意识或潜意识的心理状态支配的，而教育活动是有意识、有目的的活动。在教育活动中，作为主体的教育者通过教育手段对教育对象发生合乎目的的影响，使教育对象的活动和变化按照教育者和教育手段所规定的方向和范围进行。但是，作为教育客体的受教育者也具有能动性和主动性，这不仅在于教育对象以自身的属性和规律性规定着教育活动的性质和方式，而且更重要的是，教育对象是人，人都具有主观的意志和意识，因此教育者有目的的活动要受到教育对象自身的目的活动的制约。教育对象已有的经验、知识、情感、意志、兴趣和需要等构成一个内部结构，它对外部的各种影响进行筛选、同化，因而教育对象对教育者所施加的影响具有选择性。教育的过程，同时也是教育对象有意识、有目地接受教育的过程，没有受教育者的参与，教育过程是不完整的，也是不可能的。随着个体的成长，教育对象的有意识性、有目的性将表现得越来越突出，越来越明显。

3. 实践活动是教育活动的外化

要谈论教育活动的外化，先要说明个体的内化。个体通过自己的实践活

动，获得了对外部世界、人自身以及人和自然界关系的认识和理解，这就是感性的、直接的、原始的经验。作为先前活动的结果，它们一方面构成以后活动的背景知识，另一方面形成个体的心理模式。个体的心理特征，包括个体的心理素质和心理模式，既是个体内在生理结构的机能，又是个体外部活动的内化和积淀。因此，个体具有什么样的心理模式和心理定势，总是与个体具有什么样的活动方式有着密切的联系。个体的某种活动方式，经过无数次的外部活动的重复和强化，就会内化为个体的心理定势和心理模式。从这个意义上讲，个体的心理活动和心理特征，都是人的外部活动和外在特征的延伸和内化，个体心理模式的形成离不开外部活动这一源泉。

活动的外化主要表现为活动产品的社会化和构成物质文明两个方面。而教育活动的外化，主要表现在以下两点：

指导自我再教育活动。自我再教育活动是自我教育活动的继续和发展。正如前面所谈到的，自我再教育活动同样是一种实践活动。个体通过先前的自我教育成果，利用已经获得的"背景知识"和良好的内化了的心理定势或心理模式，根据新的自我教育目标，重新审视自我，更好地指导自我教育实践。这种外化是一种经验、活动方式的外化，有着极其重要的作用。如：当一个人在先前的自我教育中，做某件事将要灰心时，另一个"我"提醒自己坚持下来，而且成功了。这是一种意志的锻炼，这在他的背景知识中，就形成了"坚持就能成功"的信念，且在其心理上产生"我是强者"的心理定势。所有这些，对其以后的自我教育就会产生直接的影响。

促进教育成果的社会化。人是社会化的动物，不可能脱离社会而孤立存在。从这个意义上说，个体的任何活动都是一种社会活动。但是，个体活动的结果毕竟是属于个人的，其影响和作用也首先局限于个体。要把个体教育的结果转化为社会活动的成果，就要有不同个体之间活动产品的交换、活动经验的交流、活动方式的传播，而这正是教育成果社会化的直接表现。这种交流和交换，在群体教育中是极其重要的，它有利于形成良好的群体氛围，有利于个体间的相互促进、相互发展，有利于群体价值的实现。

三、贯彻实践教育与自我教育相结合的原则

自我教育不仅是思想上的和心理上的自我修养，而且还包括与之相联系的在实践中积极行为方面的锻炼。真正的自我教育，应该把二者有机统一起来、身体力行，这是自我教育的内在要求。

1. 实践教育是自我教育真正的基础

加强自我教育,提高自我教育能力,必须和实践教育相结合,这是区别于一切旧的道德修养的本质所在。自我教育之所以能够提高人的品德,最根本的问题是在改造客观世界的斗争中去改造主观世界,离开各种形式的实践教育,自我教育也无从谈起。可以说,实践教育是自我教育的基础。这是因为:首先,人是社会的人,具有社会属性,正如马克思所说,人不是单个的抽象物,在其现实性上,他是一切社会关系的总和。自我教育同样是一种社会性的行为,任何自我教育都不能孤立进行,只有在实践教育中,在对别人、对群体的各种关系中,才能认识到自己哪些行为是道德的,哪些行为是不道德的,从而在集体的帮助和影响下,在实践教育中自觉地去克服自己不道德的思想和行为,形成良好的品德。其次,自我教育的一个重要原则就是身体力行,也只有在实践教育中,个体才能真正懂得时代所赋予的思想原则和道德规范,并逐步把这些原则和道德规范运用到自己的学习、生活和言论中去,并以它们为镜子,对照、检查、改正自己思想中与之不相符合的东西。这个过程就是自我教育的过程。再次,个体在实践教育中总会受到各种思想和道德的影响,不能希望一蹴而就,一次完成。自我教育是一个从认识到实践,循环往复不断提高的过程,也是一个复杂细致而长期的实践过程。只有通过实践教育这个环节,才能真正增长和提高个体的思想道德水平,才能真正修正和完善个体的自我教育能力。

2. 实践教育为自我教育提供了广阔天地

自我教育因主体的职业、年龄、性别而多种多样,也决定了自我教育的内容、途径、方式、方法也千差万别。而实践的领域是广阔的、丰富的、生动的,只有真正进行自我教育的人,并勇于走进社会、走进生活、为社会服务,才能够在实践中锻炼自己、提高自己、发展自己。正如宋代诗人陆游所总结,"纸上得来终觉浅,绝知此事要躬行。"每个人可根据自己的工作、生活、学习实际,采取不同的实践教育方法。或参加集体劳动,或到基层锻炼等,在此基础上,不断培养和提高自我教育能力。要防止那种轻视实践教育的倾向。旧的自我修养,多是唯心的、形式的、脱离社会实践的,什么"十年面壁""闭门思过",即使是强调"躬行实践",也是个人的道德实践。

第七章

自我教育方法论

德之不修，学之不讲，闻之不能从，不善不能改。

——孔子

人们观察和处理任何问题都必须采用一定的方法。所谓方法，就是主体在认识世界和改造世界中所采用的方式或手段。一定的方法必须与一定的对象相适应。方法的多样性是由对象的多样性决定的。自我教育的对象是人主体自身。主体的多样性决定着方法多样性。即使是同一主体，由于"人"的特点，其方法也有其特殊性。在这里，我们依据自我教育的方式、自我教育的手段以及自我教育的特殊对象，将自我教育的方法分为一般方法、具体方法和专门方法。

第一节 自我教育的一般方法

一般方法就是一般的认识方法，它在方法论中处于较高水平。自我教育的一般方法是对自我教育活动的方式的认识。自我教育的方式多种多样，按照自我教育主体、自我教育自觉的程度，主要有：自我定义法、自我修养法、自学自得法、互动自教法。

一、自我定义法

自我定义是指个体自我对自身下定义，即按照某种认识论对自身做出的特定的认识和评价，并形成某种相应的自我概念的过程。自我概念是个体自我认识的总和，它包括了个体对自己的认识，对自身与环境交往关系的认识，还包括了个体的经验、理想、目标、自我价值和自我态度等。自我概念是个体对自己的活动能力、知识、行为以及成效的自我评价，是个体行为的控制者和指导者。

自我定义之所以成为自我教育的一般方法，一方面是因为自我定义是一个自为的行为。正如黑格尔所认为的，对人的概念的不理解、不认识，那这种人只是处于一种自在之中。只有对人的概念的了解，才能把自在的人变成自为的人，人的才能才会得到相应的展开，才会与外界发生最有效的互动。另一方面是由自我定义的教育功能所决定的。个体要形成一个完整的自我定义，除社会教育外，自我认识、自我态度、自我评价等的自我教育作用也直接影响着自我概念的形成。西方一位教育家曾说过，所有的教育活动，都与人的概念有关。

自我定义所形成的自我概念是多维度、多层次的。不同的职业规定着不同的自我概念。即使同一职业，由于个体差异，也会形成不同的自我概念。按层次划分，自我概念又可以分为学习的自我概念、情感的自我概念、道德的自我概念等。

自我定义的过程是自我认识、自我教育和自我发展的过程。有人从教育人类学的角度出发，将自我定义划分为三个阶段，即准定义阶段（未达到特定社会文化水平的定义）、传统定义阶段（符合现行社会文化水准的定义）和未来定义阶段（超越传统，从发展着眼点上的定义）。在这里，从自我教育的角度来看，每个人的自我定义实际上都必然包含这三个阶段。个体要从准定义达到传统定义再到未来定义，必然是一个自我接受、自我学习、自我修炼的过程。

个体的活动离不开自我定义，自我教育作为个体的一种特殊的活动，也必然如此。一是个体是在自我定义的基础上知觉环境的，从而进行反映选择，个体在认识环境和改造环境的同时，也认识和改造着自己。二是自我定义是个体与环境交流活动的调节因素和动力因素，个体的行为由自我定义进行评价，提供反馈信息，以改变活动的方式、强度和内容。

由于自我定义一旦形成，就保持着相对稳定的状态，成为个体自觉自控的活动因素，因此，在自我定义时，要形成积极的、高自我概念，避免消极的、低自我概念。积极的、高自我概念能提高个体自信心，增强自我悦纳感；消极的、低自我概念导致自我评价偏低，表现为自卑和孤僻。以学习为例来分析，学习的自我概念与学习行为的成功失败有着重要的联系。积极的自我概念是学习成功的必要基础，个体依据自我概念并参照他人的评价来衡量学习是否能达到期望水平。高自我概念进一步强化自我学习行为，提高自我学习的积极性；

低自我概念易倾向于自我否定，常常逃避学习情境或者进行被动的强迫学习，加之强烈的失败，使个体遭受挫折，产生情绪障碍，导致学习成绩和自我概念的恶化，形成恶性循环。

当然，自我定义要防止盲目性，因为不切合实际的过高或过低的自我定义，不但于己无补，反而会降低自我教育的效果。

二、自我修养法

自我修养法是自我以一定的世界观、价值观、人生观进行自我道德修炼的方法，它是自我道德教育的重要方法。历史上的进步思想家都重视对自我道德修养的理论和方法的研究，强调自我道德修养的重要性。在西方思想史上，伦理学创始人亚里士多德就系统研究了道德修养的方法，他指出：理智的德性，是由于训练而产生和增长的，道德的德性是习惯的结果。文艺复兴时期的思想家们则认真研究了有利于道德修养的社会环境和心理基础，并以此作为反封建禁欲主义和教会专制的武器。18世纪的启蒙思想家认真研究了教育与环境对人性自我改善所产生的重要影响作用。我国古代更是重视自我修养。孔子不仅强调"修己以敬"，而且强调"修己以安百姓"。孟子更注重德性涵养要依靠"自得"，他认为："君子深造之以道，欲其自得之也。"儒家经典《大学》更把"正心""诚意""修身"提高到"治国""平天下"的高度。

自我道德修养是指主体在道德品质、道德意识中的一种自我约束和自我改造，从而达到自己所敬仰的某种道德境界。因而自我道德修养实质上是一种人性向善的自我约束和自我改造。借用马克思的话来说，道德修养的实质无非是"人类本性的不断改善"。

我们甚至可以说，整个人类的发展过程也不外乎是人的自身素质修养提高的过程，而自我道德修养则是最有意义的修养之一。也因为这样一个原因，在道德生活领域中，自我道德修养往往构成了主体的积极性和创造性的真实内涵。在自我道德修养中，主体从道德规范的客体而变成道德规范的主体，或者说主体真正占有了自己的主体性，因而社会道德规范所提出的道德要求，才据此得以转化为个人内心的信念，并将这种内心信念转化为实际的道德行动。而这样一个过程也就是主体在改造外部世界的活动中改变自己的内心世界的实践活动，自我正是在这种活动中显示自己的存在价值和尊严。也因为自我道德修养的这种"人性自我完善"的实质，决定了自我道德修养的特点具有高度的实践性和自觉性。

我们在自我道德行为实践中，就必须自觉地遵循以下原则：

一是自我道德修养是一种特殊的实践活动。道德自我是实践的主体又是实践的客体，其实践的目的是使自我本性向善，这是一个艰辛曲折的精神净化和充实的过程，自我要在其中忍受许多痛苦和磨难，但没有这样一个自我规范的实践过程，自我人性的改善就永远是一种虚幻的理想彼岸。

二是自我道德修养是一种高度自觉的活动。自我修养是一场内心的反省和反省基础上的自我提高，这个过程没有外在的、异己的强制力量干涉，而是主体自己对自身的约求和改造。没有自觉性也就丧失了自我道德修养的全部的真实意义。

三、自学自得法

自学自得，广义而言，是指自我在学习过程中所持续一贯的带有个性特征的学习方式和学习倾向。狭义的自学自得就是自我为完成学习任务而采取的策略、方法或步骤。

提到学习方法，似乎是老生常谈。在人们的日常学习中，有意无意、或多或少地存在着重理论轻方法的倾向。从表面上看，学习方法只是一般性的学习方式和步骤，即学习者为完成学习任务而采用的方法或步骤。其实，学习方法与学习过程的实质、阶段、心理条件等有着密切的联系，它不但蕴含着对学习规律的认识，而且也体现在对学习内容贯通和理解的程度。在一定意义上，它还是一种带有个性特征的学习风格。正确的学习方法，常常使学习者融会贯通、触类旁通、事半功倍；不正确的学习方法，会使学习者假道谬途、俯首一隅、事倍功半。学习方法因人而异，但优良的学习方法应该是循序渐进、熟读精思、自求自得、博约结合、知行统一。

循序渐进就是按照科学知识的体系和自身的智能条件，有计划有步骤地进行学习。它要求人们应从基础知识做起，脚踏实地，切忌好高骛远、急于求成。古人曾举"拔苗助长"的故事告诫人们，循序渐进是客观规律，也是学习规律。循序渐进是由其客观条件决定的：一是知识本身具有一定的逻辑顺序；二是人的心理、智能是逐步发展的。因此，学习必须遵循其顺序和层次，由少至多，逐步加深。循序渐进的学习方法体现为：一是要打好基础。"九层之台，始于累土；千里之行，始于足下。"这样的古训已不为人生疏。二是由易到难。在自我学习中，要注意由近及远、由浅入深、由表及里、由粗入精、由易到难。三是量力而行。即制订学习计划要从实际出发，将近期目标和长远目标区分开来，不可放松自己，但也不能给自己施加过大的压力。

熟读精思就是要按照记忆和思维的辩证关系进行学习。即要求在学习中把记忆与思维紧密结合起来，两者不可偏废。我们知道记忆与思维是密切联系、相辅相成的。一方面，要在记忆的基础上进行思维，这样思维才能"通透"；另一方面，要在思维的参与下进行记忆，这样记忆才会"精熟"。"熟读"首先要做到"三到"：眼到、口到、心到。心不在，则看不仔细；心不专，则决不能记，记也不长久。其次要多记数遍，读中有记，记中有读。只读不记，实属妄读。"精思"首先要善于提出问题和解决问题，用"自我诘难法"反躬自问，检查自己的怀疑是否有根据，用"众说诘难法"认真研究分析，辨明异同是非，最终提出自己的见解。其次要深入地进行思考，细心体会。如同饮食，细嚼慢咽，其味必长；大咀大嚼，终不知味。

自求自得就是要充分激发自我学习的主动性和积极性，尽可能发挥自我内在的学习潜力，培养和提高自学能力。孟子曰："君子深造之以道，欲其自得之也。自得之，则居之安；居之安，则资之深；资之深，则取之左右逢其源。"[①] 意思是说，一个人要在学习上依循正确的方法得到高深的造诣，就要积极主动地有所得。有所得，就能巩固所学到的东西，就能逐步积累丰富的知识，据此，在应用的时候，就能得心应手、左右皆宜，就能追本穷源、透彻理解。因此，自求自得的学习方法要求不要为读书而读书，应当把所学的材料消化吸收，得之于心，变成自己的东西，把学习从"记得"水平提高到"晓得"水平，最终提高到"明得"水平。这样才能做到由教师的"点化"到自我的"解化"，防止那种"博学多识，留滞胸中"的"伤食之病"的学习弊病。

博约结合就是要遵照广博和专精的辩证关系进行学习，即要求人们在学习中把博学和精研结合起来。众所周知，博与约的关系是在博的基础上去约，在约的指导下去博。不博不约，不约不博，博而后约，约而后博，博约结合相互推进。在学习中，以博为基础的约才是真正的约，脱离了博的约则会使学习走向死胡同。同样，以约为指导的博才是真博，脱离了约的博则会使学习杂乱无效。坚持博约结合，一是要广读。不能死抱书本不放，要广泛阅读与之相关的书籍，这样才能有比较、有鉴别，丰富知识，拓宽思路。"读书破万卷，下笔如有神"就是这个道理。二是精读。要做深远的专业学问，就必须精读某些书籍，要有"字求其训，句索其旨"的精神，发现问题，展开思考。

知行统一就是要遵循知与行亦即认识与实践的辩证关系进行自我学习，要

---

① 《孟子·离娄下》。

在学习中把知识和践履结合起来。切忌学而不用、口是心非、表里相乖。"知者行之始，行者知之成"，以知为指导的行才会行之有效，脱离知的行则是盲行。同样，以行为检验的知才是真知灼见，脱离行的知则是空知。因此，知行统一要坚持实践的原则，一要学以致用，即通过学习所掌握的知识、明白的道理，能经世致用、解决实际问题。否则，那只不过是"藏书的行箧"，于己、于社会皆无补。二要躬行实践，即把学习得来的知识，用在能力素质的锻炼上，成为对国家、民族、人民有贡献的人。

四、互动自教法

互动自教法就是自我间在交往中相互启发、相互学习的一种自我教育的方法。西方社会学认为，人与人的一切交往过程都充满着解释和意义。自我在社会生活中，每时每刻都在与他人发生关系。如与他人相协调、互助、适应，受他人行为的暗示、模仿、同化，或与他人竞争、冲突等。我国古代就非常重视人与人交往的教育作用，孔子就以"三人行，必有吾师"来教育其弟子。可见，互动式自我教育在现实生活中是一种普遍存在的自我教育方法。

互动在自我教育中具有重要的意义。互动是个体交往中必然呈现出的一种形式，它除了可以满足自我归属感之外，还可以激发个体的智力、体力和情动力，使个体在广泛、深刻的社会交往中，获取大量知识，激发创造欲望，并把这种欲望转化为行动，付诸于实践。同时它可以使自己清楚地认识到自身的优点和不足，取长补短、提高自我价值。

由于互动自教具有心理相容性，这就为自我教育提供了坚实的心理基础。心理相容是个体互动的前提，趣味相投、心理相合，并在交往活动中相互影响、相互渗透、相互传递信息、相互模仿言行，形成共同的心理体验，在此基础上，个体在兴趣、爱好、志向、信念等方面也趋于一致，相互理解、相互帮助、相互启发。这样的例子很多，歌德和席勒，不仅是两位大诗人，也是一对好朋友，由于他们有着共同的理想和目标，在创作中互相鼓励、互相学习、互相品评、互相帮助，在各自许多不朽的作品中，都包含着对方的心血。正如歌德所说，"我和席勒的关系是建筑在我们两人追逐共同目标的确定不移的方针上的。"

马克思和恩格斯可谓是这方面的典范。他们作为一对亲密的战友，共同创立了马克思主义。在共同的事业中，他们互相帮助、互相支持、互相关心，情同手足。仅就一例说明：1866 年 8 月至 10 月，针对如何评价德国自然科学家特雷莫的《人类和其他生物的起源和变异》，两人发生了争论。马克思说特雷莫的书"是一本很好的书"，"这本书比起达尔文来说是一个非常重大的进步"，"在运用到历史和政治方面，比达尔文更有意义和更有内容"。恩格斯不同意马克思的意见。他说："我还没有读完，但是可以断定光是下面这一点就说明他这一套学说是空洞的，他不懂地质学，也不会做最起码的历史文献批判。因此，这本书没有任何价值。"马克思反驳了恩格斯的看法。几经讨论，恩格斯接受了马克思的意见，在某些方面也保留了自己的看法。马克思也同意了恩格斯的看法，指正了该书中存在的缺点。这样双方都纠正了自己原来的某些偏颇。

当然，在日常生活中，个体间互动也具有较大的自发性。在互动中要坚持自己，既要学习对方的优点，看到自己的不足，以利自己进步，又不能盲目地、无原则地适应对方；要坚持良性互动，切忌不良的心理、观念和思想的感染。尤其是青少年，由于自我意识尚未健全，人生观、价值观尚未形成，个性心理品质比较脆弱，加之个体互动具有很强的亲和感，很容易受不正确的思想和行为的影响。

互动式自我教育方式多种多样，如"一帮一"活动、"假如我是……"的讨论等，使自己在认识别人、帮助别人的同时，也教育了自己。

第二节　自我教育的具体方法

自我教育的具体方法就是我们常说的自我行为的方法。在我国古代，思想家们曾对自我修养方法作过许多缜密的研究，提出了不少有价值的思想，给我们留下了许多深刻的启示。如：学习、克己、内省、静坐、励志等方法，至今仍有积极的意义。在这里，结合自我教育的特点和规律，提出几种主要的自我教育方法。

一、内省法

内省是一种活动，它是个体对自己的言行进行的反思与评价。它是人们进行自我教育的主要方法。

内省，作为一种思维方式，在西方心理学史上，从精神分析学派所惯用的自由联想到结构主义者所惯用的经典内省,它以不同的方式被应用着。

关于内省的本质,西方学者持两种观点。一种观点认为,内省是不可能的,认为一个人不能同时做两件事情,至少不能用同一器官同时做两件事情。如孔德说:"思维者不能把自己一分为二,让一个进行推理,而让另一个去观察他的推理,既然推理的器官和进行观察的器官是同一的,在这样的情况下,观察怎能发生呢?"另一种观点认为,内省是可能的。如约翰·穆勒说:"通过记忆的中介,一事实可以不是我们正在知觉它的片刻,而是在随后的片刻来进行研究的。实际上,通常我们就是用这种方式获得关于我们的理智状态的最完备的知识的。"

我们认为,内省是一种积极的自我意识形式,是主体我对客体我的反省。这里的内省,不仅仅是认知和体验,不仅仅是"使人能够作出旨在描述自己的心理过程的陈述",还具有积极的评价意义。这种积极的评价将肯定与否定、正价值与负价值区别开来,使前者变为实现存在的价值,使后者成为自我拒绝接纳的价值被排除在外。因此,内省表现为反思和反省两种运动状态:反思是内省的表层次,是一种自我认识和自我体验状态;反省则是深入到自我内心,是自己对自己的思想道德评判。陈毅同志的一首诗很好地描述了内省这一过程:"中夜常自省,悔愧难自文","灵魂之深处,自掘才可能。"前两句是自我反思,后两句是自我反省。我国古代许多思想家、教育家十分重视这一"内省"的自我修养方法。孔子说:"内省不疚,夫何忧何惧?"又称"吾日三省吾身"。明代的大哲学家王阳明在《传习录》中更是强调"省察克治"的功夫,等等。当然对待"内省"的方法,也要采取一种辩证的态度:一方面,"内省"的确构成道德修养的认识前提,是道德主体的一种自觉地规范自己的愿望和冲动,离开了这个愿望和冲动,道德修养就不可能实现;但另一方面,仅有"内省"还是不够的,"内省"的自我解剖只为道德修养的实现提供了一种可能性,这种可能性的实现还必须依赖于道德的实践。

内省法经常为人们用来自我修养。谢觉哉同志很形象地说,自己跟自己打官司,自己当"被告",自己当"律师",自己当"法官",自觉抵制和消除一切不良思想和道德的影响。

内省,贵在坚持,要形成制度。每日"参省",持之以恒,防止一日曝十日寒,这样才能起到内省的效果。内省的形式多种多样,如记日记、静思等。正如我国著名教育家杨杏佛所说:"日记虽小课,然作时多在清夜,追省一日所为,无异衡其历过,防患未然,悬崖勒马,皆在此时。若日日无间断,虽无意自省已尽自省之功矣。"的确,清夜之际,临睡之前,打开日记,握笔凝视，整理思想，功则记功，过则记过，是之为是，非之为非，该进当进，该退则退，洞察问题，反省内心，提出要求，督促自己，极尽内省之功。杰出的革命领导人恽代英在其1919年日记的首页上写道："余作日记且十年矣，誓不中辍，吾以是观吾品性也。"他14岁就开始记日记，把日记作为"最良的"修养方法，以此经常反省检查自己的言行，处处严格要求自己，砥砺自己的德行。

二、"慎独"法

所谓"慎独"，就是说个体在单独活动、无人监督、不会被人发现的情况下，即使有不良的诱因，也能自我监督、自我控制。它是自我教育的较高境界，它包括道德观念、情感、意志、信仰等内容。如果把道德境界作一个抽象和一般的规定，那实质上就是达到一种"慎独"的道德觉悟水平，而为了达到这一"慎独"的道德觉悟，又必须要有"慎独"的道德修养方法。所以，"慎独"是修养方法和境界的统一。

"慎独"是儒家自我修养的用语，《礼记·中庸》说："天命之谓性，率性之谓道，修道之谓教。道也者，不可须臾离也，可离非道也。是故君子戒慎乎其所不睹，恐惧乎其所不闻，莫见乎隐，莫显乎微。故君子慎其独也。"古人从人的天性出发，提出"道"（即道德），进而提出了教化、修养的重要性和必要性。作为一种修养境界，"慎独"是"须臾不离道"，强调道德主体的自觉，"慎独"不是外在强加的要求和规范，而是从人的"天命之性"中内化而来的。而作为一种修养方法，"慎独"强调"戒慎"，它强调一个有道德的人，在别人看不见的时候，总是非常谨慎，在别人听不到的情况下，总是十分警惕。如果我们摒弃儒家"慎独"的唯心主义的糟粕，作为一种自我教育的方法，是很有借鉴价值的。刘少奇同志在《论共产党员修养》中指出："对于一个认真修养的共产党员来说，即使在他独立工作、无人监督，有做各种坏事的可能的时候，他能够'慎独'，不做任何坏事。"无独有偶，苏霍姆林斯基也说："独自一人时不做坏事、丑事，没有庸俗表现的人，才是正常的人。"汤姆斯·麦可来也说："在真相肯定永无人知的情况下，一个人的所作所为，能显示他的品格"。可见，"慎独"作为一种自我教育的方法是有效的。

"慎独"是依靠在实践中所形成的内心信念来支配自己的行动的，是衡量一个人道德觉悟和思想品质的试金石。一个人只要经过艰苦的努力和刻苦的锻炼，树立共产主义的道德观，按照自己的内心信念去行动，任何时候也不逾越所应遵循的道德规范，就能达到了"慎独"的自为境界。

利用"慎独"法进行自我教育，首先，个体应在"莫见""莫显"的情况下，自觉地自我监督、自我控制。其次，个体应自觉地在"隐""微"方面，开展两种思想的斗争，不放过任何小事。"勿以善小而不为，勿以恶小而为之"，坚持从大处着眼，小处着手，锻炼自我教育的能力。

"慎独"是一种无所不在、无处不有的道德自觉和自律的方法。在人独处时，最易肆意妄行，但恰恰是内心深处的念头、隐蔽的行为、细微的举动，才最能显示一个人的灵魂。坚持"慎独"，去除哗众取宠之心，有人在场和无人在场一个样，不容许任何邪恶的念头萌发，才能防微杜渐，使自己的道德品质纯洁高尚。"慎独"诉诸于人的是高度的自觉和自我主宰精神，是真正使道德修炼成为自我实现的重要手段，从而使自我达到较高的道德境界。

三、自策法

自策法又称鉴戒法，它是以座右铭、个人小结等形式来提醒、鞭策自己的方法。

座右铭作为自我修养的一种方法，自古至今，广泛地为人们所用。早在《论语·卫灵公十五》中就说："子张书诸绅"。绅者，大带子。子张把孔子的话写在带子上束之于身，经常对照。《朱史·吴介传》中说："介善读史，凡往事可师者，录置座右，积久，墙牖皆格言也。"这恐怕就是座右铭的来历。后来，可置"座右"的就不囿于"可师"之"往事"，凡能指导自己行为的格言，如往事、今事、抄录、创作等皆可成为座右铭。

用座右铭锻炼意志，早已有之。清朝河南布政史张濯，因目不识丁常被朝中官员歧视，他深以为耻，遂发愤读书，拜妻为师，并请人刻一方"目不识丁"的印章，常佩身上以自警。几年以后，他竟然"淹通国史，诗文自有古法"，成为一个很有学问的人。我国民主革命先行者黄兴的"笔墨铭"也很出名，"笔铭"为：朝作书，暮作书，雕虫篆刻胡为乎？投笔方为大丈夫！"墨铭"为：墨磨日短，人磨日老。寸阴是竞，尺璧勿宝。黄兴以笔墨两铭磨炼自己，终成辛亥革命的一名主将。革命前辈徐特立四十多岁学法文，曾书"日学一字，五年为成。"后来，他坚持不懈，三年就掌握了法文。这样的例子在现实生活中有许多。

座右铭一般文字不多，但言简意赅，赫然置于案首塌边，对人具有自警、自策、自励之效。但是，座右铭，人皆能之，要起作用，还需要具备两个条件：一为正确，二为坚持。错误的言语，必将害己不浅。然而，纵有绝妙格言箴语，镌刻座右而不付诸实践，徒供摆设玩赏而已。法国启蒙思想家孟德斯鸠在其《波斯人信札》中描写了一个法国人，他摘录了箴言警语一百一十八条之多，但无一条认真实行之，只是"逢有机会，以此显耀"而已，到头来仍是庸碌无为。

座右铭的形式多种多样，不拘一格，生活中能够自警、自策、自励的东西很多，当你决意改掉某一不良习惯而囿于惰性之诱，或潜心钻研而碍于不解之惑，或立志锻炼而陷于懈怠之时，置座右箴言于案首榻边，力量顿生，困难、动摇、懒散遂之而退。

个人小结也是自策的一种形式，它是借助于语言文字载体，运用自我报告的形式对自己以往的思想和行为所做的阶段性的总结。通过个人小结可以分析自己的成绩和不足，以便在以后的工作、生活和学习中发扬成绩，克服不足。个人小结，要防止以偏概全，即把自己一次实践的成功、一次机遇的把握视为实现了全部的自我，由此而飘飘欲仙、骄视旁人；或把一次实践的失败、一次机遇的失去视为自我无望，逃避自我。

四、"自讼"法

"自讼"法是指对待自己的不足或错误能认真检查并作自我批评的方法。"自讼"也是儒家用语，最早见于孔子"吾未见能见其过而内自讼者也"。讼者，责备也。自讼就是自己责备自己，也即自我谴责、自我批评，它是自我教育中又一条基本的方法。毛泽东同志曾经指出"批评和自我批评的方法是自我教育的基本方法"，并把自我批评作为我们党的三大优良作风之一加以倡导。因此开展自我教育就必须对自己的过错进行批评，否则，忽视或迁就自己，就只能导致自我教育的失败。

开展自我批评，首先，要有勇气面对自己的错误。周恩来在其《我的修养要则》中规定："要与自己和他人的一切不正确的思想意识作原则上的斗争。"鲁迅先生也曾说："我不仅解剖别人，而且时常解剖我自己。"开展自我批评应当是对自我灵魂中的污垢郑重其事、严肃认真地自我清洗，而不是马马虎虎、文过饰非的自我掩饰；应该是诚心诚意的自我谴责，而不是敷衍塞责的自欺欺人；应当是言行一致、光明磊落地自我审判，而不是表里不一、阳奉阴违地蒙混过关；应该是深刻地自我解剖，而不是简单地敷衍了事。正视自己的错误，不是自我贬低，而是为了自我发展；逃避自己的错误，最终只能导致自我毁灭。其次，开展自我批评不是目的，目的是改过。古人曰："过而改之，不谓过也。""过而不改，是谓过也。"这就是说，人免不了要犯错误，但应该严肃认真地对待自己的错误，争取"不贰过"。有错不改，有错未能改，反而用更愚蠢的办法去掩盖错误，并制造新的错误，那就不可能使自我摆脱错误的束缚，就会使自我在错误的道路上越走越远，在错误的泥潭中越陷越深而走向自我毁灭。有错能改，有错即改，突破自我虚荣感，实实在在地、不因时因地而异。再次，自我纠错，还需要采取恰当的、有效的措施，措施不当或有效性不足，则虽有纠错的良好愿望，也不能收到理想的效果。措施得当，针对具体错误，采取相应的、稳妥的办法，达到迅速、彻底、全面纠错的理想效果。其四，开展自我批评就要不惧怕别人对自己的批评，否定他人对自己的批评不是真正的自我批评。总之，正确的自我批评不仅能提高自我的认识，而且在自我教育中，还会进一步加强自我控制，促进自我修养。

五、"思齐"法

"思齐"法又叫借助榜样法。古人云："见贤思齐焉，见不贤而内自省也。"近代教育学家杨贤江也曾说："贤于我者，奋心力以则效之。"用于现在，则是向榜样看齐，它是借助榜样的力量来自我对照的自我教育方法。我们常说，"榜样的力量是无穷的"，而榜样不是凭权威的地位形成的，而是靠自身的品质，即自身的人格得到世人的公认的。因此，"思齐"法具有强烈的感染力，能积极地促使个体进行自我教育，即促使个体有意识地、自觉地向榜样看齐，用典型人物的思想、先进事迹来教育自己，力求使自己达到榜样的水平。

在实际生活中，人们，尤其是青年人，大都有崇拜的"偶像"，或为领袖、老师，或为名人、明星等等。例如，荷兰科学家范德瓦尔斯年轻时半工半读，他住的隔壁曾是欧洲著名思想家莱顿·约翰的故居。约翰出身低微，家境贫寒，但他自幼好学，又有惊人的钻研精神，虽然只活了短短的 27 个春秋，却创造了独树一帜的哲学理论。范德瓦尔斯常以这无形的"邻居"为榜样，时时提醒自己。"莱顿·约翰也是穷苦儿，为什么他能大有作为，我就如此没有出息？"他在此生活、学习了十几年，后来终于获得了 1910 年的诺贝尔物理学奖。可见"思齐"法是现实生活中普遍存在的方法。运用"思齐"法进行自我教育，关键是要选择好榜样，这就要求选择榜样要具有先进性、典型性和真实性。先进性体现了榜样的先进思想和道德品质，而不是低级趣味；典型性体现了榜样的先进事迹，而非一时一事；真实性体现了榜样是理想与现实结合的产物，而非假大空或一般人。

六、"笃行"法

"笃行"法又叫践行法，它是个体在其生活实践中进行自我教育的方法。

社会实践是自我教育的基础，任何自我教育方法都离不开社会实践。自我的现实把握、自我的目标确立都必须深深地扎根于现实生活中。社会实践影响着自我教育的广度、深度和有效度。首先它为自我教育提供了广阔的天地，有着广泛的自我认识、自我比较的空间。其次，社会实践还可以丰富体验，从而加深自我的理性认知，纠正自己不正确的思想观点。最后社会实践还可以使个体的思想道德得到锻炼和升华。总之，重视社会实践是自我教育的根本。

"笃行"并不是盲目的，而是有明确的自我目标和自我要求，并按照这种目的和要求进行自我锻炼，以期形成良好的自我行为习惯。

"笃行"是反复多次的，自我认识的提高、自我调控的加强都必须在多次的自我践行的基础上完成，不断促使自我向前发展。

"笃行"的形式多种多样，如参观、调查；参加歌咏、征文、书评、影评、书展、讨论会、辩论会等。这些活动可培养个体的思想品德，提高自我教育能力。

"笃行"法对当代青年具有重要意义。由于青年生活阅历、社会实践经验相对贫乏，自我认识、自我评价能力尚待提高，参加社会实践，会使他们端正自我在社会中的地位和作用的认识，加强自我品德修养。

第三节　自我教育的专门方法

在研究了自我教育一般方法和具体方法之后，我们之所以提出自我教育的专门方法，是因为自我教育活动是一种广泛的教育活动。不同的自我教育主体存在着不同的教育方法，尤其是特殊的自我教育主体，如：犯罪主体、心理障碍主体等。这些特殊的自我主体在自我教育中就形成了专门的自我教育方法。

一、自我忏悔法

自我忏悔法是针对犯罪主体而言的，它是行为主体对自身罪恶的一种深刻醒悟和自咎，并通过一定的表达方式承认自己的罪过和谴责自己过去的行为的方法。日本伦理学家丸敏雄在其《实验伦理学大系》中认为，消除罪恶的方法，首先就是对罪的自觉，"这就是指自己正确地意识到有罪，也就是如实地抱有犯了罪的感觉，清楚地在实际上感到自己是犯那种罪，感到那是多么大的罪"。这就说明，要有效地防止或惩治罪恶的发生，必须启发主体的罪恶意识，并进行自我忏悔。

自我忏悔是一种特殊的心理活动。首先，自我忏悔是主体对自身罪恶的一种深刻的自觉醒悟。所谓自觉，是主体在没有任何外在压力的情况下，出于内在良心的作用，主动解剖自己，使其罪恶自我曝光。在自我忏悔过程中，主体既是原告，又是被告，是自我与自我"打官司"，是自我对自我进行道德审判。自我忏悔既不是自己提供情况供他人研究自己，也不是指导他人如何理解自己。它的特点是自我审视，不以他人怎样看我为前提，更不是在他人已察觉或指责自己罪恶的情况下才得以醒悟和追悔自己的过失。它是以个人的内存良知为机理，对已往的罪恶行为进行自我再认识。

其次，自我忏悔不仅是一种罪恶意识的反省，而且是一种理性检讨。检讨是对罪恶的一种反省和"亮相"。自我忏悔不仅要检查自己的罪过，而且要通过对自身罪过的再体验，分理出自身罪过的性质、类别和程度，在自我意识中"存档"，以作后鉴。前事不忘，后事之师，有检讨才有教训，才不会重蹈覆辙。这种检讨之所以是深刻的，就在于自我忏悔不光是请求"上帝"饶恕，而是要自我责备。本来自我忏悔的起因就是自己与自己过不去，自己"为难"自己，当自己达到了自责自咎的认识以后，方会做出今后行为的规划，也就是赎罪的打算。没有对道德罪恶的再体验，没有一种深刻的痛苦，是无法达到忏悔效果的。

其三，自我忏悔是自己把自己押上道德法庭，审判官是自己的良心，就是把自己分为"审判的我"和"被审判的我"展开自我审判。卢梭在其《忏悔录》中对自我的解剖是严厉的，把自己灵魂深处的罪恶暴露于世。世人无不为这种坦诚和严厉而惊叹，无不为这种自我解剖的勇气而叫绝。世人所称颂的严于律己的品格，不但表现在防止过失的发生，更重要的是表现在有了罪过后不轻易放过自己。

开展自我忏悔，要明辨是非。是非观是人们明察事物真伪的观念和能力。分辨是非，是分清善恶的前提，它是与人认识现实、追求真理和维护信念等社会需要相联系的。人在自我忏悔时，先要分清大是大非。是非不明，不可能有正确的道德忏悔。一个罪人一旦认错并能进行忏悔，实际上就标明真理战胜了错误，正义战胜了邪恶。开展自我忏悔，要端正自我羞耻感。羞耻感是个人的道德自我意识的一种表现，是个人对自己行为、动机和品质进行自我谴责的一种道德态度。用马克思的话说"羞耻是一种内在的愤怒"。羞耻产生的原因有两个方面：一是由于他人的谴责，使自己本身意识到自己的不道德行为；二是自我良心发现，主动地用激情的形式认清了自己的不道德行为。前一种情况可能会因压力的放松而旧病复发。后一种情况会把这种羞耻铭刻在心，绝不会发生类似行为。人无羞耻，百事可为。通过知耻控制自己的不道德行为，这才是自我忏悔的目的。

开展自我忏悔就是要唤起自我责任感。责任自负是自我责任心的体现，是指个人对自己的言行持一定的态度时所产生的情绪体验和反应。责任心使人在实现了承诺、完成了任务时感到满意和心安；因客观原因未能达到要求但尽了主观努力时感到遗憾；未尽到责任时则感到羞愧、不安和内疚。要做人，首先要承担责任，人格的高低是由个人的责任来决定。人在自我忏悔时，本身就是对自己过去的罪过承担责任，推卸责任的人是不会自我忏悔的。同时自我忏悔不仅仅是承担已往行为过失的道德责任，而且要对以后的行为承担道德责任，通过这种对将来责任的承担来弥补过去的过失。

自我忏悔常表现为：在公众面前承认自己有罪并准备接受惩罚，对曾有过的行为和有过的打算感到特别懊悔。自我忏悔可能是羞耻感的一种表现，也可能是良心的一种表现。这两种场合均起着一个人对自己的行为进行自我批评和自我谴责的作用，正是这种自我批评的作用指导着他以后的行动。

二、自我净化法

自我净化就是在自我忏悔的基础上，进一步对隐藏在心灵深处的污垢进行净化处理。人心是最易被污染的，尤其是对于缺乏辨别是非、善恶的青少年。即使是成年人，在物欲面前，如果不能坚持自己，心灵也极易受污染。当心灵被严重污染时便会失去它本来的生机和活力。自我净化，首先就是要清洗自我兽性的一面，兽性是黏附于人性的一大污垢。人性是对兽性的超越，但是人性也易于返祖到兽性的生物圈中去。凶残野蛮、横行霸道、自相残杀、你抢我夺、尔虞我诈等，都是兽性的表现。兽性使人堕落，兽性使人泯灭人性，兽性使人失去自我。因此，自我净化就是自我纠错、净化心灵、养育人性。

自我净化要勇于自赎，就是对已往的过错的补偿或补救。追求补偿以获得心理平衡是人的一种自然心向。追求一种正义的补偿以获得私我心理平衡，是恶的心向，社会利益、良知、真理被当作换取私利的交换物，是恶的心向的表现。追求正义的补偿以获得社会公正太平的平衡，是善的心向，杀人偿命、违法必究、善有善报、恶有恶报、奖勤罚懒等，是善的心向的表现。自赎，是善的心向的要求。将功补过、戴罪立功是自赎的一种方式，是以成绩和功劳去补偿、赎回昔日的过错。正面补偿和侧面补偿也是自赎的方式，是通过直接的或间接的手段去挽回尚可挽回的错误。

自我净化要抑制私心、涤除愚昧。私心和愚昧是罪恶之源，为私心和愚昧所笼罩的心灵难有文明可言。私心泛滥能使人为所欲为、铤而走险；私心过重会使人损人利己、损公肥私；抱有私心也可使人事不关己、高高挂起；据有私心同样可使团体内部产生离心力。愚昧之性使人在迷信、谬误和必然王国中痛苦地挣扎，在丧失自我的深渊里徘徊。因此，抑制私心，就要自我超越，将"小我"投放到"大我"之中，将"小我"之心扩大为"大我"之心。涤除愚昧，就要自觉地接受科学文化教育和道德思想教育，只有这样，才能实现自我净化。

自我净化最终是要实现自新。自新就是自觉地重塑一个新的自我，实现由"错我"向"真我"的转变。"错我"处在人生的十字路口，面临着许多选择：或悲观绝望，甘于沉沦；或心灰意冷，一蹶不振；或迷惘徘徊，逍遥浪荡；或脱胎换骨，超越自我，重新塑造一个新的自我。当然，洗心革面，弃暗投明，弃错从真，是一个充满艰难痛苦的抉择，要提高自我认识、加强自我控制、化解心理积淀、改变行为习惯绝非一朝一夕，同时还要面对他人的许多不理解，甚至忍受旁人的白眼、讥讽、排挤和鄙视等无形的压力。因此，只有不断地加强自我监督，培养战胜自我的顽强的毅力，自觉抵制各种诱惑，彻底与"错我"诀别，才有可能走向全新的自我。

三、自我暗示法

在现代社会中，随着人们健康观念的转变，心理疾病越来越为人们所关注，心理咨询、心理诊断、心理治疗已为人们所普遍接受。心理治疗的方法很多，但自我暗示法是自我心理治疗最重要、最普遍的一种方法。所谓自我暗示是依靠思想、语言，自己向自己发出信息，以刺激自己的情绪、情感和意志，或加深对某一观念的认识，或要求自己按某一方式行动。社会心理学家的研究表明，及时而有益的自我暗示能使人排除心理障碍、缓和心理冲突、坚定意志，从而保持必要的心理平衡。当一个人处于愤怒、急躁、紧张的心理状态时，暗示自己克服或抑制这种情绪，可使心理冲突得到缓解。

　　自我暗示是一种十分普遍的现象。成语"杯弓蛇影"故事中的那个人之所以病倒，就是因为他总以为自己饮下了小蛇，而反复自我暗示所致。在日常生活中，人们随时都在自我暗示：面对镜子，如果脸色很好，于是精神振奋；如果脸色苍白，便怀疑自己有病，甚至越想越严重。研究资料表明，人体是一个能高度自我调节和自我完善的系统，人体各器官配合得相当协调和默契，在某一感受器官受到某种暗示刺激的时候，另一些器官会自动地表现出相应的反应。

　　自我暗示可分为积极的自我暗示和消极的自我暗示。积极的自我暗示是用一种积极向上的思想、语言不断地提示自己，使悲观、沮丧的心情开朗起来；使恐惧不安的情绪镇定下来；使犹豫不定的态度坚定下来；使自己变得勇敢坚强，能够克服本来难以克服的困难；使自己胸怀宽广，不计个人得失；使自己心情振奋，有助于战胜疾病，保持身体健康。积极的自我暗示都是有针对性的。比如，当自己因为某事而精神紧张时，就反复提醒自己"别紧张，不要怕"；当自己与别人发生矛盾时，暗示自己"要冷静，不能吵"，消极的自我暗示有很大危害作用，它能使一个正常人变得精神紧张、萎靡不振、疑神疑鬼，严重的甚至造成自我人格分裂。因此，了解自我暗示，正确地运用自我暗示，对于自我心理调适、自我心理生理健康以及培养自我良好的心理品质、形成健全的自我人格，都有着重要意义。

　　自我暗示是通过自我潜意识的领域而起作用的。暗示的自我是理性的自我，被暗示的自我是潜意识的自我。由于潜意识的自我很难直接用意志去控制，而是靠直接的、反复的自我提示、自我刺激，使刺激的意义和反应之间形成牢固的联系，从而使潜意识自我按照理性自我所提供的信息得到强化和巩固。例如，自卑情结的形成。导致自卑情结的原因是十分复杂的，个体的差异性、社会环境、个人顺应环境的程度以及连续的挫折感等，消极的因素不断地暗示着自己，自卑感不断地强化，最终导致自卑情结。当然，要走出自卑情结的方式也是多种多样的，最主要的方式还是自我暗示："天生我才必有用""别人能成功，我也能成功""我很丑，但我有一颗善良的心"等，通过这些暗示语，反复地刺激自己、悦纳自己、提高自信心。

正确地运用自我暗示并非易事，由于被暗示的自我是在长期的生活、学习和工作中积淀而成，有较深厚的心理基础，处在一种潜意识状态，改变起来比较困难。因此，通过思维方法，建构一个理性的自我就显得特别重要。我们说，自我建构是理性上的、认识上的、意志上的自我构筑，是认识上的自我超越，但是，理性上的自我接受不等于情感上的自我接受，以情化情、以情制情、以情导情是自我暗示的心理要求，也是自我心理调节和疏导的内在要求。

正确地运用自我暗示要学会自我诊断。自我诊断就是个体针对自身所存在的心理疾病，弄清其产生的原因和种类。在日常生活中，人们会因为各种原因而产生不同的心理疾病，造成心理障碍，严重的甚至导致精神分裂。心理疾病的种类很多，如认知障碍、情绪障碍、意志障碍、性格障碍、学习障碍等，一般来说有自我萎缩型、自我扩张型、自我攻击型和自我虐待型等。不同的类型表现出不同的心理现象。就拿自我萎缩型来说，其特点是"理想我"的极度贫乏或丧失，对"现实我"又感不满，自卑心理非常严重，以致产生自我拒绝的心理，出现自暴自弃、自责自轻等状态，甚至向更为严重的心理与行为发展。

自我暗示要正确使用暗示语。由于暗示只要求受暗示者接受现成的信息，并以无批判的接受为基础，因此，自我使用暗示语的正确与否，直接影响着自我暗示的效果。例如，某青年因做了一件对不起朋友的事，又不愿或不敢开诚布公地认错，取得朋友的谅解。于是，长年悔恨不已，愧疚难忍，经常写日记自责、自谴，这种长时间的无意识的自我暗示，最终导致了精神分裂症。这样的现象在现实生活中较为普遍。

四、自我移情法

自我移情即自我情感情绪的转移。自我移情法是指自我有意识地、自觉地改变自我心境，转移消极的自我情感情绪的一种方法。自我的自觉自为是受自身的情感情绪支配的，它可以驱动自我去追求真理和光明，也可能驱使自我陷入错误和黑暗。正如罗素所说，"人类的事情都是从情感生出来的"。人的情感情绪可分为积极的和消极的两大类，前者对人的自我起着积极的推动作用，后者则阻碍和破坏人的自我完善。人的情感情绪一旦冲破理智的大堤，就会泛滥成灾。原来积极的情感情绪也会变成消极的情感情绪，而原本消极的情感情绪则更加消极，以致误入歧途，带来终身悔恨。可见，自我移情对自我心理调节有着重要教育意义。

自我移情之一就是变换心理环境，就是主动地改变自己的活动方式，调节自我的心理状态。不同的心境，自我调节的方式也不尽相同。当孤独、寂寞时，不妨自动地变换一下环境，或参加各种体育活动，或找知心朋友；当痛苦、悲伤时，不妨外出旅游，或投入到工作中。这种自我移情的方式很有效果。例如，贝多芬 31 岁时，热恋着奇丽爱太，他曾在给好友韦格勒的信中高兴地说："这是两年来我第一次遇到的幸福日子。"贝多芬还把他写的《月光奏鸣曲》题赠给奇丽爱太，使她因此而知名于世。然而，尽管贝多芬为她付出了很多，恋爱却没有成功。两年后，贝多芬两耳失聪、处境艰难时，幼稚而又自私的奇丽爱太嫁给了一个伯爵，这使贝多芬的心灵遭受到极大的打击，几乎使他毁灭。但是贝多芬没有倒下，而是全身心地投入到自己的创作中，为人类创造出了许多不朽的作品。

自我移情之二就是要淡化情感情绪的郁结。社会心理学表明：如果一个人长期以消极的情绪关注某一事物，消极情绪会逐步强化，造成严重的心理障碍。自我情感情绪淡化，就是对一时难以彻底消除的、浓聚郁积的消极情感情绪进行冲淡和化解，使之得以缓解而不致为害。西方社会学家研究的消气方法，就是通过"消气俱乐部"，让郁结着愤怒、忧郁、不满情绪的人尽情发泄，以淡化这类消极的情绪。这种自我移情是通过非攻击性的发泄，使浓聚郁积的消极的情感情绪得到排解，使其沉重的心理负荷得到较大的减轻，在不危害他人和社会的情况下，实现自我移情，以防止造成自我心理障碍。

自我移情之三就是将自我投置到某一"人物"身上。这一"人物"的选择，可以是艺术化的，也可以是现实生活中的，但必须是积极的、健康向上的。在实现"人物"自我化的同时，通过与"人物"的对话、对自己与"人物"相同遭遇的理解，或以悲剧，或以喜剧的形式，从中体验悲剧中的美感与喜剧中的幽默，诱导自我消极的情感情绪向积极的方向转化。自我投置是一种较为普遍的心理认同现象。如：屡遭婚姻不幸的，很容易认同"单身俱乐部"，希望从中得到理解和支持。

第八章

自我教育环境论

> 蓬生麻中，不扶自直，白沙在涅，与之俱黑。兰槐之根是为芷，其渐之滫，君子不近，庶人不服。其质非不美也，其渐者然也。故君子居必择乡，游必就士，所以防邪僻而近中正也。
>
> ——荀子

人类的生存与发展离不开环境，人的任何活动都与环境的影响密不可分。早在两千多年前，我国古代的一些思想家就提出了人与环境的关系问题。如墨子就说："染于苍则苍，染于黄则黄，所入者变，其色亦变。"古代也有"孟母三迁"的故事。但是，环境影响人，人同时也利用并改造环境。马克思就认为："环境的改变和人的活动的一致，只能被看做并合理地理解为革命的实践。"[①] 这说明人接受环境的影响不是消极的、被动的，而是积极的、能动的。人在能动地适应环境的同时，还可以积极地改造环境，可以充分地发挥环境中的有利因素，克服并消除环境中的不利因素，创造一个良好的环境，以更好地促进自身的发展。在以自我教育为环境主体的研究中，其环境客体主要有心理环境、教育环境和职业环境三类，心理环境规定着自我教育的内环境，教育环境与职业环境规定着自我教育的外环境。三类环境之间同时也存在彼此相连的关系，共同构成了自我教育的大环境系统。在这整个环境系统中，直接或间接地影响着自我教育的成效。

[①] 《马克思恩格斯全集》第1卷，人民出版社1979年版，第17页。

第一节 自我教育的心理环境

自我教育依托的环境是多种多样的,但是,就启动和实施过程来看,自我教育首先是主体自身的个体化活动,直接干预自我教育行动的是个体所独有的某种情况。因此,在众多环境中,对自我教育意义最直观、最朴素、最持久的,当属自我教育主体自己的心理环境。

一、心理环境概述

研究心理环境,必然涉及一系列与之相关的问题:人的心理是如何产生的,心理是如何建构的,心理和客观事物的联系如何,心理和实践的关系如何等等,这些是形成心理环境的核心问题,是心理学的基本问题。研究心理环境对自我教育活动有着重要的实际价值。

1. 什么是心理环境

环境问题历来是心理学家和教育学家所关注的内容。人的心理行为都要受到心理环境或者情景因素的影响,良好的心理环境能够养成人的正确的心理行为,反之,则容易导致不良的心理行为。关于心理环境,西方学者给予了许多研究,最著名的就是格式塔心理学派,其代表人物考夫卡(K. Koffka, 1886~1941)把场的概念引入到心理学研究之中。他认为心物理场是一个有组织的、极其复杂的场,它存在于机体内部,同时具有心理和物理的性质。勒温把人的心理和行为视为一种场的现象,认为人的心理活动是在一种心理场或生活空间中发生的。他认为要了解或者预期一个人的心理行为,必须确定当时整个情境中的各种心理事件,如动作、情绪、表现等。他提出了一个行为公式 $B = f(P, E)$,行为是人与环境相互作用的函数,即人的行为是由人的心理状态和环境两种力量构成的。

心理环境是环境的心理化,或者说人类心理视角中的环境。物理环境对人来说是外在的和间接的环境,而心理环境对人来说是内在的和直接的环境,是超出了物理意义和生物意义的环境,是被觉知、被理解、被创造、被把握的环境。一般而言,人可以在心理上分离出自己所处的环境,并针对该环境调整或调节自己的心理行为,意识觉知到、自我意识到、自主建构出环境。如果从心理环境去理解，环境的演变就是属人的过程，是人对环境的把握、人对环境的作为、人对环境的创造，是环境与心理共生的过程。

心理环境是人在社会文化与历史中建构的，同时心理环境也建构着物理环境。这种理解考虑了文化的价值，将心灵置于个体内化的文化中来考察，将心理处于历史文化的熏染中来考察。这不仅是环境决定或塑造了人的心理，而且也是心理理解或创造了人的环境，心理与环境是共生的关系，这就是中国文化传统中的天人合一。

心理环境是人的众多心理现象和心理活动的统一。它包括人的感觉、知觉、表象、联想、想象和思维等机能，是人在生活实践过程中，人脑对事物本身特点的不同水平、不同形式的反映活动和认识活动。也包括与反映现实的认识活动相对应的如何对待现实世界的意向活动，比如注意、需要、情感和意志等。它都是人心理行为的指向、动力和深化，表现出人怎样对待和改造客观世界。它还包括言语、品德、学习、记忆等综合性活动，它们都处在发生和进行的过程中。同时，由内外因素交织影响而生的人的个性与社会主体的人所具有的比较经常、稳定的心理倾向和特征的独特结合，也是人的心理环境的重要组成部分。它集中表现了个人的心理历程和心理风格，并显示了人与人之间的心理差别。

影响心理环境发展的基本因素是多方面的。其中，遗传和天赋是必要的物质前提和基础，是先天因素，第一性的；社会生活条件是决定性因素，教育发生着先导作用，此二者统称后天因素，是外在的，第二性的；还有一部分是内在后天因素，指的是人出生后在成长过程中逐步形成的身心发展水平，包括人身体的生长发育和健康状况以及他的知识、意志、情感、态度、气质、性格、毅力等诸多方面。内在后天因素从两个方向上影响心理环境的发展变化：一是人过去已经形成的经验、认识、能力、态度等，作为一种固定的模式，影响他对周围环境信息刺激的选择方式和作用方式，从而影响他今后的发展方向。二是人对未来的向往和追求，会化作自身发展的强大动力，激励人不断地为自己的发展创造条件，从而发挥自己的潜力，一步步地实现自己的理想人格。

2. 心理环境的分类

心理环境是一个由多种心理要素整合而成的复杂的心理构成物，在目前有关心理环境的研究中，针对心理环境有着多种多样的分类。

依据心理活动的内容，心理环境可分为：①认知环境，即个体在感知、记忆、理解客观事物的过程中，在头脑里形成的以认知结构方式表现出来的定势性的环境。②情感环境，即由情绪情感契合而成的，以心理体验的形式在主体心理时空由内部心理感受和外部表情呈现出来的，具有感染性、潜在性的心理环境。③意志环境，即由信念、目的、计划等要素组成的，由主体自觉自为的状态而呈现出来的心理环境。

按照不同的主体，心理环境可分为：①个体心理环境，即个体在客观环境的作用下，随着知识经验的积累，心理的质和量的不断扩展，在个体心理时空中逐渐积淀下来的综合反映个体认知、情感、意志及个体的整体心理面貌的环境。②群体心理环境，即群体成员在实现共同目标的活动中，由群体内部成员和外部环境之间相互作用积淀下来的、具有共同心理反应的、使群体成员能够感受到的心理环境。

按照不同的心理层次，心理环境又可分为：①民族心理环境，即一个民族在社会经济、历史传统、生活方式、地理环境的基础上形成的民族性格、民族感情、民族意识等民族共同心理环境，具有相对的稳定性、持久性和渐变性。②区域心理环境，即不同区域因历史、经济和地理环境而形成的不同区域性格的共同心理环境。③家庭心理环境，即由家庭成员构成的具有共同认知、共同情感的心理环境。④学校心理环境，即由学校特定环境和特定成员组成的共同心理环境，包括校外的心理环境，如社会风气、社会思潮等，还有校内的心理环境，如校园文化、校风学风、管理模式等。

当然，还有其他的分类，如病态的心理环境、健康的心理环境等。总之，无论是哪一种心理环境及由这种环境产生的心理活动，都是一种意识的、观念的活动。而意识的、观念的东西，只能是客观的、物质的东西的产物。正如马克思恩格斯所说，"意识一开始就是社会的产物，而且只要人们还存在着，它就仍然是这种产物"①。心理环境只能是客观环境的产物，是不以人们的意志为转移的。正是这种环境的制约性，造成了主体心理和心理环境的不同，也造成了每个民族独具一格的民族心理和由民族心理构成的特有的民族心理环境，也造成了不同区域心理及由区域心理构成的富有文化特色的区域心理环境。

3. 心理环境的特征

心理环境的发展同心理的发展一样，是个渐进的、连续的过程，与其他环境相比，其内在本质和心理机制有其独特性。下面从心理环境的内在本质与心理机制上，就心理环境的主要特征即内在性、创造性、稳定性、整体性等进行分析。

（1）内在性。内在性是指人的心理环境是一种心理实在，也就是说，外

---

① 《马克思恩格斯全集》第 23 卷，人民出版社 1979 年版，第 202 页。

部事件的客观存在的事实被指向不同人的心理而形成的一种心理事实，也称准事实。德国心理学家勒温在其《拓扑心理学》中就提出，心理环境是人脑对人的一切活动发生影响的环境事实，也即对人的心理事件发生实际影响的环境。这种心理事件不管是人意识到的事件，还是没有意识到的事件，都有可能被外部的刺激而积淀为人的自觉意识，形成心理觉醒而被强化。如果这些外部事件成为心理的实在，就可能影响人的心理行为，进而影响人的实际行为。在他看来，同样的物理环境对儿童和成人可能是不一样的，即使是同一个人在不同的境况下，也是不同的。因为当时对个体发生实际影响的是准物理事实，而不是客观的物质事实。例如，母亲以警察来恐吓儿子，使他因害怕警察而好好听话。对这个儿童实际发生影响的是在他头脑里的准社会的警察权威，不是警察对他所起的客观的法律或社会威力。

（2）创造性。人的心理环境虽然是外部客观事实的心理实在，但这种心理实在不是被动的，而是经由主体的认知和情感活动内化了的心理实在。因为人的心理被看做是生成的创造，而创造性又是人的本质属性之一，人们在创造生活的同时也创造着自己的心理生活，人们是通过心理本性的自觉来创造心理生活。心理生活的性质是觉解，方式为体悟，探索在体证，质量是基本。① 这里，人们的心理生活是一种自觉的活动、一种意识的觉知、一种自我的构筑，人的心灵的自我觉解、自我建构成为了心理生活最主要的内容。人在特定的历史文化传统中对其自身的心理与行为进行主观的构建，这种建构不是对外部世界的简单复制，而是凭借主体以往的经验和感受对外部客观事实的心理上的影像进行加工和提炼。

（3）稳定性。心理环境是指客观环境被感知并作用于人的心理的各种环境因素。当然，客观环境转化为这种具有观念性的心理环境要经历一个复杂的过程，要经历一个主客体之间、生理与心理之间的相互作用与相互转化的过程，一旦这个过程完成之后，心理环境就形成相对稳定、持久的状态。如果没有大的自然和外部事件的亲身感受，很难引起原有心理环境的变化，这是由人的心理活动规律决定的。一般而言，客观事物作用于大脑，经过了大脑的分析、综合、加工、改造，主动把客观的东西内化为主观的东西之后，就会产生主体的各种心理活动，而这些心理活动在时空上又经历了主体内部的折射、扩张、积累、反馈等，最终以观念的形式达成了相对稳定的心理环境。在此基础

---

① 葛鲁嘉：《心理环境论说：关于心理学对象环境的重新理解》，《陕西师范大学学报》2006年第1期。

上，它又经过了实践上的反复过滤，以心理机制的形式固化下来，于无形、潜在中左右人们的心理，引导人们的行为。

（4）整体性。心理环境是一种"对人的心理事件发生实际影响的环境"①。这种实际影响是整体性的，不是仅仅由某个或某些要素产生的影响，而是通过主体心理在一定心理时空积淀扩张而产生的对个体、群体的一种心理影响。而影响主体心理行为的心理环境，是一个由多种心理要素整合而成的极为复杂的心理构成物。这种整体性表现在心理机制的整体性和结构上的整体性。前者是说，要形成不同的心理环境，无一例外地要经由主体的认知、情感、意志以及整个主体的心理面貌。仅就认知而言，也无一例外地经由感知、记忆、理解等大脑的活动，这是心理中的认知力、情动力、意志力共同作用的结果，失去任何一个要素，都不可能形成心理环境。后者是说，一方面，人的心理环境是由认知心理环境、情感心理环境、意志心理环境等共同构成，是一个整体的结果，理论上的划分是研究的必要，但事实上它们同时作用于心理环境；另一方面，心理环境又包括了很多方面，有个体的心理环境和群体的心理环境，也有民族的心理环境和家庭、学校等的心理环境。这些心理环境相互作用、相互影响，共同构成了一个活生生的大的心理环境。

二、心理环境对自我教育的影响

按照心理环境理论，人的行为是由人的自我状态与心理环境两种心理力量引发的，人的自我教育行为也同样如此。一般而言，在自我教育中，自我状态作为自我外显的、可观察的心理状态，使自我教育更具现实性、可知性和操作性。它可以直接回答"什么样的我"在进行自我教育，而心理环境又与各种不同的心理状态相协调，共同促成了自我的教育活动。因此，心理环境对自我教育活动有着重要的影响。

1. 心理环境影响着自我教育活动的发生

良好的心理环境是有效开展自我教育的前提和基础。人的行为（包括自我教育行为）发生于心理环境之中，并受心理环境的调节。其发生机理是：个体通过对客观事物的感知、记忆和理解，在自己的头脑里形成以认知方式表现出来的个人认知环境。它既是心理环境的重要组成部分，又是个体发生自我教育活动的行为基础。在一定程度上，认知是一定心理环境中的认知，也是达

---

① 朱智贤：《心理学大词典》，北京师范大学出版社1989年版，第763页。

到认知环境中的认知,可以说,没有形成一定的认知环境,就不可能有自我教育活动。自我认知的起点,也是自我教育的起点。

既然自我教育活动的开展受主体已经创设出来的自身心理环境的支配,那么个体在对自我的评价中,往往依据自己的心理环境情况进行自我认知、自我感受以及自我评价。按照巴达列夫的实验,个体在评价自己的对方时,往往依据自己已有的知识经验、心理形象,把对方的表面特征纳入到已有的认知环境中,通过筛选、接纳、改造之后形成心理评价与印象。同样,个体在自我认知、自我评价上往往也是依据自己的心理环境,这时的心理环境主要表现在自我感受、自我悦纳、自我态度、自我情感等方面。一般来讲,如果自我心理环境品质好,自我评价就比较客观,相应的很容易激发自我教育活动;相反,如果自我心理环境品质差,自我评价就容易失真,相应的很容易抑制自我教育活动的发生。此外,心理环境毕竟是一种心理现象,容易受自我暗示心理环境的影响,进而在自我认识环境中形成自我定势性印象,这种自我暗示后的某种心理价值效应也极易导致个体在自我评价、自我态度中的盲从,导致个体在自我教育发生的起点上不符合自己的实际。

不同的个体尽管生活在相同的客观环境之中,但却因为有着不同的心理环境,就产生了不同的个体行为。由于个体的价值观导向的不同和个性的差异,外部客观环境自我积淀而成的心理环境也有很大差异,因而在对待同一事物上,也会有所不同。一般来讲,心理能力强,心理环境优质,自我教育就明晰且恰当,就富于成效。比如,一个受过良好的心理训练并具有较好的心理环境的人,无论其进行任何一个特定的自我教育活动,即使他本身在这个方面缺乏经验和技巧,但凭借较强的理解、记忆、控制、认知、承载、调整等能力,依然能取得较好的自我教育成果。相反,一个情感脆弱、思维混乱、认知肤浅、自控力差的人,即使其已经具备了相当的经验和功底,但对自我教育过程中可能遇到的一些问题和困难思辨不清、应变乏力、挫折感深重,也并不一定能够使自我教育活动按规定目标稳妥、扎实、有效地进行下去。从年龄上讲,高年龄段的人的心理环境总是比低年龄段的要顺畅优良得多,他们的自我教育自然也因此更有益、有效。同理,高学历、高知识水平的人一般也总是比低学历、少知识的人具有更好的心理环境,也因此能够更富有成效地开展自我教育。这应该说是基本的生活道理和社会进步规则。

当然,自我教育的发生不仅仅是作为内因之一的心理环境决定的,还需要有诸如社会关系、他人评价等外因的作用,而且有时这种外因还起到很大作用。但是自我教育的主体性、自觉性告诉我们,外部原因要通过内部原因起作用，任何外在的强化都要经由主体自我的内化，方能激发自我教育的活动。而心理环境又是内因的重要的、基础性的要素，没有良好的个体心理环境或不能优化的群体心理环境，就不能客观、正确、公正地自我认知，也就不可能有自我教育的发生。

2. 心理环境影响着自我教育活动的效果

心理环境不仅影响着自我教育的发生，而且也影响着自我教育的质量和效果。心理环境对自我教育的影响是双重的，既有正向的积极推动作用，也会有消极的阻碍掣肘作用。这体现在个体的心理环境和群体心理环境两个方面。

个体的心理环境对自我教育效果的影响。前面已经谈到，个体心理环境是个体通过自身心理需求对外部事物认知、内化而形成的印象，是对外部事物的心理性对象。对于自我教育而言，这种心理性对象直接指向的是自我，也就是说，自己对自己的认知、态度、接受等的心理环境。严格地讲，这种个体心理环境是个体性的自我心理环境，即个体的小我的心理环境。这种心理环境与其他类型心理环境相比，更具自我的主观性。虽然它有过去的经验、知识、交往等客观因素的积淀和积累，但容易受到诸如环境变动因素而引发的情绪、态度、动机的变化，影响甚至决定自我教育的效果。一个拥有相对稳定、积极的个体心理环境的人，如果受到临时事件的强烈刺激，或强化原有自我认知、自我评价、自我发展等自我教育活动，或弱化、改变、甚至走向反向的自我教育活动。例如：一个有着积极、健康的心理环境的人，由于多次的挫折和失败，容易造成消极的自我暗示，引起原有自我心理环境的变化，直接阻碍了自我教育活动，弱化了自我教育的效果。

群体心理环境对自我教育的影响。由不同个体心理环境构成但又不同于单个个体心理环境的群体心理环境，是一种心理氛围，一种心理倾向，有着强大的心理暗示、心理驱动、心理导向功能。一般来讲，任何个体处于一定的或特设的群体心理环境中，都极易受到这种心理环境的影响，加之人性所具有的心理归属倾向和盲从心理，要想抵御所在群体的心理环境的影响是不容易的。也就是说，要想"出淤泥而不染"，非坚强的心理意志和心理品质而不能为。对于一般个体而言，在群体心理环境中，往往出现自我"意识狭窄"而丧失自我判断力。尤其是对于新进入的特定群体心理环境的个体，由于环境生疏、信息不对称，很容易受到群体心理的"裹挟"，因而影响到个体的自我教育活动。例如：一个具有"一日暴富"心理动机的人，在疯狂传销的群体心理环境之下，极易被"洗脑"而走向违法的道路。这从反面说明，营造健康、积极、向上的群体心理的重要性和必要性。

总之，心理环境对自我教育的影响有积极和消极两个方面。就积极方面讲，这种影响是主要的，也是心理环境对自我教育发生影响和作用的基本态势。这种积极性主要表现为对自我教育全过程的引导、支持、服务和保证上。较强的个性心理和流畅的心理过程会形成自我教育全方位的基础力量和可靠依托，相反，必然会阻碍主体的自我教育活动。我们不能想象一个精神病人如何进行自我教育，同样也不能想象一个幼儿如何进行较高级的自我教育。就消极方面讲，这种影响是次要的，但是也能够直接导致自我教育的失败。这种消极性主要是指心理环境的内部因素发展的极端不平衡性以及没有被恰当利用时的表现和结果。比如，一个本来具有较好的心理环境的人，由于立场错误，出发点失位，就会导致自我教育的反动，形成反社会的自我教育。又假如一个人心理内部结构发展极不平衡，某一个或某些方面极其低下，也会造成自我教育的扭曲以至失败。心理环境现状的优劣可以导致不同水平、不同成效的自我教育，心理环境利用的正误则可能导致不同方向、不同性质的自我教育。

3. 心理环境影响着自我教育活动的变化

我们说，心理环境是主体在客观环境的作用下，随着年龄的增长和社会化程度的提高，随着自身的知识和经验不断地积累和丰富，个体心理的质与量也在不断扩展，并在个体心理时空中积淀下来，最终形成了能够反映个体认知、感情、意志及个体的整个心理面貌的环境。但是，心理环境形成之后并不是固定不变的，一是由于人所处的外部环境，即主体可感知的外部事物在不断发展变化，作为外部环境心理性的心理环境也在不断发展变化，二是作为引发心理环境形成的诸如爱好、态度、动机等因素，它们由于人自身的认知、情感的发展变化，其本身也会发展变化，进而影响到主体对外部事物的认知程度和内化强度，不断地改变着主体的心理环境。这种变化着的心理环境也直接影响到了自我教育的广深度。

（1）心理环境影响着自我教育的进度。从理论上讲，自我教育过程是一个知、情、信、意、行的教育过程。不同的人、不同的环境要求、不同的自我教育的起点，其所体现的心理环境要求也就不同。比如有的人可能个体认知心理环境比较好，但情感心理环境脆弱，因而自我教育就要从自我的情感心理环境去培养；同样，有了良好的个人认知心理环境和较好的情感心理环境，但意志心理环境或行为心理环境出现了问题，那么就要从意志的锻炼和行为的养成和培养入手。因此，自我教育心理环境是一个复杂的系统，任何一个环节出现不协调，都会阻碍自我教育的有效进行。从实践上讲，由于每个人成长的环境不同，长期积淀而形成的心理环境也呈现出很大的差异。这种差异体现为自我教育环节上心理环境的差异，而任何一个环节中所具有的心理环境，都会对该环节中的自我教育活动以及整个自我教育活动产生很大影响。况且，即使是已有的相对稳定的心理环境，也仍需要不断充实、丰富和提升。随着年龄的增长、经验和知识的丰富，外部事物不断地内化、不断地改变着自我原有的心理环境的质量和结构，进而影响自我教育的起点和自我教育的进程。对自我教育本身来讲，它是一个反复发生的过程，某项自我教育完成之后，还会有新的自我教育目的的出现，这就要求有不同的心理环境与之相适应，如果一个环节的心理环境出现了问题，就会影响到下一步的自我教育乃至整个教育过程。

（2）心理环境影响着自我教育的强度。所谓自我教育的强度，是指主体在一定的心理环境之下进行自我教育的主动性和自觉性的强弱。影响自我教育活动主动性和自觉性强弱的因素很多，诸如教育环境的因素、职业环境的因素、社会环境的因素等，但最终都要形成心理环境这个最基础的东西才能有效地促进自我教育活动。而心理环境也有强弱之分，从结构上讲，个体的心理环境的强与弱取决于个体的认知心理环境、情感心理环境、意志心理环境、行为心理环境的明晰度、强弱度，一般来讲，如果个体的心理环境强，自我教育也就强，反之就弱。比如：一个具有坚强意志品质的心理环境的人，在遇到挫折和苦难时，能正确面对现实，坚持自己的理想和信念；反之，则怨天尤人，自暴自弃。群体心理环境是群体成员在实现共同目标的活动中，由群体内部成员之间和外部环境之相互作用积淀下来的、具有共同心理反应的、使群体成员都能感受到的心理环境。它渗透于群体的每一个成员之中，不仅使群体生活涂上一层独特的心理色彩，而且通过群体中的个体心力、群体行为常模、群体吸引力等群体心力的作用，形成一种影响群体成员心理行为的或推动或阻碍群体发展的内在力量。

（3）心理环境影响着自我教育的方向。影响自我教育方向的主要是群体心理环境。因为作为影响个体和群体心理行为的群体心理，呈现出强大的心力，置身于群体中的个体，受群体心理环境的心理因素的制约，会发生个体之间彼此接近、趋同的类化过程，从而改变着自我教育的方向。其表现机制为：群体中的某些心理体验、感受会在群体的氛围中，以一种群体所特有的心理感染力传递给个体成员，使之自觉或不自觉地把自己归属于所处的群体。于是就产生了个体与群体其他成员相同的心理认知、心理感情，正是这种归属和认同的心态，在群体心理环境力量的作用下，自我状态发生了变化，把群体看成了和自己荣辱与共的共同体，从而自我的价值观就发生了变化。从个体内部改变机制而言，由于群体成员中存在着共同的目标，自我教育主要是通过模仿、暗示、顺从等心理的影响，在强大的无形心理压力和约束力下，形成了群体心力。群体心力的高低，直接影响着自我教育的方向。一般来讲，群体心理环境良好，心力就强大，处于这种心理环境中的个体成员就会相互友爱，就会思想活跃，群体中的成员的任何心理行为都能保持一致，都能保证群体的既定方向。良好的群体心理环境，推动着群体心理、群体行为和群体自我教育的发展。

总之，无论从理论上，还是从实践上，心理环境的优劣适异直接决定了主体的自我教育的高低成败。人的心理环境不是一成不变的，而是不断发展变化的，这一发展变化既可能是由低劣到高强（一般情况下都是如此），也可能是由高强滑向低劣，比如因意外伤害引起的人脑器官及其机能的受损、过度刺激带来的失常和紊乱等，都会导致人的心理环境朝消极的方向发展。这两种方向上的心理环境运动必然会带来相应的自我教育的新情况：一种是主体的自我教育能力愈来愈强，从而把主体推向成熟和辉煌；一种是主体的自我教育能力越来越差，从而把主体拉向萎缩和坠落。

三、营造自我教育的心理环境

心理环境对于自我教育活动的影响是最基础性的，而且心理环境也极易受外部环境的影响。心理环境直接影响着自我教育的性质和效果。因此，开展自我教育就必须营造积极、向上、健康的心理环境。尤其是在当前文化多元、网络发达、情感体验丰富的时代，对营造良好的心理环境提出了更高的要求，也对营造良好的自我教育心理环境提出了更高的要求。

1. 以自我认知心理环境为起点，营造自我教育心理环境

自我认知心理环境同样是一种心理价值效应，即自我凭借自己过去的经验，或他人对自己的评价、暗示等形成的自我印象。若过去成功的经验比较多，或他人对自己的评价比较好，那么自我心理印象也就比较好。反之，若自己过去失败的教训比较多，或他人对自己的评价比较差，那么自我心理印象也就比较差。这就是人们常说的"心理光环"。如果这种光环比较符合实际，则有利于自我人格的协调和统一，进而促进个体的身心健康，调动自我教育的积极性。但是，如果夸大了这种"心理光环"，自我则容易沉醉于一种理想化或幻想化的自我心理环境之中，造成自我教育的不切合实际。因此，要营造自我教育心理环境，一是要正确面对自己过去的成功或失败。因为成功和失败是由多种因素造成的，过去的成功仅仅代表过去，不能把以往

的成功"自我化",似乎我就是成功的代名词。同样失败也不能证明自我永远就是一个失败者,"失败乃成功之母"就很好诠释了二者的关系。只有这样,才能客观再现自我的认知心理环境。二是要客观看待别人对自己的评价。当然,别人对自己的评价会促进自我的客观认知,但别人的评价从某种意义上也受个体认知心理环境的"心理光环"的影响,"爱屋及乌""先入为主"都会造成对自己认知评价的失真或偏差。三是警惕自我心理印象的扩展和泛化。一般来讲,人的自我认知大多都是趋于正面的,自我悦纳确证着自我的状态,这是由人性所决定的。但如果跨时空地将自我印象放大或泛化,要么造成一个极端是顾影自怜,要么造成另一个极端是自暴自弃。四是要正确对待心理价值效应。自我心理环境的优与差,心理价值效应起着关键作用。适时的心理价值效应有利于自我确证、自我悦纳、自我肯定。如果将其无限放大,当这种心态环境被现实中一个个不可调和的心理矛盾冲击而无法得到缓解和解脱时,自我心理障碍就会发生。

2. 以自我情感心理环境为基础,营造自我教育心理环境

自我情感心理环境如同其他情感心理环境一样,是由情绪、情感契合而成的。它是以心理体验的形式,在自我心理时空中由内部心理感受和外部表情呈现出来的,具有感染性、潜在性的心理环境。从发生学上说,自我情感心理环境同自我其他心理活动一样,源自于客观事物的刺激与自我的生理机制。由于客观事物的不同特点即客观事物和自我的需求之间的不同关系,使自我获得不同的体验与感受。当这种自我心理体验和自我心理感受不断扩展,就会在自我情感上日益稳定便形成与自我其他心态相适应的、具有感染特征的情感心理环境。某种能诱发自我肯定性情感体验的心理环境,如自我满意、自我愉悦等心理环境,就构成了具有积极性、动力性的情感心理环境。反之,那种妨碍或干扰自我需要的满足,能诱发自我否定性情感体验的心理环境,如自我否定、自我排斥等心理环境,构成消极的、负面的情感心理环境。因此,要营造自我教育心理环境,一是要正确发挥情动力的作用。情动力是心力的一种,要形成自我的情动力,即推动自我教育的情感动力,就要使自我心理环境向着积极、健康、向上的方向发展。要实现这个目的,最根本的就是要把握好自我情感的体验。二是选取适当的自我情感体验目标。在社会交往中,自我都会留下不同形式的自我情感,或愉悦,或满意,或愤怒,或郁闷。自我在对过去的自身情感的体验过程中,要想形成积极的自我情感心理环境,就要选取自我过去因成功而形成的正面的情感,防止一味地体验过去负面的情感。比如:一个时常能积极体验自我正向情感的人,在遇到困难和挫折时,能摆正自我心态,为自我的

正确判断提供心理支撑,而不会因情绪左右理智。三是要发挥好自我情感的感染作用。自我情感心理的形成依靠的是自我情感体验,而影响方式则是自我感染。自我感染是在无压力条件下对自我心理行为产生的一种无意识的、不自觉的影响,如为自己的某种行为自豪,或者为自己的某种冲动而羞愧等。在自我这个情感时空中,不仅把过去自我的情感作为过去自我情感去体验、感受,而且也把现实的自我投入到过去的自我情感活动中去分享过去自我的感情,主动接受这种心灵的影响。

3. 以自我信念心理环境为核心,营造自我教育心理环境

自我信念是指个体对自我能否在一定水平上完成某一活动所具有的信念或能力判断。美国心理学家班杜拉也称之为"自我效能"(self-efficacy),也有人称之为"自我效能感"(perceived self-efficacy)、"自我效能信念"(self-efficacy beliefs)或"自我效能期待"(self-efficacy expectancy)等[1]。自我信念心理环境是指自我信念的一般的心理特征和感受,如胜任感、自信、自尊、自强等心理效应。自我信念是自我潜能的最有影响力的主宰,其心理环境则有着强烈的认知效果和情感支撑,能激发自我为了达到设定的目标,而表现出持久的努力,并勇于面对各种挑战,不怕困难和挫折,力图达成目标。信念的生物学基础研究表明,信念是真实的,它确实能对我们的大脑产生某种可检测的物理效应,这些效应具有影响事情最终结果的潜力。信念的心理学同样表明,信念能在某种程度上解释自信心在帮助我们实现目标时所发挥的作用,如果对自我能力的自信心带来成功,那么信念将成为一种良性的心理环境,成为对自我实现的一种预言。为此,要营造自我教育的心理环境,一是要坚持合理的自我行动选择。人是环境的创造者,同时环境又反过来影响人的行为、人格以及自身的心理环境。当自我采取不同活动方式解决所面临的任务时,要选择哪种活动或目标,就在于自我信念。但这种自我信念不是凭空想象的,而是基于自身具有的技能和知识,这是自我信念环境的现实基础,也叫"自我效能感"。这种直接的、现实的、经验的自我体验,在自我状态中转化为自我的心理感受,促成自我心理环境的优化。二是要设定合理的自我目标。设定合理的自我目标,有利于自我信念心理环境的形成。我们知道,自我信念来源于自我成功的心理体验。体验越深,自我的这种信念就越强烈,信念越强烈,不仅能激发自我的动机水平,而且还决定自我的投入程度,从而决定了自我的实际成就。反过来,这种实际成就又进一步强化自我的心理体验,更加坚定自我信念。更为可

---

[1] 吴增强:《自我效能:一种积极的自我信念》,《心理科学》2001年第4期,第499页。

贵的是，这种自我信念能带给自我这样的认知心理品质：把自我行为的成功归因于自己的能力和努力，把行为的失败归因于自己努力程度不足。三是要以自我信念促成自我心理环境的健康发展。自我信念影响自我在活动过程中的努力程度，在面对困难、障碍、挫折甚至是失败时的耐力和毅力。一般来讲，有着强烈自我信念的人，在自我教育中会充分利用教育手段和方法，持之以恒、坚韧不拔，直至达到自我教育的目的。而自我信念比较低的人，在自我教育活动中，一旦遇到困难或挫折就怀疑自己的能力，抑制自己潜能的发挥，或者浅尝辄止，或半途而废，或功亏一篑。因此，有强烈自我信念的人能形成稳定的心理环境。

4. 以自我意志心理环境为保障，营造自我教育心理环境

关于自我教育主体对于心理环境的营造，自我的意志力是最为关键的因素。人开展一切活动，包括改善、优化自身的心理环境，都必须首先建立在人的意志力基础之上。心理环境是复杂的、广泛的。自我意志心理环境是营造自我教育心理环境的保障，它通过其培养、善化的过程来考察自我教育主体是如何完成营造健康心理环境活动的。实际上，随着一个人自我意志和独立倾向的发展，随着自我的选择性及对外来信息加工能力的发展，生活环境和教育条件对性格形成与变化的作用就越来越受到一个人已有心理水平的制约，从而可能使大致相同或类似的外在因素，对不同人性格的进一步发展产生不同的效果。已有的心理水平和现实的个性，成为他性格再进一步发展的基础和内部条件。因此，人只要能注意发挥自己的主体性，坚持在生活中磨炼，投身到经常可以取得成功、不断发展和富有创造的实践中去，就能够逐步培养自己强韧的意志力，从而促进自己整个心理环境的进步。相反，如果不注重强韧的意志力的培养，或不能养成强韧的意志力，比如三天打鱼两天晒网、好高骛远等，则会造成其他心理要素的畸形，直至造成整个心理环境的恶化。由此出发，我们还可以进一步清楚地感觉到，像锻炼强韧的意志力一样，培养任何一项心理要素都必须首先由人发挥自己的主体特性，积极地思考、观察、校正和完善。

5. 以自我行动为途径，检验、强化自我教育心理环境

自我行动在自我教育中，体现为自我教育对心理环境的调节和干预。自我教育的目的在于满足人的某种需要，这种需要的满足和满足需要本身在行动的深广度、目标指向及结果的营造上，都不是单一的、孤立的。它带给人的最大的变化也不仅仅是某种需要被满足即特定的不平衡状态被缓和，它还必然包含着与之不可分割的人的心理因素和心理能力的增加与提高，心理世界的丰富与拓展及心理环境的调整、充实、健康、优化。也就是说，自我教育在满足一个

又一个需要的同时，即客观上蕴含着人的素质和能力的积累与长进，这些素质和能力本身又包含着心理的方面，而且，心理方面同时又以特殊的意义成为素质和能力增长的前提与准备。自我教育通过量的积累和质的变化引起人的气质、性格、理想、信念、意志、情感、注意、思维、感觉、知觉等诸方面的发展，促使其或定型，或善化，或提高，或上行。一次特定的自我教育会引起心理环境某些方面的变化，连续不断、相伴终生的自我教育会把人在逐步摆脱缺失、远离祸患、克服障碍和困难、迎接成长和进步的道路上推上一个又一个台阶。而调整、干预人的心理环境恰恰就是这种进步的内容和表现，同时也是一种方法。比如，一个立志克服急躁情绪、扭转狂暴性格的人，要学习、了解各种相关的理论知识、技巧技能，开展心理治疗，讲究心理卫生和保健。这些方法和措施的执行，最大成效就是情绪、性格的有效控制和转换。同时，他又获得了较多的知识和人生感悟，以及注意力、信念、思维、意志的锻炼和强化，从而直接或间接地实现了对心理环境的调整和干预。

综上所述，任何心理因素的产生及其机能的发挥固然首先取决于自我主体性释放的程度，但它跟广泛而复杂的社会生活现象也是密不可分的，而且，它总是离不开现实生活中各种各样的诱发因素和干预力量。因此，营造健康的自我教育心理环境，必须对下列问题有清晰的认识和准确的把握。①心理健康和心理环境的健康优化，并不是同一个问题，或者说不是同一层次的问题，因此其认定标准和依据也有相应的差别，但是可以相互借鉴和参照。健康心理环境的评判在坚持上述指标的同时，还必须考虑心理环境各组成部分之间的协调性、机能表现出来的活动效能及发展性等内容。而且，还必须坚持相对静止评判与运动发展评判相结合、个体评判与综合评判相结合、在自我教育过程中的动机与效果相结合等各项原则。②营造健康的心理环境必须坚持个体感悟与社会准则相统一的原则。心理环境之优劣适异，首先取决于主体自身的体能感悟和主观认知，或者说首先是个人的事，然后才能引入社会准则。在宏观范围内考察个体的状态，把它引导到社会活动范围中来，并以社会性的要求来鉴别、指正、修校个体自悟，使个体自觉与社会要求相融合，在社会环境里检校自我。但是，这个引入和融合的过程，也客观地包含着以个体适应为主的相互适应性，或者说社会应对个体所存在但却没有形成反抗社会的某些个性特征加以容忍和接纳，允许个体在一定空间内的自由，以保持个体的生机和活力。③在现代社会里，必须密切关注心理环境发展的异端——心理疾病和心理障碍。这是我们面临的一个新问题。它主要是现代社会的副作用所致，比如困扰和挫折的增加、自然环境的恶化、竞争的残酷等，使得人们的心理负荷剧增，身心健康时常处于被冲击和被侵害的危险之中。保持良好的心理环境已经客观地加入了心理卫生与保健的成分。它要求人们必须注意心理异常的一般识别，把握影响心理健康的多种因素，注重心理调控能力的培养，并且在自我教育中主动铺展这方面的内容，做到知病、防病、治病相结合，从而营造积极、健康的心理氛围和心理环境，形成发展自我教育的坚实基础。

第二节　自我教育的教育环境

自我教育离不开特定的教育环境。教育环境是人的教育环境。在传统教育环境中，往往忽视"人"的存在，这里的"人"指称的是能动的人、自觉的人、多样的人、丰富的人以及现实的人等。这种教育哲学的思考，要求当代教育环境必须是主体亲自参与创造的教育环境资源，在教育环境外部创置和教育环境自我需求上形成一致，即环境资源要素的客观性存在与自我资源要素需求的主观性选择相一致。只有这样，才能利用发现、教育环境的不同形态、不同方式、不同角度的教育效应和自我实效，形成自我教育的外部环境合力，在系统教育和结构教育中求得自我教育的价值和实效。

一、教育环境概述

教育环境是一个复杂的系统和多元的复合体，不同的层面和角度都被赋予了一种思想和意义，自我被多重性地置于这些联系之中。人在面对自我的同时，还必须同时面对自我所处的社会现实，接受并吸收由外向内的影响。教育环境以其普遍性、生动性、持久性的特征，影响着每一个人，成为自我教育中不可回避的一种制约力量和影响源。

1. 教育环境的界定

教育环境有广义与狭义之分。广义的教育环境泛指教育发展的基础及其他的客观条件，构成这一环境的要素包括了历史、地理、经济、政治、群体和个体等社会方方面面。狭义的教育环境特指学校根据教学目的和计划所能提供的教育条件，包括了学校的建筑环境、空间环境和文化环境。

鉴于我们论述的主题，在这里，教育环境跟日常生活中使用的这一概念含义是不同的。它不是指教育活动或教育工作所需面对的其它各种社会背景和社会条件，也不是指整个教育事业在社会中的位置及其它各种社会活动和社会现象的反向作用和影响，而是特指自我教育过程所体现的正面的其他教育现象和教育活动，是指既定的非自我性的教育思想和行为对自我教育的反射和制约。

教育环境不是单称某一种教育因素或教育现象，不是特指某一种教育思想或教育行为，也不是简言某一种具体的教育方式或教育手段。它是一个属概念、集合概念，指的是除自我教育以外的、现实的各种外部教育性资源及其运行状态。

教育环境是个发展性概念，是在动态意义上的界定和指称。因为无论从任何一个角度出发，任何一种环境因素都是处于不同情态的运动、变化之中的。运动是环境的基本特性，也是其存在的基本形式。正是这种运动变化带来了环境的丰富多彩，并直接决定了自我教育主体对教育环境的不可回避性和强烈依赖性。

教育环境的作用效能和影响结果是复杂的。对自我教育不仅有正向、积极的促进意义，还客观地存在着反向、消极的阻碍作用。我们既不能武断地认为教育环境对自我教育的影响是单一形态的，更不能盲目地把这种影响简单化为必然或只能是积极的方面。自我教育对环境的态度应当是分门别类、扬长避短、化弊为利和择善而从。

综上所述，教育环境应当是指自我教育所面对的各种有形的与无形的、历史的与现实的、精神的与物质的、运动的与相对静止的、宏观的与微观的、有意的与无意的等各种形态，情状的教育因素和教育现象的总和。它还包括除自我教育之外的教育思想与理念、教育形式与手段、教育主体与客体、教育场所与设施、教育行为与过程等，是由它们共同构成的一个各部分各方面紧密相联、互相作用的整体。鉴于我们论述的主题，在这里，自我教育的教育环境划分为家庭环境、学校环境和社区环境。

2. 教育环境的分类

关于教育环境的分类，从不同层次和不同角度划分，就会出现不同的类别。不同的环境体现着不同的教育功能：有显性的，也有隐形的；有规定性的，也有倡导性的；有可感性的，也有可知性的；有集中性的，也有分散性的等。

（1）按照教育环境的层次划分，分为宏观教育环境、中观教育环境和微观教育环境。所谓宏观教育环境是指一定社会的经济、政治和文化对教育发生影响的环境。而中观教育环境是指特定组织和群体所形成的对教育发生影响的环境，如学校、家庭、职业等环境。微观教育环境是指个体由自身不断改变自身的认知图式而形成的心理环境。

（2）按照教育环境的功能划分，分为硬环境和软环境。硬环境指的是可见的、有形的并具有一定教育意义的物质形态。比如：学校主要由校园建筑、文化设施、仪器设备、校园绿化和美化等物质形态构成，企业则是由基础设施、车间、产品、场区绿化、文化设施等物质形态构成。

（3）按照教育环境的内容划分，分为家庭环境、学校环境和社区环境。家庭环境是一种家庭的文化氛围，包括了家庭成员的文化修养、道德品质、家庭凝聚力、家庭亲密度及组织性等，还包括了家庭的地理位置、经济状况及家庭成员的职业和社会地位等。家庭环境由于天然地存在着血缘关系，因而对自我教育的影响最直接、最生动、最有效，尤其是对于成长期的孩子更是如此。学校环境则是集中地体现了教育环境，在此毋庸赘述。社区环境是指社区主体赖以生存和社区活动得以产生的自然条件、社会条件、人文条件及经济条件的总和，包括了环境卫生、绿化美化、道路及市政设施建设、自然环境等物质因素，还包括了社区风尚、人际关系、邻里关系、社区成员对社区的归宿感等社区文化。

（4）按照空间物理性来划分，分为真实环境和虚拟环境。真实环境是相对于虚拟环境而言，是由活生生的现实材料和现实事件构成，具有可观性、生动性。虚拟环境是在对现实生活复制和再现的基础上，形成的与现实生活相对应的虚拟生活环境。尤其是当今的网络社会，所衍生的虚拟环境对人们产生越来越大的影响，网络虚拟生活几乎成了人们的一种生活方式。在这种虚拟环境中，人们可以获得全新的认知体验和情感体验，其所创设的全新教育功能为社会提出了一个全新的课题。

当然，教育环境还有其他分类，例如：从教育环境的时间来划分，分为历史环境、现实环境、未来环境；从空间状态来划分，分为开放环境和封闭环境；从地域方面来划分，分为国内环境和国际环境，而国内环境又可分为中、东、西部环境等。但是，不管怎么划分，从社会文明发展的角度讲，任何一个社会存在质料（包括物质的、精神的）以及这些质料之间的相互联系（包括其联系方式和联系手段），都具有时代特征的教育烙印。从这个意义上说，存在的就是环境的，而环境的就是教育的。

3. 教育环境的特征

教育环境是一个由各式各种环境要素构成的大系统，其要素结构及其构成方式不同，所表现的特征也不同。教育领域的不同，其环境本质属性也不同，总体上反映出的外部特征也不同。一般来讲，就其结构特征而言，表现为整体性和有序性；就其本质特征而言，表现为阶级性和社会性；就其外部特征而言，表现为广泛性、复杂性和动态性。

（1）整体性。是指教育环境系统的有机性与统一性。这种有机性与统一性是自我教育的教育环境系统存在与发展的根基。也正是由于各种环境因素发生联系与作用时所表现出来的有机性与统一性，才使得自我教育的教育环境成为一个有机统一的整体。这种整体性特征具体表现在两方面：一是有机性，是说教育环境诸要素在构成整体环境时，在联系方式上不是支离破碎、互不相干，而是密不可分、相互协调、有机合成的。二是统一性，是说教育环境诸要素在对自我教育的教育过程进行影响时，在方式上的统一特征。虽然内部结构复杂，组成要素繁多，但在整体上表现为统一的境况或氛围。

（2）有序性。即教育环境的有序性，是指教育环境各要素存在方式上所呈现出的层次性和规律性，它是自我教育环境系统的重要特征，实现了这一系统与能力方面的完备性和生命力。这种有序性包括两个内容。一是环境要素的层次性，是说构成影响自我教育过程的环境要素是按照一定的结构形式组合而成的有序系统，呈现出纵横交错的格局。但这种格局呈现出完整的层次性，大系统中有相对独立、又相互依存的子系统，共同产生影响和作用。二是结构要素的变化呈现规律性，这种变化，一方面来自于自我的不断变化，另一方面来自于环境因素内部的相互作用。这种改变表现为自我教育的教育环境诸要素的相互作用、地位改变以及要素的增减等，并呈现出一定的规律性。这种规律性是一个由低级向高级、由简单向复杂渐进的过程。

（3）社会性。教育环境的社会性是指教育环境是社会活动的产物，社会性要素对教育环境的发生与发展起着决定性作用。包括三个方面：一是表现在环境的来源上。无论是政治性要素、经济性要素、文化性要素，都是人类社会活动的产物，具有社会属性。二是表现在环境的内部构成上。教育环境系统是由社会性要素和自然性要素构成的，但二者的地位和作用不同。社会性要素占据主导地位，在人的社会化过程中发挥关键性作用，在教育环境中是决定性因素。三是表现在环境作用范围上。由于外界因素的参与以及主客体的主观能动选择，教育环境面向每一个社会成员，深入到各个成员的社会生活层面，影响他们的思想意识、政治观点与道德品质的形成。因此，它的影响范围同样具有广泛的社会性。

（4）广泛性。教育环境的存在形态和内容复杂繁多，无处不在，无时不有，随时随地都在散发着对自我教育的影响。这是从横向和静态意义上而言的。从横向看，它既包括自然环境因素，又包括社会环境因素；既包括物质性环境因素，又包括精神性环境因素；既包括政治环境因素，又包括经济环境因素与文化环境因素。从纵向看，它既包括历史的因素，又包括现实的因素；既包括社会大环境，又包括社区环境、组织环境、家庭环境及人际关系等小环境。从环境作用的性质来看，它既包括积极环境因素，又包括消极环境因素。这些大大小小，各式各样的环境因素构成自我教育环境的网络系统，全方位地、多渠道地影响着自我教育的过程，影响着人们思想品德的形成。

（5）动态性。教育环境是不断发展变化的，对自我教育的影响在表现出一定的稳定性的同时，又千变万化，从而保持了旺盛的活力。尤其是改革开放以来，经济活动、社会存在的变化，西方各种社会思潮的引进，导致人们的思想观念、思维方式、行为方式都发生了很大变化。加之信息技术、通信技术、网络技术的快速发展，更加速了这种变化。它一方面给传统的教育环境带来了前所未有的挑战，另一方面也对优化教育环境提出了更高的要求。

除此之外，教育环境还有其他一些特征，比如：实践性、渗透性、可塑性、复杂性、阶级性等，这些特征都从某一方面体现了教育环境的功能和作用。

二、教育环境对自我教育的影响

自我教育环境是教育环境中的重要组成部分，体现在教育环境的层次上，它是教育环境的微观环境。在自我教育中，无论是以政治、经济、文化、社会为核心的宏观环境，还是以学校、家庭、社区为核心的中观环境，这些外部环境首先要转化为内部教育环境，然后综合影响并转化为以认知、态度、兴趣、需要为核心的自我微观教育环境。在这里，由于作为中观环境的家庭、学校和社区，既承受了宏观环境的影响，又是人的一生成长、学习和生活的主要场所，它能比较有代表性地说明教育环境与自我教育的关系问题。因此，这里我们选取这三个方面的教育环境展开讨论。

1. 家庭教育环境对自我教育的影响

所谓家庭教育环境，是指在家庭中能够为家庭成员所感知的、对其品德和素能的养成与发展发生直接或间接作用的一切因素的总和，包括物质性成分（如家庭经济收入、居住条件、家居环境等）和精神性成分（如家庭道德、家庭文化、家庭舆论、家庭风尚等）。所有这些因素紧密地联结在一起，共同构成现实的家庭教育环境的整体和合力，全方位、多角度、多层次地影响着家庭成员的自我教育活动。

(1) 家庭教育环境的地位。家庭是人一生活动的主要场所，作为家庭成员的自我教育者从出生起就开始受到家庭教育环境的熏陶和影响，而且终生不移。家庭教育环境是自我教育的基础教育环境，它具有非常重要的启蒙意义。因为，在时空上，它占据了人整个社会化过程的三分之一；在地位上，它占据着教育对象的起点；在效果上，它有着先入为主的优势，决定了人对社会化要求的原始取向。因此，家庭教育环境具有特殊的作用和影响，而这种作用和影响的特殊性又进一步揭示了家庭教育环境在整个自我教育环境中的基础地位。

(2) 家庭教育环境的影响。家庭教育环境不同于其他教育环境，由于天然地存在血缘关系，是一种生物属性和社会属性高度统一的环境，有着强烈的信任感、归属感和依赖感。成员之间的相互影响，尤其是成年人对下一代的影响是任何环境都不能替代的，呈现出自身独有的优势。

一是家庭教育影响的稳定性。人的一生总是离不开家庭的，只要有家庭的存在，其影响就不可回避。这种稳定性包含有两层思想：其一，由社会生活的客观需要所引发的家庭主要成员对未成年家庭成员或下一代的期待意识和培养行为，像一种本能实则是一种家庭职能，永不泯灭；其二，家庭成员之间教育实践具有共振性，它在结构上客观地维持了家庭教育环境作用的长久性。

二是家庭教育影响的模糊性。家庭教育环境对人的影响是直接的、朴素的，但往往是非具体的、不显著的、不正规的，既没有专门的工具，也少有针对性的活动，更没有学校教育的系统化和严谨性。环境功能的释放和发挥主要是感染和熏陶，靠的是自我教育者的主观体悟。比如教育目标作为教育环境的重要因素之一，在千姿百态的家庭中，大多没有鲜明地体现出来，而是散化、融汇在家庭环境的综合运作里，在潜移默化中以方向的形式起着大致的引导作用。

三是家庭教育影响的温和性。家庭成员彼此之间的血缘亲情关系和朝夕相处的极端亲密性及相知的极端深刻性，使家庭教育环境对自我教育的影响往往是温和的，充溢着温情和关爱，少有严肃、刻板的灌输说教。多是见之以行的身教，少有正式的教条戒律；多是潜在隐性的诱导，平实而富有人情，亲切而富于魅力，因而更加符合人之天性，更具有渗透性。

四是家庭教育影响的品德性。这是就内容和功能而言的。家庭教育环境对自我教育者的影响是多方面的，但主要集中在品德的培育和养成上，而人生的技能，特别是工作技能和职业技能的教育则往往留给了学校和社会。这种特征在深受传统伦理文化影响的中国家庭中尤其突出和真实。而且，对于青少年的品德培养，家庭基础更加重要，家长、父母、成年人的一言一行成为子女、青少年的第一教师和楷范，悄然地熏染、陶冶着其品德，从而为学校和社会教育的继续培养创就了前提和依据，也显示了家庭教育环境在启发、育创、实现人之迥异于动物的社会性上的特殊功能。

总之，自我教育者和家庭成员在主体身份上是统一的。家庭成员中的年长者、素能较高者是自我教育的主体，青少年、素能较低者更是自我教育的主体，他们身处家庭中，既是环境影响的对象，在环境范围之中又进行自我教育，是环境影响的参与者，以自我教育反作用于环境。这种地位和身份的二重性，相应地增加了自我教育主体对家庭教育环境认知、接受和利用的难度，因而也再一次指明了家庭教育环境在自我教育整个环境系统中的初始意义和基础地位。

2. 学校教育环境对自我教育的影响

所谓学校教育环境，简而言之，是指在学校中存在着的影响自我教育的一切因素、现象和力量。从发展的角度看，它又是指一个人可能经历的从幼儿园一直到大学特定学校里的一切环境的总和。

（1）学校教育环境要素的构成。学校教育环境与其他环境的最大区别就是教育的专一性，其本身就是为培养人、教育人而设置的，每个环节、每个空间都是有明确的教育目的和教育计划的，而且其中每个构成要素以及要素之间的联系都是以教育价值为导向的。概括而言，主要包括：人、物、精神性因素及其活动、运动等方面的要素。

一是人的要素。人是学校教育环境的主体，主要包括以教师为主的教育工作者和受教育者学生两部分。但是学校教育环境的作用对象主要是青少年学生，而不是教育工作者，虽然他们都要进行自我教育。

二是物的要素。主要是指学校内部影响教育活动的有形的物质形态的东西。包括教室、图书馆、实验室等一切教育和教学的设施、设备；宿舍、食堂、运动场、影视厅等一切生活、娱乐和服务的设施、设备；阅报栏、绿地、雕塑等一切绿化美化校园环境的设施、设备，还有为教育教学服务的科研基地、生产设备、教学模具等。

三是精神性要素。主要是指教风、学风、校风，校训、校歌以及学校的规章制度等。

四是活动性要素。它是指上述三种因素相互结合而产生的行为，包括教育教学、实验、科研、生产、文化娱乐、卫生健康、后勤服务等一切校内活动。

（2）学校环境的教育影响。学校在人的社会化过程中具有奠基性的意义。学校教育环境也具有其他教育环境无可比拟的优越性，并充分地显示了学校教育环境对于自我教育所表现出来的关键性作用和影响。

一是学校教育影响的目的性。学校教育是有目的、有计划、有组织的系统教育，它有明确的目的、系统的计划、严密的组织机构和完整的方法措施。学校教育环境的创造也是如此，它必须紧密地围绕着教育宗旨和教育目的，不容许任何环节有丝毫的随意和偏离。

二是学校教育影响的系统性。学校的育人功能的专门性决定了学校教育环境的方方面面都是有意、有序、有理的，从教育目标、内容、手段、措施等静的方面到实施、评估、反馈等动的方面，从学生对教师到教师对学生，从物质性因素的建构、使用到精神性因素的育创、发挥，从环境因素内部关系上所隐含的层次性、渐进性到其外部关系上所表现的依赖性、整体性，以及从由此及彼到由彼及此的格局状态和运行机制等，无不充满着理性和自觉。它们相互依存、相互支持，有机地结合起来，富有鲜明的逻辑性。因此，学校教育环境是积极的、正向的教育环境，也是系统性最强的教育环境。

三是学校教育影响的可控性。学校教育的正规化、正式化、严格化、具体化以及上述目的性、系统性，特别是教育对象（本身又是自我教育者）的可塑性，决定了学校教育环境具有可控制性。它表现为环境建设的有计划性和异常情况的可调节性等。

四是学校教育影响的相对独立性。学校本身是一个任务特殊、氛围独具的较为独立的社会组织，即使它的有形围墙被拆除，与社会仍然发生千丝万缕的联系，无形的"围墙"依然使它拥有着非同一般的自我特色。因此，受活动目的、社会功能、行为主体特殊性的决定及其他内部因素特殊性的影响，学校教育环境具有相对独立性。

总之，学校是专门从事对人的教育、培养活动的场所和机构，是人未成年之前的主导教育力量之所在。从人的年龄秩序出发，学校教育分为幼儿园、小学、中学和大学比较明显的四个阶段，含容了未成年人走向社会之前的整个生活过程。在现代社会里，学校教育更是深入、扩展到老年阶段，从而给学校教育嵌入了终生化的新特点。

3. 社区教育环境对自我教育的影响

所谓社区环境，是指社区成员在一定的地域范围内所面对和感受的一切自然环境条件和人工环境条件的综合。它包括自然环境、社会环境、文化环境和工作环境等，具有物质和文化双重属性。社区环境是客观存在的，人的正确思想或错误思想的形成和发展都与自己所处的环境有密切的联系。

（1）社区教育环境的要素构成。社区分为农村社区和城市社区。构成社区的基本要素有家庭、生活设施、管理机构、社区文化、情感需求和归属等。

首先，人际关系要素。社区主要是以家庭为单位、体现着特定人际关系聚集而成的生活区域，以家庭之间的社会关系为核心构成了社区人际关系，也就是说，由于社区成员长期生活在同一区域，因而社区的人际关系环境比任何其他教育环境更容易受到家庭之间关系的影响。

其次，心理环境要素。社区的区别和认知一般都是以命名的方式呈现于社会，由于中国人特有的关系思维，心理距离因生活在同一社区而接近。也就是说，社区居民对自己所属的社区有一种认同、喜爱和依恋的感情，从而形成社区意识。由于人们长期地生产生活在一起，彼此之间逐渐形成了某种认同、喜欢甚至依恋的情感，这是构成社区和衡量社区发展水平的标准之一。

其三，物质环境要素。文化生活设施是构成社区文化生活的载体。方便的交通、商店、医疗、教育以及社区成员的活动场所、园艺绿化等，这在很大程度上促成了社区文化生活的健康开展。尤其是在目前的城市社区中，随着社区成员物质和文化生活质量的提高，对社区物质环境要求也随之提高，如何为社区成员提供一个优质的硬环境越来越成为构建社区教育环境的重要内容。

其四，管理机制要素。社区管理机构，有的属于政党组织，有的属于基层群众性自治组织。无论哪种形式的组织，都有着对社区成员的行为进行制约和限制的功能、动员社区成员参加各种集体活动的活动功能、管理支配社区公共资源和公共财产的功能以及制定和实施社区规划的功能。这就要求管理水平和管理质量必须体现社区组织的特点和功能。

最后，特色文化要素。社区，尤其是历史比较久的社区，在长期的发展过程中，形成了具有历史传统、地理条件、发展水平、结构性质等的社区特色文化，它体现在社区成员有独特的价值观念、行为规范、风俗习惯、语言方式等，这既保证社区具有一定的特色文化，也是社区成为相对完整和相对独立的一个条件。

（2）社区教育环境的特点。社区教育环境不仅与家庭教育环境不同，而且与单位、学校教育环境也大有区别。一般来说，社区教育环境有以下一些特点：

一是社区教育环境的生动有效。社区环境是进行自我教育的基本场所和有效载体，社区环境的优化与自我教育密不可分。由于社区的居民可能来自于不同行业和部门，职业的不同带来了大量的信息汇聚，又由于中国"远亲不如近邻"的理念，人们有相互认识、互为亲近的心理倾向。良好的社区教育环境能充分显示其文化熏陶、思想感染、心理驱动等功能，形成一个生动有效的教育环境。

二是社区教育环境的形象直观。社区环境既包括物质设施、建筑风格、景观布局、绿化状况等物质环境，也包括社区全体成员在政治、道德、文化、传统等观念上相互感染、相互促进的思想环境。物质环境自不必说，精神环境尽管人们看不见，如社会风气，但却能直接感觉得到。这些特点就更能给人以深刻的印象，从而使人被环境感染和同化。所以，社区环境实质上就是由身边的人、身边的事、身边的物所营造的。无论是它的"硬件"还是"软件"，都与教育双方具体的工作、学习和生活密切相关，具有形象直观的特点。

三是社区教育环境的互动性强。社区教育环境是靠环境中的人来创设和优化的，人们长期工作和生活在一定的环境中，接受潜移默化的熏陶和影响，就会将环境中特有的思想观念和传统习俗融入自己的言行举止。社区内成员之间由于工作、学习、生活的需要，必然要进行各种频繁自由的交往，在这种交往中，既传递新信息，也交流思想，交流感情，建立起各种人际关系。社区良好的思想风气一旦形成，就会成为一种客观教育力量，反作用于人们的思想行为，产生良性导向作用。相反，一旦社区环境中歪风邪气占了上风，也必然会反作用于人们的思想行为，产生误导作用。

四是社区教育环境的整体效应。社区由不同的主体构成，有家庭、学校，也有单位和企业，这些主体也有着自己独有的教育环境，在现实生活中，它们之间彼此联系，又相对独立，共同组成了完整的教育环境系统，综合性地影响着自我教育。但是，它们的作用效能和影响力度并非完全一样，特别是在人的不同年龄和成长阶段上，总是由其中的某一种占主导地位，而另外方面发挥着辅助效应。如果站在自我教育的终生性基础上去把握各自教育环境影响的积累量和持久度、深广度，则可以认定：家庭教育环境是基础、学校教育环境是关键、社区教育环境是补充。

总之，随着我国城市化进程的提高，以单位或部门为概念的居住区已经发生了根本变化，社区越来越成为人们政治生活、经济生活和文化生活的重要部分。社区建设的环境如何，不仅影响到人们的正常的生活质量，而且也影响到社会的和谐与发展。况且，社区又是各个家庭集中生活和活动的场所，是家庭教育环境和学校教育环境的延续。因此，社区教育环境对自我教育有着不可忽视的影响。

三、创造自我教育的教育环境

教育环境对自我教育的作用和影响是不容置疑的，但是，由于教育环境自身的复杂多样性、发展变化性，创造自我教育的教育环境显得非常重要。

1. 以发挥自我教育的能动性为前提，创设教育环境

学校教育环境对自我教育一般都能起到积极的促进和引导作用，但是，家庭教育环境与社区教育环境由于其自身存在着正向与逆向、积极与消极两种情态，对于自我教育的影响也有两种可能和方向。比如家庭主要成员道德素质低、家庭教育不良、家庭结构失常等这种恶劣的家庭教育环境给自我教育的影响必然是逆向、消极的。同样，在社会政治黑暗、制度败坏、思想腐朽的社会教育环境里，甚至在社会舆论失控的社会教育环境里，自我教育的接受也必然是有违自我教育本质特征和科学规定的。因此，教育环境欠佳对自我教育的消极影响会增大，阻碍性会增强，自我教育的难度也会大大地增加，自我教育的成功系数也会大幅度降低。从外部情况和一般态势来看确实是这样的。然而，自我教育的成果如何，最终还将取决于自我教育主体灵魂深处矛盾斗争的情况。主观能动性强，就能抵御外部恶劣环境的侵袭，排除干扰，完成自我教育任务，相反，则可能在恶劣环境的侵染下失却自我教育的清晰和坚定。这应当是一个有实践证明的规律性结论。换个角度考察，即使在优良的教育环境里，如果主体欠缺或未能充分调动主观能动性，依然不能借助环境之力而致自我教育深入、扎实地开展。因此，教育环境的作用效果和影响力度与自我教育主体的主观能动性发挥程度成正比。

2. 以发挥教育环境的主导力量为关键，创设教育环境

教育环境由具有一定独立性的家庭环境、学校环境、职业环境三个方面构成，它们综合性地影响着自我教育，但并非完全平衡均匀地施力。在人生的某一阶段上，三种环境的影响力更有大小之别，总是由其中的某一种起着主导性作用。而且，随着人生所扮演的社会角色的不断变化及所处时空的转换，也会导致某一环境单独起主导作用。另外，这一规律还包含另一层涵义，即在各种教育环境中总是有一种主导性的因素，成为发挥环境影响的主导力量，如在家庭教育环境中的家长、在学校教育环境中的教师、在社会教育环境中的社会舆论，就是各自环境因素体系中最具影响力的成分。认清这一层，对于自我教育在特定的教育环境里找到影响源，选准关键，集中精力汇集其力量具有非常重要的意义。尤其是学校教育，占据着人生很长一段成长过程，学校作为学校教

育环境的主要促成者和最高体现者，必须转变观念，鼓励、启发并支持自我教育，为自我教育创造更有利的条件。因为在事实上，学校教育的传统观念还是固守施受教育关系，视灌输教育为根本，忽视甚至无视自我教育，结果造成了受教育者积极性、创造性质能的下降，直接影响了人的发展力和后劲。在现代教育条件下，这一传统教育观念和行为必须加以扭转。现在提倡的"素质教育"，从侧面讲就是对传统的、单一的灌输教育模式的批判和对自我教育的呼唤，因为它最全面而真实地切合了人的理性特质和社会性潜能，最有利于人的创造力的发掘。

3. 以凝聚教育环境的合力为核心，创设教育环境

教育环境的多样化和多面性充分展示了它的影响的广泛性和周延性，使自我教育必须面对彼此兼具的作用。某一特殊阶段或特定角色，其中一种教育环境起主导作用也仅仅表明了教育环境效应的一个侧面或一种情况，真正最大限度地产生教育环境效力的做法，是培养、铸造其合力，使三支力量在共同的方向上拧成一股绳，互相支持、互相激荡，把作用力、影响力作用到自我教育活动中去。这样，就同时向自我教育和社会提出了一个实质相同的问题：自我教育要学会认识各种教育环境的特殊性，更要学会发掘其彼此间的内在联系，把各种力量牵引组合到一起，获取最大的推动和保障；社会要整理思路，统一规划，协调步骤，把家庭、学校和社会纳入到统一的轨道上来，共动共振，激发出融汇交聚的合力，广泛地作用于社会成员的自我教育过程。学校教育主要是灌输教育，学校教育环境在理论上也主要是为其服务的，但灌输教育跟自我教育是有机地结合在一起的，很难截然地加以分开。因此，自我教育要利用这种现实的环境，进行双位思考，保持自己在灌输教育中教育者或受教育者的身份，切实把握自己又是自我教育的主体。而且，自我教育还应更强烈、更鲜明地视己为自我教育者，充分利用灌输教育的一切有用的方面，使灌输教育为自我教育服务，在灌输教育中实现自我教育。这样要求并不表明灌输教育与自我教育是冲突的、排斥的，也不意味着自我教育可以冲击、取代灌输教育，相反，它指示自我教育必须很好地与灌输教育相融合，把自我教育与灌输教育协调起来，互相支持，共谋主体成长、成才之效果。

4. 以营造健康的社会环境为基础，优化教育环境

自我教育应关注社会教育环境的发展变化。社会的现状及发展、变化都是不以人的意志为转移的，是人所不能回避的。自我教育必须首先承认它，然后才能通过主观性活动去分辨其利弊优劣，做到扬长避短、趋利避害。在对社会教育环境的观察、分析和利用中，实现自我发展、自我完善，提高自我教育能

力，达到自我教育的目的。此外，自我教育还要特别关注社会舆论。社会舆论是社会教育环境中最鲜活、最有朝气、最直接地发挥影响作用的成分。有起正向促进作用和反向阻碍作用的两种存在形态和影响方式，因此，自我教育者身处社会舆论的包围之中，必须高度重视、密切关注、积极利用社会舆论，使之成为自我教育的一支推动力量。首先，正确认识社会舆论的传播途径——广播、电视、报刊以及口头流传等，充分、及时地把握其传递的信息，并加以分辨和筛选，为自我教育服务。其次，正确认识社会舆论的综合性、大众性、现实性特点，在社会舆论到来时保持清醒头脑，不人云亦云，不盲目随从。再次，全面把握自上而下的社会舆论的导向作用，积极认同，努力实践，并以此指导对自下而上的社会舆论的认识，做党的政策和国家意志的宣传者、实践者。在正向社会舆论的牵引下，更有效地开展自我教育。事实上，认识、把握、利用社会舆论的过程，本身就是一种特殊内容的自我教育，自我教育者还必须清醒体悟这一过程的双重意义，从而增进自我教育的主动性，扩大自我教育的时空范围。

第三节　自我教育的职业环境

职业环境同样是自我教育环境中的一个重要内容。人走入社会之后，都要被嵌入到特定的环境和空间的职业之中。从某种意义上，职业规定着自我的社会属性，在职业环境中，不但规定着劳动角色，而且还要求不同角色的劳动者为社会承担一定的义务和责任。职业环境中的自我行为有着一定的行动规律、特点和要求，因此，探究职业环境中的自我教育，是有效开展自我教育的重要一环。

一、职业环境概述

职业环境同家庭环境、教育环境一样，同属于社会大环境，尽管三个环境相互交叉、影响，但职业环境有着自身的特点、结构和影响方式，一方面，作为职业人，自我意识比较强。另一方面，职业不同，职业环境也就不同。职业环境的复杂性和变动性，也不是其他环境所能比拟的，这就对自我教育提出了不同的要求。

1. 什么是职业

职业作为一种社会现象，是与社会分工和生产内部的劳动分工相联系的，是以社会分工和劳动分工为纽带的社会形式和社会关系。自从社会出现分工以后，人们一进入社会生活，便终身地或在较长时期内从事某一种具体的专门业务和特定职责的社会活动，并以此作为自己获得生活资料的主要来源。从社会角度看，职业是劳动者的社会角色，劳动者为社会承担一定的义务和责任，并获得相应的报酬。从国民经济活动所需要的人力资源角度来看，职业是指不同性质、不同内容、不同形式、不同操作的专门劳动岗位。

关于职业分类的意义，一是由于相同性质的职业往往有其共同的特点和规律，将其归为一类，有助于对员工的分类管理，明确责权利，营造管理环境。二是有助于凝聚目标和力量，一方面职业分类建立了合理的职业结构和职工配制体系，岗位职责要求每个职工的爱岗敬业精神；另一方面职业分类所形成的职业边界也促使职工在这一环境下的心理契约逐步达成。三是有利于自我职业认同。职业观的形成是建立在职业分类基础之上的，不同的职业形成的不同的职业观、职业态度、职业能力、职业道德都是以具体的职业为前提的。

2. 什么是职业环境

职业环境也叫职场环境，是指职业工作中所体现的要素结构及要素之间各种关系的总和，它比工作环境、劳动环境和工作氛围有更丰富的内容。同家庭环境、学校环境等其他环境一样，职业环境也分为硬环境和软环境。

硬环境包括了办公场地、办公设备、工作器具等硬件，其目的主要在于人的感官感受和是否便于安全、健康、有效地工作。软环境是指工作氛围、人际关系、工作流程、规章制度、员工情绪、绩效文化、领导风格等。

一般来讲，硬环境带有明显的行业属性和岗位特点，同类行业企业之间不会有太大的差别，而软环境却不同，即使是同类企业或部门也会表现出很大的差异。至于职业环境对职工的影响，虽然硬环境与软环境都会对职工产生重大影响，但影响最明显的是软环境，尤其是对于高素质的职工来讲，软环境的影响远远大于硬环境的影响。在职业环境诸要素中，人是最活跃最有影响力的要素。员工、管理者、各种形式组成的团队、团队内的各种关系成为职场环境中最重要的组成部分。

职业环境是不断发展变化的。随着社会分工及生产内部劳动分工的发展，职业分化愈加细密、繁杂，旧职业不断消失，新的职业不断产生。职业环境也愈加多样化、个性化。同时在某一特定的职业环境内部，由于科学技术的飞跃发展，也使这些环境本身经历着不间断的冲击和变化，稳定性越来越差。这一点已经为现在的人们越来越真切地感触到。

3. 职业环境的特点

职业环境不同于家庭环境和教育环境，它几乎涵盖了人类活动的方方面面。无论从自我教育的广度上说，还是从自我教育的深度上说，职业环境的结构、层次和功能都不可能为其他环境所替代。一般而言，职业环境呈现如下特点：

（1）职业环境的复杂性。社会的分工，催生了社会职业化的发展，随着社会的发展，职业的种类向着更细、更多的方向发展。我国2015年修订的《中华人民共和国职业分类大典》，将我国职业分为8大类，75个中类，434个小类，1481个细类。世界上各个国家也都根据本国的实际情况，对职业做了不同的分类，如：美国的SOC分类标准，加拿大的NOC分类标准，新加坡的SSOC分类标准等。在现实社会中，有多少种职业就形成多少种职业环境。不同的职业环境，其硬环境与软环境也不一样。即使同一类职业环境，地域不同、民族不同、偏好不同，其环境也有很大差别。单就职业环境的软环境而言，就由职业态度、职业兴趣、职业情感、职业行为、职业能力、职业道德等多种要素组成。从动态上讲，每一种职业环境随着社会、经济的发展，其质量也在不断提高。同时，不同的职业环境之间也会相互影响、相互促进、相互发展。比如：一个以诚信为核心的优质商业环境会很好地促进生产企业以质量安全可靠为核心的生产环境的改善，反过来，一个以社会责任为核心的生产企业同样可以促进以商业道德为核心的环境的改善。因此，职业环境无论从其结构上，还是从其层次上，抑或是从其功能上，都呈现出其复杂性。这种复杂性特征，要求我们在建构和培育职业环境中，不能简单而为。

（2）职业环境的全面性。职业环境的全面性包括两个方面，一是职业对职业环境的要求；二是职业环境对职业人的要求。前者包括为相应职业提供的符合法律法规要求的，以尊重健康、生命、尊严和自由的职业硬环境和软环境。后者包括对职业人的职业操守的要求。由于不同职业的资格和特点，尤其是职业的技术性要求，在长期的职业实践中，职业主体（职业人）长期会形成一种职业习惯，这种职业习惯的极端化就是"见怪不怪"，也就是我们所说的非生理意义上的"职业病"，我们这里称之为"职业洞穴"。从某种意义上讲，不同职业的职业操守教育和要求，正是对这种"职业洞穴"的唤醒。职业环境的这种全面性特征，构成了职业环境核心要素对各种各样具体的职业活动的相应要求，也正由于此，各种各样职业才有了彼此相区别的标志和界尺。

（3）职业环境的独立性。尽管职业环境非常复杂，而且还会随着社会大环境的变化而发生变动，但是，每类职业环境都有其相对的独立性。这是由不同职业都有各自的活动范围所规定的，其活动的内容、方式、目的及运行要求各不相同。即使同一种职业，由于文化的不同也显得不尽一样，尤其是职业的文化环境，一旦形成就相对稳定，难以改变和复制，这也是不同行业和企业努力建构自身职业文化环境的原因。即使是对于硬环境而言，如何合理开发和有效使用也受到诸如职业态度、职业行为、职业道德等软环境的影响。这种职业环境的独立性也为构建具有特定的职业环境提供了可能。也正是如此，在现实的生活中，才有形形色色、各种各样的职业环境，也才有生活与工作于其中的职业人的多维追求，也才有社会的丰富多彩。

（4）职业环境的一致性。产业、行业不同，职业的环境也不一样，但对同一种产业或行业来说，从本质上讲，存在着职业性质的一致性、制度要求的一致性、行为方式的一致性、职位要求的一致性等。首先，就职业性质而言，相同的职业一般都秉承着一样的环境理念，比如医疗职业环境中的"救死扶伤"，军人职业环境中的"保家卫国"，教育职业环境中的"教书育人"等。这种职业性质的一致性对于职业环境识别非常有意义。其次，就制度要求的一致性而言，性质相同的职业，其制度要求也大同小异，比如在确保资金的安全性、流动性、效益性的基础上，体现为银行业职业操守的制度文化是一致的。其三，就行为方式的一致性而言，由于性质相同，职业有着相同或相似的工作流程和管控流程，同时为保证这些流程的有效运行，还有相应的法律、制度的监督和约束，因此，其行为方式就表现为外在约束和内在压力的一致性。其四，就职位要求的一致性而言，由于职位是职权与相应责任的集合体，职权相同、责任一致，由此构成了职业环境中一系列职位的职权与责任的一致性。

（5）职业环境的变动性。这种变动性体现为：职业环境要素的变动、职业环境细分的变动、职业环境相互影响的变动。首先，构成职业环境的要素很多，既有相对稳定的要素，如硬环境，也有相对不稳定的要素，如核心人员的流动。一般来讲，领导的变动对职业环境影响较大。其次，随着社会的发展，新兴的职业会不断出现，职业化、专业化促使职业更加细分，相应地对新职业环境也提出了要求，对于新职业来说，打造相应的职业环境是目前面临的重大问题，如家政行业。其三，虽然职业环境之间有相对的独立性，但都同属于一个社会的大环境之中，各种亚环境之间、职业环境之间都是通过这个大环境相互影响，从而引发各自环境的变动。社会大环境本身的变化，必然要求职业环境的变动。如国家的政策、法律的出台，要求各相关职业积极适应这一变化。

二、职业环境对自我教育的影响

人要生存和发展，就必须从事一定的职业，也就少不了对职业的选择和尊重，少不了职业所形成的外在约束和环境条件。人既然要进行自我教育，就不能不考察特定的职业环境，在其既定约束下追求自我发展和自我完善。

1. 职业环境是自我教育的重要渠道

自我教育的发展是个体自我意识觉醒的过程，也就是说，从人的自我意识萌发，经历了一个不断提高、强化和完善的过程，也是一个自我教育的过程。

（1）在人的一生中，家庭伴随着人的一生，学校虽然是最重要的，但也是阶段性的，一旦人走出学校则意味着脱离了学校环境，而职业则伴随着人生的主要阶段。按照舒伯的职业发展理论，人的一生由成长、探索、建立、维持和衰退五个阶段组成。他认为，人24岁之前，属于成长和职业探索期，25岁到65岁长达40年间，属于真正的职业期，其中，职业的建立阶段是不断丰富、充实自己的职业要求，之后的维持阶段则主要是面对来自不同方面的挑战，维持自己既有的成就和地位。从人生的时间跨度讲，40年的职业生涯占据了人的黄金期，这就为自我教育提供了以职业环境为教育背景的自我教育保障。

（2）40年的职业生涯，正是人赖以自我教育的主体性确立和发展阶段。按照皮亚杰的认知主体理论，人25岁之后，人的主体性已经基本确立，认知图式也趋于合理，自我意识比较强，自我认知、自我态度、自我评价能力也不断提高，而且随着年龄的增长和社会化程度的提高，认知图式也不断完善。如果我们把人的职业生涯与职业环境联系起来，不难发现有对应之处，职业建立期与认识图式提升期相一致，职业维持期与认知图式完善期相一致。这种自我意识的觉解为进入职场面对复杂的职业环境，并积极适应或构建自己的职业角色、提高或增强自己的职业能力提供了智力和心力的支撑。可以说，成功进行职业选择、进入职场，不但要具有诸如职业技能、职业心力等各种能力，最重要的还应该具有自我教育能力。能否具有这种能力是衡量一个人职业能力的重要因素之一。可以说，一个没有自我教育能力的人是不能适应未来变动复杂的职业环境的，也不可能把已有的职业环境要求内化为自我行为。所有这一切都为以主体觉醒为前提的自我教育提供了另一个保障。

（3）从社会学的角度看，学校教育是人的社会化的早期阶段。它的任务是奠定基础、初创雏形。迈入社会并从事社会性的职业活动是人的社会化最重要的阶段。具体的职业环境为人们审视原有社会化成果提供了一个相对稳定的条件，也为人们校正、深化、稳定原有社会化成果或重塑社会化成果提供了一个广阔的活动空间。它创设了一个参照系，使人们真正开始从"我"的角度认识社会、观察世界，并放"小我"为"大我""他我"为"自我"。在现代社会里，大多数人的世界观和人生观都是在职业生活过程中定型的。随着社会生活复杂程度和广阔度的增加，人的社会化的完成将会越来越仰仗于职业生活和职业环境。但是，在职业环境里最终完成社会化，绝不是自然而然的水到渠成，它要靠主体的主观能动性，要靠职业活动者的自我教育。

2. 职业环境规定了自我教育的主要内容

职业环境中的自我教育内容体现了职业性要求，它是和职业活动相一致的，不同的职业有不同的职业要求。在职业教育过程中，独具特色的职业环境及其所体现的内容要求，促使职业中的主体开展自我教育活动。

（1）职业要求决定着职业环境的教育内容。不同的职业规定着不同的职业资格要求，除了特有的职业技能之外，还要求职业态度、职业操守、职业责任等，这既是职业的要求，也是构成职业环境的重要元素。职业技能是职业所要求的实际操作能力。职业态度是自我职业选择的态度，包括选择的方法、工作取向以及选择过程的观念，即自我对职业选择所持的观念和态度。当然，影响职业态度的因素很多，诸如职业因素、家庭因素、社会因素等，但与自我的因素也有关系，如自我的兴趣、能力、抱负、价值观和自我期待等。职业操守是指人们在职业活动中所遵循的行为规范的总和。它既是对从业人员在职业活动中的行为要求，又是对社会所承担的道德、责任和义务的需求。可见，职业要求规定着职业的环境要素构成及其形成，不同的职业要求由不同的职业环境要素构成，因而环境的教育内容也不一样。

（2）不同的职业环境规定着不同的自我教育内容。由于职业要求规定着职业环境，而职业环境又规定着自我教育的内容。自我一旦选择了某一职业，就意味着进入到了某种职场。不同的职场都有着自身特有的认知要求和行为规范，如何实现自我的"在场"，除了职业本身所需要的各种培训之外，自我应当根据职业的要求和职场的氛围，主动地自我定位，恰当地自我评价，制定发展目标，实现自身价值。按照现实的情况看，无论是哪一种职业环境，所要唤醒和感召的都是职业效能教育、职业操守教育等，因此，职业环境中的自我教育要紧紧围绕这几项内容开展自我教育活动。

（3）自我教育主体体现着职业环境的教育内容。处于职业环境中的个人，既是自我教育的主体，同时又是职业的承担者和活动者。这就决定了从事职业活动的人在从事自我教育活动中必须与其所从事的职业活动相一致，也就是说，必须按照适应职业所要求的职业技能和职业道德开展自我教育活动，二者密不可分。作为自我教育的主体，虽然被赋予了多种社会角色而有着多种自我教育活动，但是职业角色是主要的。一方面从事职业活动是为了个体和家庭的生存和生活的基本需要，另一方面是为了实现自身价值和创造事业的需要。因此，自我必须积极、主动地适应职业活动要求，开展提高职业活动水平和成效的自我教育。

3. 职业环境实现着自我教育的灵活多样

每一种职业都有属于自己的职业空间，也有自己的职业特殊性，所营造的职业环境也千差万别，因此，它与家庭环境和学校环境中的自我教育最大的区别就在于它更加具体、灵活、多样。

（1）职位环境要求自我教育的具体性。从事一定职业活动的人主要是在已有职业活动范围内进行自我教育，它不能脱离既定的职业这个前提，不能异想天开，这种具体是和自己的职位相一致的，不同的职位有着不同的职位要求。比如：在教师这个职业中，有助教、讲师、副教授、教授职位系列，对于整个教师职业来说，教书育人、为人师表是同一的职业道德规范。但具体到不同职位的教师，又有不同的岗位和职位要求，这些岗位或职位要求最贴近自我，也最实际和具体，在培养自我职业态度和职业道德方面也最可见、可感、可受，也最能激发作为教师个体自我实现的积极性。因此职业环境所形成的教育力量是具体的，而不是空泛的；是落实到自我的具体职位和岗位中的，而不是抽象的。例如：岗位风险自查活动就是要求不同职业环境中的人，根据自己的岗位职责和工作流程，查找可能出现的岗位风险，这个活动就是具体有效的自我教育活动。

（2）职业变换要求自我教育的灵活性。在职业的探索阶段，人们常常面临着不同的职业选择，职业环境的变换并不意味着自我教育的结束。如果从一个职业进入另一个职业，新的自我教育必须进行转换，但这种转换仍然是在职业活动范围内，只是在新的职业活动范围内而已。如果身在兼职或兼业，其自我教育的空间相对扩大了，扩容进了第二或第三个职业，主体的自我教育活动空间随之扩大，但仍然被限制在多个职业的范围内。这就必然要求自我教育主体根据变化了的职业环境，灵活地把握自己、审视自己，寻找与自己的能力、性格相匹配的职业，最终实现自我价值。

（3）职业特殊性要求自我教育的多样性。每一种职业都有其特殊性，职业环境彼此间也是异彩纷呈的。从总体上看，不同的职业环境对从业人员的自我教育要求非常灵活和多样；从局部和微观上看，某一种特定职业环境对从业人员的自我教育要求又非常直接和具体。因为各种职业环境对从职人员的自我教育要求总是从本职业的活动和相应的内容与方式出发，适应于本职业活动的客观特性和具体条件。表达这种要求的方式往往是采用制度、章程、守则、公约、须知、誓词、条例等简洁明快的条文加以界定。它们本身也是各有特色、自成一体，适应于、服从服务于特定职业活动的。从而一方面使从业人员比较容易参照依据而达到接受、消化和践行；另一方面也比较容易保持本职业的特殊性及为此而开展的自我教育的特殊性。

三、构建良好的自我教育职业环境

职业环境是形形色色且多种多样的。优良的职业环境，不仅可以促进员工内部的和谐，增加内部凝聚力，而且能够降低管理成本、提高工作绩效，更为重要的是，寓教育于管理之中，激发员工的工作热情，提高员工工作的积极性、主动性和创造性。反之，一个较差的职业环境则容易造成员工人际关系紧张、情绪消极、工作懈怠、职业道德下降，会直接加大管理成本，降低工作绩效。从这个意义上说，教育就是管理。因此，构建良好的自我教育的职业环境显得非常重要。

1. 打造和谐的自我教育的职业环境

职业环境更多的是员工的一种心理感受状态，与自身的文化密不可分。它不仅反映了一个单位或企业的客观面貌，同时也是单位或企业及其团队的价值观念、团队精神、企业精神的具体表现。可以说，职业环境是单位或企业文化的具体表象，单位或企业文化及其团队文化只有在相应的职业环境中才能真实感受。正因为如此，职业环境直接影响着员工的快乐指数和满意程度。大量的研究表明，职业环境对员工的影响是综合的，虽然某个环节和要素做得比较好，但这些要素所构成的综合环境未必一定都很优良，这也是一些学者用系统论的观点研究职业环境的重要原因之一。

和谐的职业环境不仅表现在单位或企业内部，还表现在同事之间、管理者之间以及管理者与员工之间，还扩展到单位或企业之间。这是因为，作为有着不同个体所组成的团队，职业偏好、能力等都不相同，加之行业的因素、领导的风格、不同的经营模式和管控模式以及单位或企业发展的不同历史背景、不同发展经历、所处的不同发展阶段，积淀下来的单位或企业的认知模式、行为模式等，这就形成了不同的职业环境。这种职业环境的差异性为打造不同的自我教育环境提供了可能，也为自我教育的灵活性、多样性提供了可能。

同时，我们也要充分考虑到打造和谐的职业环境的困难所在。由于职业环境主要是由人、人的行为和人化自然构成。人是职业环境的主角，而人又是由不同性别、不同年龄、不同性格、不同知识背景以及不同阅历的人组成，形成了形形色色丰富的个体和个体的不同需要。如果参照美国 PDP 个人天赋特质的扫描系统，把人划分为老虎型、孔雀型、考拉型、猫头鹰型和变色龙型五种动物比喻。每种动物代表了不同的性格特征。老虎型代表自信满满、喜好竞争、企图心强的人；孔雀型的人擅长表达和交际，是谈判沟通的能手；考拉型的人平易近人、敦厚可靠、步调夯实而稳健；猫头鹰型的人中规中矩、精益求精、自律严格；变色龙型的人适应力和弹性都很强，随机应变、圆融通达。虽然这种比喻仍需探讨，但它至少说明打造和谐的职业环境的复杂性。

为此，要打造和谐的职业环境，一是要实现硬环境要素之间的和谐，大到各种建筑构造、空间布局、景观设计等，小到办公用品、对外展示标识等，都要体现行业特色，充分发挥空间布局中的人文导向、心理导向的功能。二是要实现硬环境和软环境的和谐，就是硬件建设既要符合职业特点的需要，又要通过硬件建设体现行业的文化气息和文化品质，实现视觉识别系统中的自我激励、自我导向作用。三是要实现人与人之间的和谐，包括同事之间、上下级之间、领导之间的和谐，充分发挥互助友爱、团结奋进的心理行为，为自我教育构筑一个良好的心理沟通平台。

2. 建立有制度保障的用人环境

职业环境是人力资源工作中的重要内容之一。在现代人力资源管理中，职业环境成为一个重要的考核指标。实践表明，员工选择企业的时候，把是否具有良好的职业环境，能否为自我提供一个更好发展的环境，作为一个主要的考量。即使对于企业来说，是否能留住人才，特别是高级的人才，职业环境也是一个主要的因素。这些也成为社会的一种舆论导向，如早在 2007 年，由中华英才网、荷兰著名排名公司（Corporate Research Foundation，CRF）以及第一财经频道三方共同举办的"中国最佳雇主"评选活动中，在六项主要考核标准中，企业文化和工作环境位列其中。

职业环境是检验人力资源工作的一个综合性指标。能不能建立一个任人唯贤、择人任势的用人环境，直接关系着自我教育的成败。因为用人机制所引发的职业环境，不仅仅是用人本身的问题，任何一次用人导向都有可能为人的心理带来冲击。一个机制健全的用人制度，可以营造良好的职业氛围，可以激励员工自我实现的愿望，提高员工的凝聚力、向心力；相反，如果是没有制度保障的用人制度，任人唯亲，哪怕是一个特殊的个例，都会造成极为不好的效果。这不但会严重削弱员工工作的积极性和主动性，而且使个体的自我教育引向反面，甚至很长时间也得不到扭转。从管理的角度来看，这直接加大了管理成本，降低了管理绩效。

建立良好的用人职业环境是一项艰巨的长期的工作。由于我国目前的实际情况，职业环境在单位或企业的作用还没有得到足够的重视，以用人政策导向营造职业环境更是被忽视。现在的用人导向往往更注重管理效益和经济效益，甚至为用人而用人。其实，用人不单纯是各种能力能否胜任的问题，古人所说的"择人任势"很好地说明了用人的机理：一是个人的道德和能力的问题，这是"择人"的标准；二是通过择人能否有利于或促进职业环境的建设，即"任势"。这两个方面相互联系，缺一不可。而"任势"所达成的职业环境的任务之一，就是能够引发该环境中的个体的自我激励、自我反省等自我教育活动。

3. 营造正向的竞争激励环境

环境激励是职业环境的重要功能之一。人有各种各样的需要，自我激励源自需要得不到满足感，而引发激励的外在参照系多种多样，环境激励就是其中一个重要的因素。

通过沟通和交流方式激励员工。良好的沟通和交流是职业环境的重要标志之一，从形式上，有上下级的沟通、员工之间的沟通、领导之间的沟通等；从内容上，有单位或企业发展愿景的沟通、有个人或企业发展目标的沟通，也有绩效评价的沟通等。及时而有效的沟通和交流，不仅可以信息通畅，而且能够消除思想和心理的障碍，心情舒畅，又有利于在比较中开展自我教育活动。

通过职务塑造激励员工。通过岗位分析，提出职务的资格要求，除了给予职务薪水之外，更多的是从道德、能力出发，引申出各种荣誉、精神、文化等方面特征，融入到职业环境中去。通过这种方式，把某一职务塑造成一种人格化的形象，引导员工自我反省、自我评价，积极、主动地开展工作。

通过建立创造性的环境激励员工。具有开创性的工作环境可能是一个激发创造力的重要因素。建立创造性环境要求信息随意分享。因为当各种知识、观点和工作方法相互碰撞或交融的时候，更容易激发灵感。每个员工都应该有表达和选择，不管这个想法是什么，只有说出来，才会有可尊重一切创新气氛，鼓励所有员工，包括生产员工、管理人员，提出自己的想法，成为创新的主动参与者，激发员工自我学习的积极性和创造性。

通过改进物质奖酬体系激励员工。物质奖酬体系是最直接、最有效地实现自我教育的手段。因为合理、公平、公开的奖酬机制，能够形成健康的竞争环境。制定有效、合理的奖酬原则，给员工一个公平竞争的环境，能则上，庸则下；多劳多得，少劳少得。激发员工不断提高自己各方面的能力。

此外，还可以通过建立员工共同信念和愿景激励员工，建立企业荣誉感，提升自信心和工作勇气；也可以通过分析成功企业激励员工，打造家庭式友好的工作环境，增强工作的吸引力；还可以通过改进工作方式和组织方式激励员工，或引入自我组织、自我管理的方式，提高自我管理能力，或引入重叠组织方式和工作方式，激发频繁的对话和沟通，激发员工对同一个项目进行辩论，等等。

第九章

自我教育差异论

教育的目的就是培养人的个性。

——赫·斯宾塞

自我教育是最具有个性特征的自主教育活动,如果说外在教育还只是一种教育方式的话,那么自我教育是最为重要、也最为典型的教育。其特征就是培养良好的个性品质,也就是说,不同人,包括不同年龄、不同性别、不同职业、不同文化背景的人,根据不同时期的需求差异及其不同的人格要求,在自我教育的内容、途径以及方式、方法上都呈现出浓重的个性色彩。

第一节 不同性格人的自我教育

亚里士多德说:"持久不变的并不是财富,而是人的性格。"爱因斯坦也说:"一个人智力上的成就,往往依赖于性格上的伟大。"我们也常说,命运是性格的影子。所有这些,说明性格对一个人的发展是非常关键的因素。但是,也应该看到,不同性格的人在自我教育的自觉程度上表现出很大的差异,从某种意义上说,性格培养的过程就是一个自我教育的过程。

一、性格的含义

性格是表现在人对现实的态度和相应的行为方式中的比较稳定的、具有核心意义的个性心理特征,是一种与社会关系最密切的人格特征,在性格中包含有许多社会道德含义。性格反映了人们对现实和周围世界的态度,并表现在他的行为举止中。性格主要体现在对自己、对别人、对事物的态度和所采取的言行上。

1. 性格的结构及其特征

人的性格是由各种各样的心理特点构成的,而且这些特点是相互联系的,组成一个完整、有机的性格结构。一般而言,人的性格及其特征包括如下几个方面:

(1) 性格的态度特征:指个体在对现实生活各个方面的态度中表现出来的一般特征。包括对社会的态度、对他人的态度、对劳动的态度以及对自己的态度等。在社会态度方面,有肯定性与否定性之分;在他人态度方面,有接受与拒绝之分;在劳动态度方面,有积极与消极之分;在自我态度方面,有宽容和严格之分。

(2) 性格的理智特征:指个体在认知活动中表现出来的心理特征,包括观察、记忆、思维、想象等方面的特征。在观察方面,有主动观察和被动观察之分;在记忆方面,有形象记忆和抽象记忆之分;在思维方面,有形象思维与抽象思维之分;在想象方面,有有意想象与无意想象之分。

(3) 性格的情绪特征:指个体在情绪表现方面的心理特征。在强度方面,有强烈与微弱之分;在稳定性方面,有波动与稳定之分;在持久性方面,有时间长与时间短之分;在主导心境方面,有情绪饱满与郁郁寡欢之分。

(4) 性格的意志特征:指个体在调节自己的心理活动时表现出来的心理特征。自觉性、坚定性、果断性等是主要的意志特征。自觉性是指行动目标明确,行动步骤与方法可行,并且执行始终如一。坚定性是指能采取一定的方法克服困难,以实现自己的目标。果断性是指善于在复杂的情境中辨别是非,迅速作出正确的决定。

2. 性格的类别

人的性格多种多样,不同的划分标准,就有不同的性格类别。

(1) 依据职业倾向划分,可以分为管理型、领导型、艺术型、社会型。管理型的人外向、自省、有说服力、乐观,喜欢有胆略的活动,敢于冒险;领导型的人支配欲强,对管理和领导工作感兴趣,通常喜欢追求权力、财富、地位;艺术型的人有创造力、善表达、有原则、天真、有个性;社会型的人友善、热心、外向、合作,喜欢与人为伍,能洞察别人的情感和问题,喜欢扮演帮助别人的角色。

(2) 依据做事风格划分,可以分为现实型、探索型、常规型等。现实型的人有毅力、勤勉、缺乏创造性,喜欢用熟悉的方法做事并建立固定模式,考虑问题往往比较绝对；探索型的人好奇心强，有科学探索的热情，对于非科学、过于简单或超自然的解释，多持否定和批判的态度；常规型的人做事有板有眼且脚踏实地，喜欢遵守固定程序的活动，是可信赖、有效率且尽责的人。

（3）按照心理要素划分，可以分为理智型性格、意志型性格和情绪型性格。理智型性格的人智力因素占优势，善于思考、勤于学习；意志型性格的人意志因素占优势，做事目标明确意志顽强，勇于克服困难；情绪型性格的人情绪因素占优势，行为往往受情绪左右，变化无常。

（4）按照活动倾向划分，可以分为外倾型、内倾型和中间型。外倾型性格的人，开朗、活泼、善于交际、感情外露、做事干练，交往能力和沟通能力强；内倾型性格的人喜欢安静、做事缓慢、处世谨慎、沉默寡言，交往能力和沟通能力较弱；中间型性格人介乎于前两者之间。

（5）按照独立程度划分，可以分为顺从型和自主型。顺从型性格的人一般缺乏主见，容易受他人的暗示，容易不加批判地接受别人的意见，依照别人的意见做事，缺乏独立地处理事情的能力。自主型性格的人往往对事物有自己的看法和主见，不盲从行事，善于发现问题和解决问题。

3. 性格的形成

心理学研究表明，性格的组成是生性加上习性。性情是天生的，性格是养成的。一个人的性格，生性只有百分之三十，习性却有百分之七十。所以青年人必须注意养成性格。五十岁以上的人是定型人物，这定型是一辈子所养成的。在年幼的人身上，生性多于习性。人越年老，生性越少，习性越多。因此习性比生性更重要。

一般来讲，二十岁以后，人的性格里，习性就多于生性了。平日的生活能制造人的习性，假如把一个小孩放在中国家庭中，就成为中国型的；若是放在外国家庭中，他长大了就成为"外国型"的。

心理学家荣格假定了一个"快乐的欲望"，作为自己的性格学基础，但是用法和弗洛伊德不同，荣格把它解释成"心的能源"。"心的能源"，并不是心的"力"，而是心的过程的"强度"。"快乐的欲望"展现于外，称为"外向"；展现于内，称为"内向"。外向成为一种习性时，称为"外向型"；内向成为一种习性时，称为"内向型"。两者的区别，在于对客体的态度。外向型的人对客体表现出积极的态度，内向型的人对客体表现出消极的态度。外向型的人对环境中的人物和事物，反应积极，容易受外界影响，也能影响外界，对生的或新的环境也不畏缩，能跟周围的人维持良好的关系。内向型的人对环境中的人物和事物，反应消极，不容易受外界影响。不关心外界，不喜欢受外界影响，也不愿意影响外界，因此缺乏社交活动，只喜欢独处，这类人多半倾向于自我反省。

荣格并非把个人归属于这两类，甚至认为一个人的人格中并存着两类倾向，只是平常其中的某一类占优势，成为有意识的态度。居于劣势的不被意识，列入"个人的无意识"。外向型人，"自我"为外向，"个人的无意识"为内向。内向型的人，"自我"为内向，"个人的无意识"为外向。

二、性格的个别差异

现代心理学认为，一个人的性格特征主要包括对现实态度的特征、意志特征、情绪特征和理智特征等四个方面，由于这些方面的不同就构成了人们各自不同的性格结构。古人就曾对性格的个别差异给予了不同论述，如："闵子侍侧，訚訚如也；子路，行行如也；冉有、子贡，侃侃如也。""柴也愚，参也鲁，师也辟，由也喭。"①"由也果""赐也达"②。再如："由也好勇过我，无所取材。"③ 由此可以看出，我国古代思想家很早就认识到了性格特征的差异。这些差异有表现在对现实的态度上，如"师也辟"；有的则表现在理智方面，如"赐也达""柴也愚""参也鲁"等；还有表现在情绪情感方面的，如"訚訚如也""由也喭"等；也有表现在意志方面的，如"由也果"等。不仅如此，孔子还能够在同一个学生身上，发现性格的多种特点，甚至是相互矛盾的特点。如对于弟子子路，一方面看出了他的果断，另一方面又看出了他的轻率。同时，他还看出了由于这两种特点的结合，子路又具有"好勇"和"粗暴"的特点。

关于性格类型的差异，早在两千多年前的孔子就已经做了说明，他说："不得中行而与之，必也狂狷乎，狂者进取，狷者有所不为也。"④ 这段话的意思是说，如果找不到"中行"的人做朋友，那就一定会交上"狂者"和"狷者"。在这里，孔子不自觉地将性格划分为三类："狂者""狷者""中行"。他认为："狂者进取""志大言大"，并强烈表现与外；"狷者"比较拘谨，常常"有所谨畏不为"；"中行"介乎于"狂者"和"狷者"之间，是所谓"依

---

① 《论语·先进》。
② 《论语·雍也》。
③ 《论语·子路》。
④ 《论语·子路》。

中庸而行"的人。孔子所说的"狂者"相当于外倾型的性格,"狷者"相当于内倾型的性格,"中行"相当于中间型的性格。同时,孔子从自己的中庸思想出发,对"中行"者特别青睐。在他看来,这种类型性格的人是最好的,既不过分进取,也不过分拘谨。由此我们可以看出,孔子奉行的是中庸之道,然而他却"不得中行而与之",于是只能与"狂狷"交往了。狂者的"进取"、狷者的"有所不为"是一个事物的两极,与"中行"是格格不入的。孔子在与"狂狷"的交往中是否仍能做到"中行"呢?应该是可以的。纠"狂者"之过,补"狷者"之不及,也就能奉行中庸之道了。看来一个人能否坚持自己的原则,关键在于自己。只要能坚持自己的原则、操守,尽管外界会有很多的干扰,你仍能矫正外界的"非",汲取外界的"是",从而找到一条适合自己的道路。

三国时期魏国的刘劭也认识到了人的性格的个别差异①,提出人的"心小志大""心大志大""心大志小"和"心小志小"四种形式,与之相应,分别属于"圣贤之伦""豪杰之隽""傲荡之类"和"拘谨之人"。不仅如此,他根据五行、形体和性格特征的对应关系,把性格划分为五种类型(参见表9-1),又将性格划分为十二种类型:分别是强毅、柔顺、雄悍、惧慎、凌楷、辩博、弘普、狷介、休动、沉静、朴露、韬谲等(见表9-2)。

表9-1 五行、形体和性格特征的对应关系

五行	形体	性格特征
木	骨	温直而扰毅
金	筋	刚塞而弘毅
火	气	简畅而明砭
土	肌	宽栗而柔立
水	血	愿恭而理敬

---

① 燕国材等:《现代视野内的中国教育心理观》,上海教育出版社1990年版,第187~189页。

表9-2　十二种性格类型及其特点

性格类型	性格特征	性格优缺点
强毅	狠刚不和	厉直刚毅，材在矫正，失在激讦
柔顺	缓心宽断	柔顺安恕，每在宽容，失在少决
雄悍	气奋勇决	雄悍杰健，任在胆烈，失在多忌
惧慎	畏患多忌	精良畏慎，善在恭谨，失在多疑
凌楷	秉意劲特	强楷坚劲，用在桢干，失在专固
辩博	论理赡给	论辩理绎，能在释结，失在流宕
弘普	意爱周洽	普博周给，弘在覆裕，失在溷浊
狷介	砭清激浊	清介廉洁，节在俭固，失在拘扃
休动	志慕超越	休动磊落，业在攀跻，失在疏越
沉静	道思回复	沉静机密，精在玄微，失在迟缓
朴露	中疑实硌	朴露劲尽，质在中诚，失在不微
韬谲	原度取容	多智韬情，权在谲略，失在依违

三、不同性格人的自我教育

自我教育是一种自觉、自为的教育活动，不同的性格决定着自我教育的方式、方法和途径的不一样，即使是同一种性格的人，由于所处的环境不同、自我觉醒的程度不同以及外部压力的不同，个体所展现的自我教育能力也会有很大差别。在这里，我们从一般的性格类别以及这些类别所呈现的基本特征，说明基于不同性格之下的个体自我教育活动。

1. 意志型性格的人的自我教育

意志型性格也称为理智型。这种性格的人一般在行为活动中具有明确的目的性，在行为上自我控制力较强，在紧急或困难情况下沉着勇敢，在经常性工作中认真负责，在思维能力上擅长逻辑思维和理论思维等等。相应的缺点则表现为：多主动，少服从；多原则，少灵活；多理论，少实践；多理智，少感情。

（1）从被动服从到主动服从。由于意志型性格的人在做事的时候，往往彰显自己的主见，不喜欢被别人支配，因此在自我教育活动中，首先要解决认识上的问题：没有服从就谈不上落实，服从不是盲从地顺从，服从包含了对人的尊重，服从是个人的内在品德。因此，自我教育就要懂得服从的艺术，即做事要有智慧、善于观察，凡事主动出击能让领导满意地感受到他的命令已被圆满地执行，而不仅仅是把领导的安排当成应付公事，被动地应付了事，不重视信息的反馈，只是机械地做事。

（2）原则下的灵活。我们常说，原则是基础，灵活是发展，原则是灵活变化的度，灵活是在原则限制范围内的灵活。没有原则，就没有方圆；没有灵活性，就会加大原则执行的难度，甚者使原则落空。因此，在进行自我教育时，要坚持大事讲原则，小事讲方法。大事讲原则就是说在大是大非面前一定要有明确的是非观和原则性，一就是一，二就是二。小事讲方法则指的是处理小事情的时候要注意工作的方式方法问题。

（3）理论与实际相结合。任何理论都是对实践经验的概括和抽象，理论只有结合实际才能起到指导实践的作用。因此，意志型性格的人，在习惯一般的理论推理的同时，一定要从实际出发，对现实提出的大量问题并进行冷静的思考，从问题中分析原因，从现象中发现本质，从过程中揭示趋势，由此提出新的理论观点。同时，也要研究落实理论的条件，包括实践主体掌握理论的程度，现有方针政策制度与理论的耦合度，以及如何把方针政策制度具体化为方案办法措施等。

（4）理智与情感相宜。从表面上看，理智和情感是对立的，因为理智总是制约着情感的需求，但理智存在的实质就是为了满足情感的不断需求，从本质上讲，理智和情感并不矛盾，是一致的。在自我教育中，理智地分析问题，就是为了最大限度地满足感情的需要，并尽可能避免由于感情用事而遭受的更深、更大的伤害。体现在工作中，要特别注意对人的关怀，那种只注重工作业绩而忽视对人的关怀的做法，容易挫伤人的积极性，只能事倍功半，甚至影响到和周围同事的关系。

2. 情绪型性格的人的自我教育

情绪型性格人的最大特点就是感情丰富，对感情反应敏锐，平时重视人与人之间的感情交流，为人处世容易受感情的支配，情绪不稳定时容易冲动。主要表现在：感情大于理智；以主观推测代替客观事实；易走极端而失中庸；易受环境影响而被左右。

（1）谨慎从事，冷静处理。人的理智要达到比较高的境界绝非易事。理智需要经验和知识的综合，需要在实践中不断锻炼，经历挫折和失败，同时也要从历史和他人的经验中学习和思考，只有这样才能提高自己辨别是非的能力，并能够对自己的行为负责。因此，在自我教育中，待人处事要讲原则，不能以感情代替政策和社会道德。人虽然有亲疏，但要是非分明，不能凭感情而抛弃是非对错的标准。遇到容易激发自己情绪的事情，不要急于行动，不要急于发表议论，不妨告诫自己"三思而后行"。

（2）用事实代替主观推测。情绪是个人的主观体验和感受，具有很强的主观性。一般来讲，情绪型的人，尤其是成年人，由于经历了人生中的许多感受，在对待同一种事情时，容易调动自己以往所积累的所有不同感受，联想、综合、推测、放大这种感受，不顾忌事情本来的客观事实，结果做出后悔莫及的行为或举动。在自我教育中，不妨设身处地地为别人想一想，就会自然而然地把感情冲动控制住，最简单的办法就是把得失看得淡些，遇着冲突矛盾绕道走。凡在当时应付不了的就避开让开，或用笑声来缓解怒气和烦恼，这是精神保护的好办法，同时也有益于健康。

（3）防止走极端。一般来讲，当一个人的情绪激动时，往往会减少甚至丧失对事物的判断力，看问题自然也不会全面，很容易走极端或偏激。在自我教育中，要避免受感情支配，防止只视一端，不及其余，由一事波及其他事。还要注意两个极端一是大发雷霆，泄露怒气，甚至伤害对方；二是暗自伤心怄气，积郁不乐，不愿发泄。无论是有气向外发泄，还是忍气吞声，都会对精神有所刺激，影响与他人的关系和自己的工作生活，甚至会成为某些疾病的发病原因。

（4）坚持自我提醒。人的心态跟周围的环境共进退。当身边的环境传给你的是一种消极，你的心态也一定跟着消极，甚至有时连自己都没有发觉。在现实生活，有的人就是这样不知不觉中上当受骗，做出许多后悔莫及的事情。因此，对于情绪性格的人来讲，要训练自我控制能力，尤其是在情绪激愤时，更要养成告诫自己"要冷静"的习惯。

3. 顺从型性格的人的自我教育

顺从型性格的人处事随和，无论是主动顺从，还是被动顺从，都不愿意和人产生矛盾，往往顾忌别人的面子。但是顺从的人缺乏主见，不善于独立思考，独立工作能力弱，主体意识不够强。

（1）遇事要勤于思考。顺从不是盲从，要提高自我辨别的能力，要做到"信而从""诚而从""理而从"。"信而从"，一是要有共同的信仰，共同的事业和共同的愿景。二是要自己相信所要做的事情的原委、手段以及可能出现的结果，还要相信自己的能力和水平。"诚而从"，一是要看委托你事情的人是否诚信，也就是要看委托的动机。二是要看自己是否能胜任且愿意做这项工作。"理而从"，就是要看做一件事情是不是符合法律要求、社会道德要求以及周围环境的要求。

（2）要培养自己的独立思考的能力。顺从型性格的人往往偏听偏信，很容易接受封建迷信观念。一般对于事业的要求，往往寄托在神灵保佑或"高人""大师"的点化上。因此，在遇到个人困惑或挫折时，要坚持独立思考，分析原因，而不是寄希望于神秘的巫术，要防止上当受骗，所谓的"功法"，不仅没有使身体保持健康，消除疾病，反而造成精神障碍，身体受损。

（3）要加强主体意识，增强自信心。人之所以为人，就在于每个人都有主体意识，不依赖于别人的意志，也不是他人的附属物。每个人都有自己的优点和缺点，都应该有自己施展才华和能力的独特天地。因此，在自我教育中，一是克服依赖习惯。认真分析自己的行为中哪些需要得到他人的帮助，哪些应由自己决定和把握，从而自觉减少习惯性依赖心理，增强自己作出正确主张的能力。二是增强自信心。有依赖心理的人往往缺乏自信，自我意识低下。三是树立奋发自强精神，及时调整自己的心态，拥有健全的人格和良好的社会适应能力。四是培养独立的人格。德国诗人歌德曾说，"谁若不能主宰自己，谁就永远是一个奴隶。"独立自主的人格是克服依赖心理的重要保证。

（4）扩大交往，增长见识。顺从型性格的人还容易轻信谣言和诽谤。但也常因为他能给旁人做点事情而感到愉快。这是因为他感到了自我存在的价值，也是自尊心的表现。因此，有顺从性格人可以在力所能及的情况下，找点有益的事情来做，以此作为精神的调节。

4. 独立型性格的人的自我教育

独立型性格的人有主见，自我意识强，善于独立思考，善于发现问题和解决问题，不易受环境和外界因素影响，对突发情况和意外情况能妥善处理。但这种类型的人的弱点是不大随和，往往自以为是，协作性差，思维定势强。

（1）要认识到独立和协作的重要性。要正确处理好个人利益与整体利益的关系。团队协作精神的基础是尊重他人，其核心是协同协作，其最高境界是全体成员的向心力、凝聚力。团队协作精神反映了个体利益和整体利益的统一。团队协作精神的形成并不要求团队成员牺牲自我，相反，挥洒个性、表现特长保证了成员共同完成任务目标，明确的协作意愿和协作方式则产生了真正的内心动力。

（2）虚心学习，取长补短。独立型性格的人要时常提醒自己，虚心向他人学习，经常听取别人的意见。我们常说，独立思考的正确率与思考者所掌握的信息量是成正比的，尤其是在现代社会，信息技术非常发达，信息的传送速度也达到了前所未有的地步，一个人想充分占有某领域的信息是很难的，况且每个人在各自的不同领域和所关注的事物都有其独特的地方，因此，虚心倾听不同意见和建议，可以弥补自己知识和经验的不足，有益于自己得出正确结论，而后做出正确决策。

（3）要努力克服自己的思维定势。对于独立型性格的人来说，由于自身有着独立思考的思维习惯，往往自信心很强，在成就感的驱使下，长此以往就形成独有的思维定势，而且难以突破，在不断变化的社会环境中，这往往成为创新的桎梏。因此，独立型性格的人要冲破思维定势，把独立思考置于知识的不断创新基础之上，成为具有时代精神、敢于开拓的创新者，防止因故步自封而造成因循守旧、顽固不化、夜郎自大，而与新事物格格不入。

5. 内倾型和外倾型性格的人的自我教育

内倾型性格的人，心理活动倾向于内部世界，他们非常珍视自己的内心情感体验，对来自外部的任何细微刺激，体验深刻而持久。他们不愿在大庭广众面前出头露面，言语少、害羞，也容易怯场，而且行为拘谨，容易给人以犹豫、迟疑甚至困惑的印象。但是，这种性格人往往喜欢安静，喜欢阅读，不易激动，处事谨慎，喜欢整齐有序的生活方式等。因此，在自我教育中，一方面要心胸豁达一些，主动与人交往，提高自己的沟通能力，另一方面要正确认识自己，选择适合自己性格的职业，比如：学术性工作或有精细要求的工作等。

外倾型性格的人，其心理活动倾向于外部世界，经常对客观事物表示关心和兴趣，性格开朗活泼，乐意参加群体活动，善于交往。在与人交往中，这种性格的人一般较健谈，很少怯场，难得羞怯，但也经常会不拘小节。因此，在自我教育中，一方面要克服工作中可能出现的不求甚解，粗枝大叶的毛病，另一方面又要防止因情绪激动而可能导致的轻率行为，以免造成被动。

第二节　不同气质人的自我教育

气质是构成人们各种个性品质的一个基础。虽然人的行为不是决定于气质，而是决定于在社会环境和教育影响下形成的动机和态度，但是气质在人的实践活动中仍然具有一定的意义。气质与态度相比只居于从属的地位，但它是构成人们各种个性品质的一个基础，因此它是一个必须加以分析和考虑的重要因素。

一、气质的含义

气质是人的个性心理特征之一。它是指人在认识、情感、言语、行动中，心理活动发生时力量的强弱、变化的快慢和均衡程度等稳定的动力特征。它主要表现在情绪体验的快慢、强弱、表现的隐显以及动作的灵敏或迟钝方面，因而为人的全部心理活动表现染上了一层浓厚的色彩。在汉语中，气质一是指人的生理、心理等素质。如：张载《张子全书·语录钞》："为学大益，在自求变化气质。"二是指风骨，诗文慷慨的风格。如：《宋书·谢灵运传论》："子建、仲宣以气质为体。"《隋书·文学传序》："气质则理胜其词，清绮则文过其意。"

1. 气质的不同解说

（1）体液说。古希腊著名医生希波克拉底提出人的气质的体液学说。他认为体液即是人体性质的物质基础，人体中有四种性质不同的液体，它们来自于不同的器官。其中，黏液生于脑，是水根，有冷的性质；黄胆汁生于肝，是气根，有热的性质；黑胆汁生于胃，是土根，有渐温的性质；血液生出于心脏，是火根，有干燥的性质。人的气质不同，是由于四种体液的不同比例所致。

（2）体型说。德国精神病学家克雷奇默（E. Kretschmer）提出人的气质的体型说。他认为可以按体型划分人的气质类型。根据体型特点，他把人分成三种类型，即肥满型、瘦长型、筋骨型。他认为肥满型产生躁狂气质，其行动倾向为善交际、表情活泼、热情、平易近人等；瘦长型产生分裂气质，其行动倾向为不善交际、孤僻、神经质、多思虑等；筋骨型产生黏着气质，其行动倾向为迷恋、认真、理解缓慢、行为较冲动等。体型说虽然揭示了体型与气质的某些一致性，但并未说明体型与气质间关系的机制，体型对气质是直接影响还是间接的影响，二者之间是连带关系不是因果关系。另外，他的研究结果主要是从病人而不是从常态人得来的，因此，缺乏一定的科学性。

（3）激素说。生理学家柏尔曼（Berman）提出激素说。他认为人的气质特点与内分泌腺的活动有密切关系。他把人分成甲状腺型、脑下垂体型、肾上腺分泌活动型等。甲状腺型的人表现为体格健壮、感知灵敏、意志坚强、任性主观、自信心过强；脑下垂体型的人表现为性情温柔，细致忍耐，自制力强；肾上腺分泌活动型的人表现为雄伟有力、精神健旺、专横好斗。现代生理学研究证明，从神经——体液的调节来看，内分泌腺活动对气质影响是不可忽视的。但激素说过分强调了激素的重要性，从而忽视了神经系统特别是高级神经系统活动特性对气质的重要影响，不乏片面倾向。

（4）血液说。日本学者古川竹二等人提出了血液说。他们认为，气质是由不同血型决定的，血型有A型、B型、AB型、O型，与之相对应的气质也可分为A型、B型、AB型与O型四种。A型气质人的特点是温和、老实稳妥、多疑、顺从、依赖他人、感情易冲动。B型气质人的特点是感觉灵敏、镇静、不怕羞、喜社交、好管闲事。AB型气质人的特点是上述两者的混合。O型气质人的特点是意志坚强、好胜、霸道、喜欢指挥别人、有胆识、不愿吃亏。这种观点也是缺乏科学根据的。

2. 气质的类型及其特点

大多数心理学家认为人的气质分为多血质、胆汁质、黏液质和抑郁质四种类型。科学研究发现，不同气质类型的人，在感受性、灵活性、内向与外向、情绪和行为特征等方面均有不同的表现（见表9-3）。

表9-3　不同气质类型的特征①

气质类型	多血质	胆汁质	黏液质	抑郁质
感受性	低	低	低	高
耐受性	较高	较高	高	低
速度与灵活性	灵活	快不灵活	慢不灵活	慢不灵活
可塑与稳定性	可塑	可塑性小	稳定	刻板
不随意反应性	强	强	弱	弱
内向与外向	外向	外向	内向	内向
情绪兴奋性	高	高	低	体验深
情绪和行为特征	愉快机敏不稳定	容易激怒	冷漠	悲观

从表9-3中可以看出，所对应的胆汁质、多血质、黏液质、抑郁质四种类型人的气质可分为兴奋型、活泼型、安静型、抑制型。活泼、好动、敏感、反应迅速、喜欢与人交往、注意力容易转移、兴趣容易变换等，是多血质的特征。直率、热情、精力旺盛、情绪易于冲动、心境变换剧烈等等，是胆汁质的特征。安静、稳重、反应缓慢、沉默寡言、情绪不易外露、注意稳定但又难于转移、善于忍耐等，是黏液质的特征。孤僻、行动迟缓、体验深刻、善于觉察别人不易觉察到的细小事物等，是抑郁质的特征。这四种气质类型的名称曾被许多学者所采纳，并一直沿用到现在。人的气质类型可以通过一些方法加以测

---

① 转引自周锟玉：《自我教育论》，文化艺术出版社1995年版，第150页。

定。但属于某一种类型的人很少，多数人是介于各类型之间的中间类型，即混合型，如胆汁——多血质，多血——黏液质等。

3. 气质的作用

虽然人的行为不是决定于气质，而是决定于在社会环境和教育影响下形成的动机和态度，但是气质在人的实践活动中也具有一定的意义。气质与态度相比只居于从属的地位，但它是构成人们各种个性品质的一个基础，因此它是一个必须加以分析和考虑的重要因素。

（1）人的气质本身无好坏之分。我们在评定人的气质时不能说一种气质类型好，或者一种气质类型坏。就气质的表现形式而言，每一种气质都有积极和消极两个方面，无论是积极的还是消极的，如果超越一定的限度，积极的也变成了消极的，同样，消极的也变成了积极的。如胆汁质的人可成为积极、热情的人，也可发展成为任性、粗暴、易发脾气的人；多血质的人情感丰富、工作能力强、易适应新的环境，但注意力不够集中、兴趣容易转移、无恒心等；抑郁质的人工作中耐受能力差，容易感到疲劳，但感情比较细腻，做事审慎小心，观察力敏锐，善于察觉到别人不易察觉的细小事物。气质不能决定人们的行为，是因为人们可以自觉地去调节和控制。

（2）气质可以影响活动的效率。如果在学习、工作、生活中考虑到这一点，就能够有效地提高自己和他人的活动效率。任何人，无论有什么样的气质，遇到愉快的事情总会精神振奋、情绪高涨、干劲倍增；反之，遇到不幸的事情会精神不振、情绪低落。但是人的气质特征会对目的、内容不同的活动表现出一定的影响。换句话说，有着某种类型气质的人，常在内容全然不同的活动中显示出同样性质的动力特点。

（3）气质特征是选择职业的重要依据之一。气质并不能决定一个人活动的社会价值和成就高低。每一种职业领域都可以找出各种不同气质类型的代表，同一气质的人在不同的职业部门都能做出突出的贡献。但是，人们所从事的职业的不同的岗位，却对从业人员的气质有不同的要求。某种气质特征，往往能为胜任某项工作提供有利条件，而对另一些工作又表现出明显的不适应。研究和实践都表明：气质特征是选择职业的重要依据之一。

二、气质的个别差异

气质的差异主要表现在动力特征的差异。气质的动力特征是指心理活动和外部行为的强度、速度、稳定性和灵活性等。我国古代思想家和教育家早就认识到了这些,如:"人之生也,有柔有刚,有弱有强,有短有长。"① 再如:"人之秉才,迟速异分,文之制体,大小殊功。相如含笔而腐毫,杨雄辍翰而惊梦,桓谭疾感于苦思,王充气竭于思虑,张衡研《京》以十年,左思练《都》以一纪:虽有巨文,亦思之缓也。淮南崇朝而赋《骚》,枚皋应诏而成赋,子建援牍如口诵,仲宣举笔似宿构,阮瑀据案而制书,祢衡当食而草奏:虽有短篇,亦思之速也。"② 在这些语言里,所谓的"强弱""刚柔""迟速""思之缓""思之速",都表达了现代气质心理学所讲的人的心理活动和外部表现的动力特征。人们的才力有快有慢,张衡、左思作赋竟花费十年的时间,而王粲、阮瑀却是举笔成文,显然这不是学识和才能高低的问题,而是气质动力特征的差异问题。

关于气质类型的差异,心理学家给出了多种解释,其中巴甫洛夫在对大脑皮层的研究中,发现了高级神经活动有三个基本特性:一是神经过程的强度,即兴奋和抑制过程的强度,它反映大脑皮层细胞工作的能力和耐力;二是神经过程的平衡性,即兴奋和抑制过程力量对比的关系;三是神经过程的灵活性,即兴奋和抑制过程相互更迭的速度(见表9-4)。

表9-4 高级神经活动与气质类型③

高级神经活动				气质类型
特点			类型	
强	平衡	灵活	活泼型	多血质
		不灵活	安静型	粘液质
	不平衡		不可遏制型	胆汁质
弱			弱型	抑郁质

有学者提出,我国古代《黄帝内经》就是通过阴阳分类和阴阳五行分类的方法,提出了对气质类型的划分。它认为,由于各个人所秉受的阴阳二气不同,人的气质可以分为五种类型:太阳之人、少阳之人、阴阳和平之人、太阴之人、少阴之人。"凡五人者,其态不同,其筋骨气血各不同。"④ 据此认为人的气质类型在阴阳匹配的关系中,其表现各有特点(见表9-5)。

---

① 《黄帝内经·灵枢·寿夭刚柔》。
② 《文心雕龙·神思篇》。
③ 转引自周韫玉:《自我教育论》,文化艺术出版社1995年版,第151页。
④ 《黄帝内经·灵枢·通天》。

表9-5　五种气质类型及特点①

气质类型	阴阳匹配	表现特点
太阳之人	多阳无阴	居处于于，好言大事，无能虚说，志发四野，败而无悔
少阳之人	多阳少阴	谌谛自责，好为外交，而不内附，立则好仰，行者好摇
阴阳和平之人	阴阳之气和	居者安静，无为惧惧，无为欣欣，婉然从物，与时变化
太阴之人	多阴无阳	贪而不仁，好内恶出，心和不发，不务于时，动而后之
少阴之人	多阴少阳	小贪贼心，见人有亡，常若有得，见人有荣，乃反愠怒

三、不同气质的自我教育

气质没有好与坏之分，但气质有优缺点之别。发掘自我气质中的优点，克服其缺点，是个体人格完善的重要一步，也是自我教育的关键内容。有意识地进行自我暗示，反复训练，多次的反省，从实质上讲，是一个战胜自己、锻炼自己的过程。

1. 多血质人的自我教育

多血质类型的人的主要弱点是动摇、缺乏坚持性、缺乏毅力。因此，多血质类型的人在发扬灵活、热情、善于交往等优点的同时，应该努力克服气质上的弱点。

（1）在培养自己的创造能力方面。多血质类型的人的明显特征之一就是能够把自己的知识灵活地应用到实践中。但是，仅仅做到这一步是不够的，还需要培养自己的创造力。为此，要深入社会实践，从实践中总结经验，理论联系实际，提高自己的观察力，把握机遇，成就未来。

（2）在培养自己的韧性方面。多血质人的做事缺乏恒心，在自我教育的气质训练中，应该培养自己的韧性。众所周知，运气、毅力和苦干，是一个人

---

① 燕国材、朱永新著：《现代视野内的中国教育心理观》，上海教育出版社1991年版，第185页。

做事情成功的条件，其中毅力又起关键性的作用。毅力就是韧性加恒心。做一件事情的时候，不管遇到什么困难，都要提醒自己，别气馁。

（3）在培养自己的决断能力方面。多血质人一般充满自信、敢作敢为。但要培养自己的决断能力，不能犹豫不决。为此，做事情的时候，要带着强烈的上进心，只有这样，才会在该做决断的时候下定决心。在实践中，要勤于思考，只有这样，才会在需要决断时做出合乎理智的、客观的决断。

（4）在培养自己的活动能力方面。多血质人有潜在的活动态势。如果没有活动的能力，那就会适得其反。为此，要培养自己的活动能力，不断地实践、不断地锻炼、不断地观察、不断地思考。时时提醒自己，活动是我的气质特征，我不能因为能力的缺乏而抑制自己的气质发挥。只有这样，你的活动能力才会不断地得到提高。

（5）在培养自己的表现能力方面。多血质人天性活泼，喜欢表现。可是，一旦缺乏表现能力，那么，这种好的气质就会弄巧成拙。为此，要注意听取别人的意见。在自我表现时，要做到言辞文雅、态度谦逊。

（6）在培养自己的集中力方面。对于多血质人来说，培养自己的集中力，也就是培养自己集中注意力的能力。因为这个气质类型的人，往往因为心思太活、注意力不够集中而失去很多机会。为此，要不断提醒自己，把全部精力集中到工作中，逐渐养成注意力集中的习惯。

2. 黏液质人的自我教育

黏液质类型的人的主要弱点是灵活性低，对变化了的事物反应比较缓慢。因此，黏液质的人在发扬踏实、认真、沉静等优点的同时，应该努力克服气质上的弱点。

（1）在培养自己的创造力方面。一般来讲，培养创造力的前提首先是要培养自己的毅力，因为毅力是做好任何工作的保证。关于这一点，黏液质气质的人是比较缺乏的。为此，黏液质气质的人，要不断熟悉变化了的环境，积极适应新的制度和要求，坚定信心，增强记忆力和自身的情动力，提高自己的情感商数。

（2）在培养自己的表现力方面。黏液质人自我调节能力较强，面对复杂的环境，能保持自我克制；观察能力较强，能够在需要的时候注意很多细节，把握自己所需要的信息；沟通能力较强，能和周围不同气质的人交流，具有天生的表现力。为此，对于黏液质的人而言，表现能力强是一种优点，同时还要注意表现的艺术，尤其是在自己所不熟悉的领域要态度诚恳，注意交流的艺术。

(3) 在培养自己的集中力方面。黏液质人在做自己感兴趣的事情，或执行心目中的权威者的命令时，能集中精力去干。但在其他情况下，往往在短期内能集中精力，而不能持久。根据这样的气质特点，在自我教育中要明白工作不是随心所欲的，很多事情和工作不完全是依据自己的爱好和兴趣而设定的，一方面对待新的工作要注意培养自己的兴趣点，另一方面要自加压力，制定工作目标和进程，加强集中力锻炼。

(4) 在培养自己的韧性方面。黏液质人最大的缺点就是对一些事情不能坚持，虽然也能够认识到韧性对于自己成就事业的重要性，但往往不能控制自己，尤其是对于那些需要意志的支撑才能完成的工作。如果遇到困难，他容易找理由放弃。因此，在自我教育中，黏液质人在做工作的时候，不妨给自己拟定工作计划，分阶段实施，在阶段中享受成功的喜悦，进而达到培养自己的韧性的目的。

(5) 在培养自己的决断力方面。黏液质人的气质特征之一是很有决断力。他们根据对自己有用无用、有利没利这一价值观进行决断，不太受常识、人情等约束。在做决断的时候，他们开动眼、耳、头、足，伸出灵敏度很高的触角，搜集所有情报，然后制订方案，进行细致的准备，以确定行动方针。黏液质人一经决断，就立即行动，事后很少为结果好坏而烦恼。但这种决断实际上不能说是真正意义上的决断，真正的决断还应包括对失败的考虑，就是说，要有行动之后可能失败的心理准备。因此，粘液质的人培养决断力就要重在对行动的合理性的反省。

(6) 在培养自己的行动力方面。黏液质人有时也会表现出考虑得细、犹豫不决的一面，但他们在经过周密思考以后，还是能够果断地采取行动的。因此，黏液质人在本质上是属于有行动能力的类型。黏液质人具有经得起客观条件考验的自信和优越感，所以在遇到具体情况时可以毅然决然地采取行动。在紧要关头，他们会使自己的实力得到发挥，充分显示出自己的行动力。但是，他们的行动力，若发挥得不好，往往会适得其反。所以对黏液质的人来说，培养行动力就是要在培养行动中充分发挥自己的能力，同时还要注意行动的后果。

3. 胆汁质人的自我教育

胆汁质类型的人的主要的弱点是暴躁、性急、缺乏韧性。因此，胆汁质类型的人在发扬敢想敢干、敢拼敢闯优点的同时，要努力克服自己气质上的弱点。

(1) 在培养自己的创造力方面。胆汁质人在制定目标时，要深思熟虑，三思而后行，一旦目标确定，就要为实现既定的目标努力。必须承认，性急和敢拼敢闯的性格往往会分散自己的集中力、意志力和控制力，进而影响自身创造力的发挥。在自我教育中，胆汁质的人尤其要集中培养自己的集中力、意志力、决断力、行动力和表现力，只有这些能力的综合运用，才能真正培养其自身的创造力。

（2）在培养自己的集中力方面。胆汁质的人容易分心，就是说，在做一件事情的过程中，要是出现了什么干扰，他就会转移注意力。胆汁质人，不到万不得已是集中不了注意力的。要想集中注意力，就要在自身周围确定注意目标。一般说来，只注视一点，视野就会变得狭小起来，其他事物就会在眼中消失。同时，意识视野也趋于狭窄，精神上的集中程度就会提高，从而出现平稳的心理效果。

（3）在培养自己的韧性方面。胆汁质的人有一种消极的忍耐力，也就是说，当他受到打击或被逼入苦闷的境地中时，他便默默地忍耐着。即使面对问题，稍一遭遇困难，他们就会失去为实现目标执著追求的意志。胆汁质的人气力一旦衰弱，耐力、集中力和紧张感也会随之崩溃。因此，在自我教育中，胆汁质的人应不断自我暗示，进行自我鼓励。

（4）在培养自己的决断力方面。胆汁质的人好悲观、好担忧，什么事都要往坏处想，做起事来很谨慎，一旦失败就恐惧。他们十分在意周围人的评价，总是先想到不能让人在背后指指点点。他们对自己没有信心，显得有些畏缩不前、忧心忡忡，决断力很弱。胆汁质的人必须积极地正视自己的缺点，努力培养自己的决断力。培养决断力，可以从小事做起，因为过于重大的事情，一旦决断失误就会更加没有信心。在日常生活中，他们应刻意地磨炼自己，该决断时就决断，决不逃避，这样坚持下去，就会逐渐改变自己气质中的某些弱点。

（5）在培养自己的行动力方面。胆汁质的人是思考型的人，也是完美主义者。因此在行动之前他们便先进行反省，并反复调查行动所需条件是否完备，如果没有百分之百成功的把握，最终还会放弃行动。这实际上是缺乏自信心的表现。自信心，是通过实践产生出来的。失败的教训和成功的喜悦都是它滋生的土壤。从只是想要行动的欲望中是产生不了行动的。想干固然重要，可行动力不是欲望，它要通过行动来培养。无论多么出色的思想、意图和能力，如果不转向实行，不在实践中尝试，那就只不过是画饼充饥而已。

（6）在培养自己的表现力方面。胆汁质的人在吸收知识、积蓄才能方面很出色，但遗憾的是，有效地使用这些知识的能力不足。他们是用头脑生活的人，他们有很丰富的知识，却无法用到实际中。究其原因，还是因为他们怕羞、怕丢面子、怕失败。所以胆汁质的人一定要提高自己的语言表达能力、沟通能力和交往能力。

4. 抑郁质人的自我教育

抑郁质类型的人的主要的弱点是呆板和羞涩。抑郁质类型的人在发扬情感体验深刻、谨慎等优点的同时，在自我教育中，应克服自己在气质上的弱点。

（1）在培养自己的创造力方面。抑郁质气质类型的人思想活跃，不拘泥于固有的观念，面对不同的工作和生活环境，能积极适应并为自己创造有利的环境。遇到困难，他们能表现出现实的创造力，不过按照专家研究，这种创造力多体现在文学和艺术上，可以说，这种类型气质的人，在文学艺术上往往是得天独厚的，具有创造力。为此，具有此种类型气质的人，为了更好地发挥自己的创造性，提高自己的创造力，要十分注意自身多种能力的综合，包括集中力、精神力、决断力、行动力和表现力。这样才能把自身的创造力落到实处。

（2）在培养自己的表现力方面。抑郁质气质类型的人语言表达能力强，话题丰富，风趣幽默，善于联想和总结，此种类型的人，如果知识丰富、生活阅历较深，就很容易打动人心，很容易吸引周围人的注意。但是，一些表述如果非常夸张，也很容易让人产生一种失去真实的感觉，时间久了往往不能说服人，给人一种夸夸其谈的印象。尤其是对于一些夸张、比喻的事情，同一语言地反复说明，容易产生适得其反的效果。为此，在自我教育中，他们要谨慎言行、注重实际、适于推理、表现有度。

（3）在培养自己的集中力方面。科学研究发现，抑郁质气质类型的人瞬间的集中力是超群的，如果是自己非常有兴趣的事情，或者外在压力足够大的时候，在短时间内，往往能够集中所有自己的感觉器官和思维力，甚至忘乎周围的存在。但是，这类气质的人的集中力往往缺乏持久性，因为抑郁质气质人的兴趣和注意力会随着环境的变化而不断地转移。为此，在自我教育中，要适度调节自己的心情，锻炼自我控制能力，设定目标，自我加压，分阶段实施目标，以此提高自己的集中力。

（4）在培养自己的韧性力方面。抑郁气质类型的人看问题容易悲观，遇到不顺心的事情或者坎坷，往往容易从消极的方面去思考一切问题，这主要是因为缺乏自信心和韧性。韧性力从某种程度上说来源于一个人的自信心。缺乏自信心，就会降低个体行为的内在驱动力，对外部刺激取守势，持消极态度，而韧性力不强，就会在不太严重的苦难面前动摇、退缩至半途而废。为此，在自我教育中，要正确认识自我，正确认识事物，提高自信心，为韧性力提供坚强的现实的驱动力。

（5）在培养自己的决断力方面。抑郁质气质类型的人缺乏灵活性，较为固执，容易钻牛角尖。一般来讲，对这类气质的人来说，一旦他认准的事情，就坚信自己是对的，如果没有足够的事实说服他，是很难改变的。可以看出，虽然抑郁质的人决断力强，但往往是草率的、非理性的。因此，在自我教育中，抑郁质的人要三思而后行，在作出决断之前，要冷静思考，要慎重，要用辩证法全面、系统、发展的观点去看待问题，以免做出后悔莫及的事情。

（6）在培养自己的活动力方面。抑郁质气质类型的人内向，往往封闭于自我的小天地，而且情感体验很深，行为往往被感情冲动所支配。为此在自我教育中，要打破自我情感型小天地。巴甫洛夫说得好，人们之间的不了解是人生最大的悲哀。如果一个人长期自我封闭，会产生对他人、对社会的隔膜，因而最好的方法就是走出自我，多跟别人交往，增强归属感，获得安全感，促使感情体验从消极的方面向积极的方面转化。

第三节　不同能力人的自我教育

能力与知识、经验和个性特质共同构成人的素质，成为胜任某项任务的条件。人们要完成某项工作需要表现出不同的能力，可以说，能力是一个人为完成某一工作综合条件的表现。能力的大小，直接影响到工作的效率，能力总是和人从事的工作环境联系在一起的，离开了具体的场所和工作，能力既不能表现，也不能发展，便无从谈起。

一、能力的含义

什么是能力，在现代汉语中，一是指在任务或情景中表现的一组行为，即能力素质；二是指做事情的技巧。在我国古代，能力一词有不同的表义。《吕氏春秋·适威》："民进则欲其赏，退则畏其罪，知其能力之不足也。"能力与大脑的机能有关，它主要侧重于实践活动中的表现，即顺利地完成一定活动所具备的稳定的个性心理特征。能力是在运用智力、知识、技能的过程中，经过反复训练而获得的，能力是人依靠自我的智力、知识、技能等去认识和改造世界所表现出来的心身能量。

1. 能力素质的冰山模型

美国著名的组织行为研究者麦克利兰提出了"能力素质"模型。他将能力素质界定为：能明确在特定工作岗位和组织环境中杰出绩效水平和一般绩效水平的个人特征。之后，这种能力素质理论发展为能力素质模型，也有人称之为胜任力模型，即指发展为担任某一特定的任务角色所需要具备的能力素质的总和。能力素质模型分为五个层面，即知识（Knowledge）、技能（Skill）、自我概念（Self-Concept）、特质（Traits）和动机（Motives）。麦克利兰应用冰山理论，把属于海平面上的知识和技能称为通用性素质（Threshold Competencies），而真正能区分优秀者与一般人的深层次因素，是潜伏在海平面以下的自我概念、特质、动机，这些被称为鉴别性素质（Differentiation Competencies）。如图9-1所示。

图9-1 素质体系的冰山模型

麦克利兰认为，不同层次的能力素质在个体身上的表现形式不同。我们可以把人的能力素质形象地描述为漂浮在海面上的冰山（冰山理论）。知识和技能属于海平面以上的浅层次的部分。自我概念、特质、动机属于潜伏在海平面以下的深层次的部分，而研究表明，真正能够把优秀人员与一般人员区分开来的是深层次的部分。

2. 能力的分类

（1）一般能力和特殊能力。按照能力的综合程度不同，能力可分为一般能力和特殊能力两种。所谓一般能力是指一个人所具有观察、记忆、思维以及想象等方面的能力。它是人们完成工作和任务所不可或缺的能力，是能力体系中最重要、也最一般的部分。它构成了能力的基础成分，无此能力也就无所谓其他能力。特殊能力是指人们从事特殊职业或专业所应具备的能力。随着社会分工的细化和强化，这种特殊性能力的要求越来越高。当然，人们从事任何工作或活动，既需要一般能力，也需要特殊能力，二者相互促进、共同发展。

（2）模仿能力和创造能力。按照对能力开发的程度，能力又可分为模仿能力和创造能力两种。所谓模仿能力是指通过个体对外界的观察，模仿别人或外界其他活动的能力，可以说这种能力是生物界的本能，而人类则具有意识性、主动性和自觉性的模仿，可以说是生存性模仿、习得性模仿。创造能力是指人们产生新思想、新工艺、新产品的能力，它是能力体系中最高、最难、最核心的能力。创造能力的大小标志着一个人心智的水平。当然，模仿能力是初始阶段，人们通过模仿别人的行为和活动而获取知识，再开展创造活动，从某种意义上说，没有模仿也就没有创新。这既是知识积累的一般规律，也是能力培养的一般规律。

（3）按照能力的功能划分，能力又可分为认知能力、操作能力、社交能力等。所谓认知能力是指人们对信息和知识的接受、加工、储存和应用的能力，它是能力体系中最重要的心理条件，包括知觉、记忆、注意、思维和想象等。美国心理学家加涅提出三种认知能力：言语信息（回答世界是什么的问题的能力）、智慧技能（回答为什么和怎么办的问题的能力）、认知策略（有意识地调节与监控自己的认知加工过程的能力）。所谓操作能力是指操纵、制作和运动的能力，它是在技能基础上发展起来的能力，是顺利掌握操作技能的重要条件，包括劳动能力、运动能力、试验能力等。所谓社交能力是指人们在社会交往中所表现的能力，它是认知能力和操作能力的综合运用，它是能力体系中重要的情感条件，包括沟通能力、语言表达能力、组织能力等。认知能力和操作能力紧密地联系着，认知能力中必然有操作能力，操作能力中也一定有认知能力。在社交能力中包含有认知能力和操作能力。

我们知道，无论对人的能力怎么划分，从"人之所以为人"的角度，即从能力的本源上讲，人的能力分为三大系统，即智力系统、心力系统和体力系统。

3. 能力形成的一般规律

能力的形成与发展，与个人心智特征密切相关。个体的心智特征随着年龄的增长而趋于成熟，能力的发展又随年龄的增长而变化，因而具有一定的规律性。一般来讲，个体年龄增长的过程是心智不断完善的过程，而心智不断完善的过程是能力不断提高的过程，这期间经历了模仿、学习、锻炼、开发等阶段，最终形成了我们所说的不同的能力表现。

（1）童年期和少年期是某些能力发展最重要的时期。科学研究发现，从三四岁到十二三岁，个体的智力发展与年龄的增长几乎是等速的。因为这个时间段是个体通过学习与模仿，不断积累知识的重要阶段，也是心智模式与认知图式快速形成的阶段，这一时期将为其他各种能力的开发打下坚实的基础。以后随着年龄的增长，智力的发展呈负加速增长，也就是说，年龄增加，智力发展趋于缓和，能力呈现一种稳定状态。

（2）人的智力有着不同的成分，按照美国心理学家帕金斯（D. Perkins）的说法，人的智力分为神经性智力、经验性智力和反省性智力。神经性智力是可以通过先天因素而得到保持和加强的。经验性智力是个人积累的不同领域的知识和经验。而反省性智力是解决问题、学习和完成挑战智力任务的广泛的策略。因此，一般认为，人的智力在18至25岁之间，是神经性智力发展的顶峰，40岁左右是经验性智力发展的顶峰，50岁左右是反省性智力的最成熟的阶段。这种智力上的要求和年龄的现实之间存在着错位，也就是说，智力的不同成分达到顶峰的时间是不同的。这给能力的评价提供了依据，在适合年龄段，如果这三种智力相对交汇、集中，这个人提出问题的能力、分析问题的能力和解决问题的能力就强，反之则弱。

（3）根据对人的智力的发展研究，以经验习得为基础的认知能力叫做晶体智力，如人类学会的技能、判断力、联想力以及语言文字能力等。这种能力受后天影响较大，主要表现为运用已有知识和技能去吸取新知识和解决新问题的能力，这些能力不随着年龄的增长而减退，只是某些技能会随着社会条件和环境的变化失去了原有的作用。一般来讲，在人的一生中，这种认知能力一直在发展，只是到了25岁后，发展的速度趋于平缓。与之相反，人的基本心理过程能力，也叫流体智力，它会随着年龄的衰老而减退。

（4）能力发展最稳定的时期是成年期，成年是人的一生中最漫长的阶段，一方面经过了早期的知识学习，心理能力、认知能力趋于成熟，心智模式、认知图式趋于完善，自我评价能力、自我调控能力有所增强。另一方面社会经验和社会阅历较为丰富，认识社会和处理问题的能力进一步提升，看问题也比较全面。这一时期在25岁至40岁之间，是人生中最重要的阶段，人们称之为工作期。人们常出现富有创造性的活动，其创造性能力达到顶峰。

（5）能力发展的趋势存在个体差异。一般来讲，智力高的人，相应的能力就强，反之就弱。正如三国时期魏国的刘劭说："夫人才不同，成有早晚。有早智而速成者，有晚智而晚成者，有少无智而终无所成者。"[①] 可见，能力的发展与智力密切相关。

[①]《人物志·七缪》。

二、能力的个别差异

在现实生活中，人的能力千差万别。在我国，两千多年前的《学记》中就说："君子知至学之难易，而知其美恶，然后能博喻。能博喻，然后能为师"。"美恶"，就是指人的资质才能的高下。认为有学问的人，不仅要懂得教育成功与失败的原因，而且要了解学生资质能力的高下，掌握了这些才能当老师。人们能力的差异既有能力类型的差异，也有能力水平的差异，还有能力发展早晚的差异。

（1）能力类型差异。所谓能力类型的差异，是指人们一般能力或特殊能力的不同。在一般能力方面，有的善于观察，有的长于记忆，有的富于想象，有的强于思维，有的兼而有之，有的则很一般，或明显不足。我国三国时期的刘劭对人的才能类型进行了比较系统的研究。他把人的才能划分为三种类型，即所谓的"三材"：兼德（清节家）、兼材（法家）和偏材（术家）。所谓兼德，是指一个人纯粹具有高度发展的道德品质；所谓兼材，是指一个人有德有才，德才兼备；所谓偏材，是指一个人纯粹具有某方面的才能。刘劭把这"三材"称为"三度"，提出"三度不同，其德异称"。他以这"三度"为标准，连同三材在内，把才能划分为八种类型，是谓八材，即兼德、兼材、偏材、三材皆备（国体）、三材皆微（器能）、清节之流（臧否）、法家之流（伎俩）、术家之流（智意）。最后，刘劭又在三材、八材的基础上，把才能划分为十二种类型①（见表9-6）。

表9-6 十二种才能类型及其特点

十二材	才能特点	宜任官职	人物举例	备注	
清节	德行高妙，容止可法，具有自任之能	师氏之任（掌以道德，教道胄子）	延陵、晏婴	总称三材	总称八材
法家	建立法制，强国富人，具有立法之能	司寇之任（掌以刑法，禁制奸暴）	管仲、商鞅		
术家	思通道化，策谋奇妙，具有计策之能	三孤之任（掌以庙谟，佐公论正）	范蠡、张良		

---

① 燕国材等著：《现代视野内的中国教育心理观》，上海教育出版社1991年版，第181~182页。

续表

十二材	才能特点	宜任官职	人物举例	备注	
国体	德足以厉风俗，法足以正天下，术足以谋庙胜	三公之任（位于三槐，坐而论道）	伊尹，吕望	均为兼材	总称八材
器能	德足以率一国，法足以正乡邑，术足以权事宜	冢宰之任（天官之卿，总御百官）	子产，西门豹		
臧否	不能弘恕，好尚讥诃，分别是非，具有司察之能	师氏之佐（分别是非，以佐师氏）	子夏之徒	均为偏材	
伎俩	不能创思远图，而能受一官之任，错意施巧，具有传奇之能	司空之任（错意施巧，故掌冬官）	张敞，赵广汉		
智意	不能创制垂则，而能遭变用权，权智有余，公正不足，具有人事之能	冢宰之佐（师事制宜，以佐天官）	陈平，韩安国		
文章	能属文著述	国史之任（宪章纪述，垂之后代）	司马迁，班固		
儒学	能传圣人之业，而不能干事施正	安民之任（掌以德毅，保安其人）	毛公，贾公		
口辩	辩不入道而应对资给，具有行事使人之能	行人之任（掌之应答，送迎道路）	乐毅，曹丘生		
雄杰	胆力绝众，才略过人，具有威猛之能	将帅之任（掌辖师旅，讨平不顺）	白起，韩信		

（2）能力水平差异。所谓能力水平的差异，是指在对待同一件事情上，发现问题、处理问题的能力的不同。我国古代思想家、教育家不仅从一般意义上认识到人的能力有高低之分，如东汉王充就说"人才有高下"[1]；而且还针对具体方面的能力水平作出评价，如：孔子针对学生的治国能力评价道："由也，千乘之国，可使治其赋也。求也，千室之邑，百乘之家，可使为之宰也。赤也，束带立于朝，可使与宾客言也。"[2] 意思是说，在治国的领导（管理）、组织能力方面，子路可以在千乘的诸侯大国中治理兵赋，冉有则只能在千室大

---

[1] 《论衡·实知篇》。
[2] 《论语·公冶长》。

邑或百乘的卿大夫家中当邑宰或家臣，公西华在朝廷上可以穿着礼服应对宾客。由此，孔子以其学生的能力水平"择人任势"。此外，王充也从读书、做学问的能力水平差异上说道："通书千篇以上，万卷以下，弘畅雅闲，审定文读，而以教授为人师者，通人也。杼其义旨，损益其文句，而以上书奏记，或兴论立说，结连篇章者，文人鸿儒也。好学勤力，博闻强识，世间多有；著书表文，论说古今，万不耐一。然则著书表文，博通所能用之者也。入山见木，长短无所不知；入野见草，大小无所不识。然而不能伐木以作室屋，采草以和方药，此知草木所不能用也。夫通人览见广博，不能掇以论说，此为匿生书主人，孔子所谓'诵诗三百，授之以政，不达'者也。与彼草木不能伐采，一实也。"① 意思是说，在读书和做学问方面，"通人"和"鸿儒"的智力有很大的不同。"通人"虽通书千篇，博闻强识，但只能做些审定文读，教授学生的事，而"不能掇以论说"，充其量不过是"鹦鹉能言之类也"。即使面壁终身，也不过是个"匿生书主人"。"鸿儒"则不同，他能够上书奏记、兴论立说、结连篇章、著书表文、创造性地应用知识。一句话，"鸿儒"比"通人"能力强就强在"贵其能用也"。

（3）能力发展的差异。在能力差异方面，人与人之间不仅存在着能力水平的差异，而且在能力的萌发、成熟的早晚方面也存在着差异。有的人表现出少年早慧，心理学家称之为"人才早熟"。而有的人则表现"开化"较迟，却是大器晚成。这在历史和现实中有很多这样的例子。据记载，杜甫五岁能做诗，莫扎特 8 岁能做交响乐。相反，古希腊哲学家亚里士多德 49 岁才开始创作，齐白石 60 岁才形成自己独特的绘画风格。

三、不同能力的自我教育

能力是个体表现出来的解决问题可能性的个性心理特征，是完成任务要达到目标的必备条件。能力直接影响活动的效率，是活动顺利完成的最重要的内在因素。一个人的能力不可能样样突出，甚至还会有缺陷，但是人可以利用自己的优势或发展其他能力来弥补不足。能力是与活动联系在一起的，只有通过活动才能了解人的能力并发展人的能力。按照能力划分，人的能力包括智力系统、心力系统和体力系统。

---

① 《论衡·超奇篇》

1. 智力方面的自我教育

智力是人认识和理解客观事物，并运用知识与经验解决问题的能力，也就是根据事实做出适当反应的能力。智力系统包括观察力、记忆力、思维力、想象力和操作力五个方面。影响智力的因素有遗传、环境、教育、社会实践、主观努力等等，其中，个体的主观努力以自我教育的方式对智力的发展产生着深刻的影响。

（1）观察力的自我教育。观察力是指人对客观现象所进行的感知能力。在观察过程中，对事物本身的形状、声音、气味、温度、状态等进行可观性的认识，通过对这些现象的观察，提高对事物本质的认识能力。观察力是构成智力的主要成分之一，是智力发展的基础部分。提高观察力的方法和途径多种多样，其中的自我教育法是提高观察能力的最有效的方法。在自我教育中，个体可以自觉地主动地开展自我训练，针对某一特定对象有意识地去观察，并把观察到的各种碎片化的现象，按照"关键要素法"相互联系起来，从中发现现象背后的本质问题。这种训练方法可以是培训中的情景训练，也可以是平时的自我训练。但是，无论是哪种训练，最关键的还在于自我的求知欲和责任心的培养与增强，只有这样，观察才能主动、自觉和持久；也只有这样，观察才能充分透彻、符合实际和富有效率，最终养成细致入微的观察习惯。

（2）记忆力的自我教育。记忆力是人脑对过去经验的反映，是识记、保持、再认识和重现客观事物所反映的内容的能力，其表现形式有形象记忆、概念记忆、逻辑记忆、情绪记忆、运动记忆等。记忆力的强弱和记忆内容的多少都是智力发达与否的重要标志，但要记得多、记得快、记得牢、记得准，要提高记忆效果，要改善记忆品质，这都属于增强记忆力的问题。通过自我教育训练记忆习惯是提高记忆力的一种有效的方式。虽然一个人天生的记忆潜力不可改变，但是，如果能学会自觉地合理地安排自己的记忆活动的话，就等于找到了一个收效显著的自觉自为的自我训练方法。比如数字、人名、图像、街景等，虽然各具表象，但如果能与自己的生活、自己的情感或者自己的需求联系起来，无疑是一种有效的自我记忆力训练。

（3）思维力的自我教育。思维力是指人脑对客观事物间接的概括的反映能力，是智力的核心要素。当人们在学会观察事物之后，就逐渐会把不同的物品、事件、经验进行分类归纳，其中包括理解、分析、综合、比较、概括、论证、判断等能力要素和环节。在自我教育中，观念的内化和习惯的外化是开展思维能力自我训练的有效途径。最普遍的方法就是分想、联想和串想。分想就是把储藏于大脑中的各种经验分离出一种或若干并加以创造想象的自我训练方法；联想就是在分想的基础上，通过对若干对象赋予一种巧妙的关系，从而获得新的形象的自我训练方法，其中包括有接近联想、类似联想和对比联想；串想就是以某一种思路为轴心，将若干想象活动组合起来，形成一个有层次的又有过程的想象活动的自我训练方法。

（4）想象力的自我教育。爱因斯坦在其《论科学》一文中指出："想象力比知识更重要，因为知识是有限的，而想象力概括着世界上的一切，推动着进步，并且是知识进化的源泉。严格地说，想象力是科学研究中的实在因素。"所谓想象力是指人们在自己所掌握的知识和已有形象的基础上，重新创造新形象的能力。想象力的自我培养与训练不是凭空幻想的，而是基于知识和经验积累之上的。首先，需要掌握一定的专业知识，尤其是交叉学科知识，不断突破专业知识的有限性，从交叉知识中产生更多的创新知识，从而推动自我的想象能力。其次，需要平时有意识地通过观察丰富自己大脑中的表象储备，为再造想象与创造想象打下坚实的基础。再次，专注事物的本性，深化对事物的理解，因为"没有一种精神机能比想象更能自我深化，更能深入对象"（雨果语）。最后，要激发自我探索的情感，因为丰富的想象力往往来源于饱满的激情，饱满的激情激发创新的灵感，从而形成强大的创造力量。

（5）操作力的自我培养。操作力是人的潜在能力在显示生活中表现出来的实现能力和完成能力，是智力水平的外在表现。操作力的自我训练需要主体在自己的实际工作和生活中，反复实践，不断积累经验，从而达到自我提高的目的。操作力的自我培养主要包括以下三个方面：一是培养自己在没有现成模式的情况下，勇于试验并善于改进的能力。二是训练自己在操作过程中，面对新出现的问题，善于灵活处理的能力。三是培养自己善于寻求最恰当的方法，达到事半功倍的能力。

2. 心力方面的自我教育

心力是指一个人的心理能量，是一种精神的能量，也是一种意志的能量。集中体现为一个人行为的内驱力。心力主要包括情动力、意志力、注意力、自评力和调控力等五个方面。

（1）情动力的自我教育。情动力又称内驱力，是以情绪或情感的形式表现出来的一种非智力因素的动力或能力，主要由良心、情感、兴趣、需要、信念所驱动。它是人力中的一项最基本的心力，是个体活动最直接的动因。"没有'人的感情'，就从来也不可能有对真理的追求。"情动力的自我教育包括三个方面：一是在情绪上要培养自己良好的心境、向上的激情和积极的热情。二是在情感上要培养自己的义务感、责任感、自尊感以及其他高尚情感。三是在情操上要培养自己爱国主义、集体主义和崇尚正义的道德感;培养追求知识、追求真理的理智感;培养自己理解美、欣赏美、评价美的审美能力。总之,情动力的自我教育需要激发和保持人的善性与良知、高尚的情感、高雅的兴趣和崇高的信念。

(2) 意志力的自我教育。意志力是指一个人自觉地确定目的,并根据目的来支配和调节自己的行动,克服各种困难,从而实现目的的能力,它的形成是心力的核心内容。在培养自我意志力方面,一是要形成正确的动机。动机是行为的动力,是激发、维持和调节行为的心理力量。正确的动机不仅能够催生意志力,而且还能够强化意志力。二是要关注细节。高尔基说过,哪怕是对自己的一点小小的克制,也会使人变得强而有力。三是要培养兴趣。一个人一旦对某种事物或某项工作发生了稳定的兴趣,意志力就成为自然而然的事情了。四是先易后难。遵循由易到难的规律,既可以增加信心,也可以提高意志力,因为成功的感觉有利于激发人的意志,哪怕是一点小成功都会给人带来喜悦和信心。五是时常自我反省。德国近代心理学家沃尔夫(1679~1754)在其心理学名著《经验心理学》中明确提出:反省是研究内部经验的真正有效的方法。一个人之所以能够不断地进步,在于他能够不断地自我反省,找到自己的缺点或不足,然后不断改正,从而取得一个又一个的成功。

(3) 注意力的自我教育。注意力是个体的心理活动对一定事物的指向与集中的能力,它包括注意的广阔性、稳定性以及注意的分配与转移等内容。很难想象,对事物视而不见,充耳不闻会产生兴趣,更不说情感了,由此可见,注意力在心力中以及在整个人力的充分发掘中所起的重要作用。随着个体活动社会化的增强,注意的范围也在不断扩展,所关注的事情比较多,各种诱惑也比较多,这就直接要求注意的稳定性问题,见异思迁、"三天打鱼两天晒网"不是注意合理分配和转移的品质。一个优秀的注意力品质是无意注意、有意注意、有意后注意的自我训练过程。自我训练的具体方法有静观(静止观察事物的特征)、行视(在行动中尽可能留意多的事物)、抛视(从多种运动中的物体中辨认某一物体的形状或颜色)、速视(快速浏览并记忆的能力)、统视(整体观察事物的运动状态或现象)等多种。

(4) 自评力的自我教育。自评力是自我感受、自我体验和自我估量的综合评价,是个体对自身及其外部关系的肯定或否定判断的能力,主要以自尊心、自信心等为内容。影响自评力的因素很多,主要有自信的程度、成功或失败的体验、社会的评价等等。自评力的训练,包括横向自评和纵向自评两个方面,就横向而言,一是通过客观地公正地评价他人和社会而评价自己。美国社会心理学家费斯汀格曾说：个体对自己的评价是通过与他人的能力和条件的比较来实现的。二是根据别人对自己的评价来评价自己。正如社会学家库利所讲的那样，别人对自己的评价是自我评价的一面镜子。就纵向而言，一是客观看待自己的过去而对现实的我进行的一种评价。二是通过与自我期望相比较而对现实的我进行的一种评价。

（5）调控力的自我教育。调控力就是调整、转换、节制自己心理状态和心理活动的能力，它本身也是一种认知心理能力。调控力看起来是自我心理调控，其实质是通过自我心理调控，实现着"我"与他、"我"与社会、"我"与环境以及"我"与工作对象的协调发展，这就要求自我在面对外部环境时，尤其是由外部环境造成的各种压力时，积极调整自我心态，努力转换自我心理环境，有效节制自我心理需求，创造自我与外部环境相和谐的局面。

（三）体力方面的自我教育

体力是支持智力和心力，并与之一起共同构成人力的最基本的力量。它包括外动力、脑体力、视力、听力和糅合力五个因素。

（1）外动力的自我教育。外动力主要是由人体肌肉、骨骼、关节、皮肤等要素发出的力量，这是狭义体力所涉及的范围。在外动力的自我教育中，一是要认识人的生理机能和运动规律。二是要认识到外动力还受到其他人力要素的影响，比如，智力的高低会直接影响到外动力发挥的质量，心力的有效支撑又影响到外动力发挥的程度。三是要发挥人自身的生理特长和生理运动潜能。四是要依据自己的年龄、性别、健康状况，正确认识自身的先天机能和现实机能，科学又合理地开展自我训练，培养自我意志力和自我调控力等良好的心理品质。

（2）脑体力的自我教育。脑体力是指人体对思维的承受力，即脑部位在运动中表现出来的体力。因为在思维过程中会有大量的体力物质消耗，要维持脑部的正常运转而不致出现脑疲劳甚至脑损伤，这就表现了这一部位的体力情况。脑科学研究表明，人的脑力开发是无限的，但承载着脑力的脑体力却是有限的。不同的年龄有着特定的脑体力，即使是同一年龄的不同个体的脑体力也不尽相同。不顾脑体力的承载程度，过度或过早开发脑力，都会对脑体力造成损害。因此，在自我教育中，要了解脑体力的相关知识，结合自己的具体情况，合理用脑，科学用脑。

（3）视力的自我教育。视力有狭义和广义之分，狭义的视力是指眼睛这一器官表现出的体力，是自然视力；广义的视力是指除了裸视视力标准外，还有用眼睛注视某物体的持续能力、凝视能力、抗拒出现眼部疲劳的能力等等。

254

这里所谈的是广义上的视力自我教育。视力的有无或视力的好差都是衡量人力的重要标准之一。现代医学研究表明，裸视视力是人先天或后天养成的自然视力，对于后天养成的视力是一个保护的问题，但对于注视能力和凝视能力而言，则是一个教育和训练的问题了。对于某些特殊职业来说，要求有超过一般人的注视能力和凝视能力，甚至要训练成为"视力语言"能力或"心灵力量"能力，即使对于一般职业人而言，要提高自己的观察力，也要具备一定的对事物的注视能力和凝视能力。在自我教育中，有意识地、积极主动地观察周围事物，克服视而不见或走马观花的不良习惯，锻炼自己的注意力，从而提高观察事物的敏锐性。

（4）听力的自我教育。听力包括自然听力和养成听力两部分，前者是指耳朵这一听觉器官，在接收语音信息时表现出来的一种能力，后者是指不同职业或不同活动所要求的对声音的反应能力和辨别能力。这里所说的听力自我教育主要是指后者。在自我教育中，一是要主动了解发声学、乐理学、语言学的相关知识及规律。二是要在工作时有意识地专心专注，一般来讲，作为一种接受语言信息能力的听力，其有效性的大小往往取决于倾听的专心与否。可以设置一定的听力场景，训练自己排除干扰专心致志的能力。三是加强自我听力训练，尤其是那些对听力有特殊要求的特殊职业或专业，诸如口语翻译、乐队指挥、特殊教育等等，要主动自觉地进行自我训练和自我培养，从而提高职业的胜任力。

（5）糅合力的自我教育。糅合力是指各种体力活动之间，以及力量与其他因素的配合与协调。实际上，当我们主要进行脑体力活动时，还需要有外动力、视力、听力等的配合，这几个方面恰当地糅合，才能够提高某单项或整体的效果。在自我教育中，一是要充分认识各体力要素之间的密切关系，因为任何一种体力要素的培养和发挥，都离不开其他体力要素的参与和配合。二是要把握整体性原则。各体力要素的参与程度和协调质量，最终都会影响到糅合力的大小。在现实工作中，要顺利完成在同一时间内的同一种工作都需要各种体力之间的协调和配合，最为典型的就是体操运动，要顺利完成每一个体操项目，不仅需要体力之间的协调和配合，还需要各力量与各种动作之间的配合和协调。

第十章

自我教育成长论

> 一个人的精神越伟大，就越能发现创造之美。
>
> ——帕斯卡尔

自我教育的最终目的就是促成组织或个人积极、健康、持续的自我成长，而自我成长是一个自我追求、自我修炼的过程，这个过程是一个长期的、复杂的，不可能一蹴而就。它需要一个人在知、情、信、意、行多个方面不断地改变自己、突破自己、超越自己，最终实现个体的自我成长。也就是说，要实现自我教育中的个体自我成长，就要在自我改变中不断实现自我成长，在自我成长中不断实现自我突破，在自我突破中不断实现自我超越。从这个意义上说，改变的是心态，突破的是现实，超越的是境界。

第一节 在自我改变中成长

自我教育的过程就是一个不断地自我改变的正向过程，自我改变的正向过程也是一个自我成长的过程。成长就意味着改变，改变也意味着成长，但改变什么，如何改变，何时改变，这些则是由自我教育来完成的。从这个意义上说，自我教育就是一个从自我改变开始，到实现自我成长的过程。没有自我教育也就无所谓自我成长，自我教育规定和规范着自我成长的性质和方向。

一、自我改变的解释

每个人的生活背景决定了他的成长经历，而这样的成长经历形成了个人的习惯和偏好，个人的习惯力量铸就了每个个体的个性行为，从一定意义上说，个体的个性行为也就导致了不同的人生结果。对于我们大多数人来说，这样的生活轨迹似乎是已经确定了的。事实上，在每个人的人生追求中，往往会因自我的改变而改变了自己的人生轨迹，尤其是对于成功人士而言，这种自我改变成为人们效仿和学习的对象。之所以如此，是因为改变自我不是一件容易的事情，成功自我改变的人一定是自我教育能力很强的人。

1. 自我改变是一个由不自觉到自觉再到自为的过程

自我改变源自于自我对某一现象或事情觉醒的过程或程度，如果我们用四个象限分析可以看出意识和行动的关系，如图 10-1 所示。

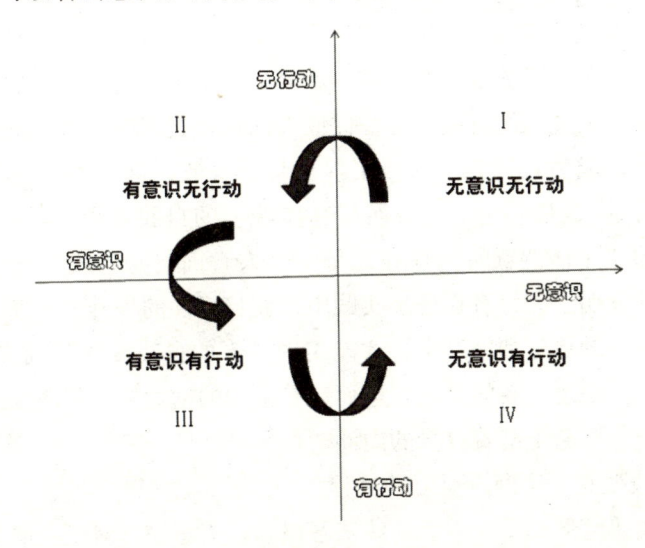

图 10-1 自我改变的心理行为模式

从图 10-1 中的四个象限看，处在第一象限的是"无意识无行动"状态，也可称之为"前改变"阶段，这时个体没有意识到"如果不去做那些应该做的事情"会对自己产生多大的危害。处于第二象限的是"有意识无行动"状态，也可称之为"醒悟"阶段，这时个体开始意识到自身必须要做出改变。"如果我们不做那些应该做的事情，我们将会付出多么大的代价。"① 处于第三象限的是"有意识有行动"状态，也可称之为"决心改变"阶段，这时个体致力于去完成"那些被意识到应该去做的事情"，这个阶段是关键环节，因为学习新的行为需要付出艰苦的努力，也需要不断实践和重复，尽管在此过程中

---

① 简·博克等著：《拖延心理学》，蒋永强等译，人民大学出版社 2009 年版，第 137 页。

会遇到很多挫折。处于第四象限的是"无意识有行动"阶段，也可称之为"自觉习惯"阶段，这时个体已经是改变后的一种行为习惯，"不用费劲甚至不假思索就可以做到"的习惯。这四个象限有着内在的逻辑顺序，即从第一象限到第二象限是自我觉醒的过程，从第二象限到第三象限是自我行动的过程，从第三象限到第四象限是自觉自为的过程，最终达到自我改变的境界。

2. 自我改变是一个自我实践的过程

实践是实现自我改变的唯一有效的途径。因为实践不仅引起客观条件的变化，"而且生产者也改变着，炼出新的品质，通过生产而发展和改变着自身，造成新的力量和新的观念，造成新的交往方式，新的需要和新的语言。"① 也就是说，人的实践活动在创造出人类生存和发展的属人世界的同时，也创造出人的新的存在状况和新的规定性。这种新的生存状态和新的规定性也包括了自我的改变。实践促成人的自我觉醒，促成人们从自我束缚、自我拘禁、自我困境中摆脱出来，成为自身的主人，实现自身的解放，这是人的"真正的、从自身开始的肯定"，是人为了本身而"在实践上的自我实现"。因此，人的自我改变是人的"主体性意向"存在，是每个人直面自身、改变自身的本性的自我解放。这表明，人只有在现实实践中，在自律性的提升中，使自己的内心世界处于无止境的更生和精进中，才能实现"人的自我改变"，而改变了的自我则产生了新的观念、新的需求，进而焕发了新的活力，不断改变着自我，不断创生着自我，不断丰富着自身的内涵。

3. 自我改变是一个渐进反复的过程

由于自我业已形成了一整套的认知习惯和行为习惯，对于一般人来讲，要想改变确实不是一件容易的事情，因为自我改变就意味着迎接痛苦的降临。自我改变的效果和质量也因人而异，有的意志力强的人，自我改变的过程可能比较短，效果也会比较好，但对于意志力比较薄弱的人，自我改变可能会经历反复或多次反复。按照人行动的一般规律，一个人是否行动取决于三个条件：第一，要看他经受的痛苦够不够深，心理学家荣格就说：没有痛苦，就不可能有意识的觉醒。第二，要看他经历的失败够不够多，爱迪生也曾说：失败也是我需要的，它与成功对我一样有价值。第三，要看他的目标够不够明确，雨果也曾说：进步意味着目标不断前移，阶段不断更新，它的视野总是不断变化的。这三点或许可以解释自我改变过程中出现的渐进和反复现象，在痛苦、失败和目标三个要素所形成的"三环"交集的静态分析中（见图 10-2），我们可以

---

① 《马克思恩格斯全集》第 46 卷（上），人民出版社，第 494 页。

发现，在第一交集区中，自我改变过程中的痛苦、失败和目标都达到了自我可接受的程度，这也是自我改变最终达成的区域。在"痛苦"与"目标"的第二交集中，自我改变就处于相对不稳定的状态，如果所经受的痛苦不足以支撑目标的实现，或者对目标的追求引发了难以承受的痛苦，自我都容易放弃自我改变。在"痛苦"与"失败"的第三交集中，自我改变处于极不稳定的状态，失败就意味的痛苦，体验失败的痛苦或许是另一种自我激励，但对同一件事情的多次失败，同样容易导致自我放弃。在"目标"与"失败"的第四交集中，目标越高就意味着可能失败的概率越大，自我容易把比较容易实现的目标作为自我改变的追求。

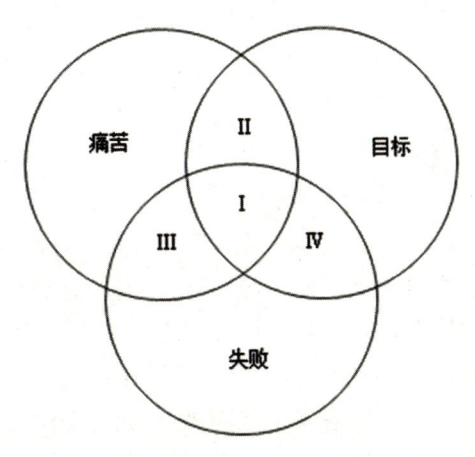

图 10-2 痛苦、目标、失败"三环"交集中的自我改变状态

总的来说，做出自我改变或学会一种新的行为模式是一个渐进的过程，发生改变遵循着一定的顺序和逻辑。正如美国心理学家弗里兹·海德认为，"如果个体发现自身对于不同社会对象（Social Object）的态度或者自身感知到的不同社会对象之间存在不平衡（Imbalance）或不和谐（Disharmony），个体将试图改变这种状态，使之趋向平衡。"[①]

二、以自我教育推动自我改变

自我改变源自于自我的需要，自我改变的过程得益于自我情感、自我意

---

① J. S. Coleman. foundations of Social Theory [M]. Cambridge：The Belknap Press of Haward University Press. 1990. p.521.

志、自我信念的支持，然而，这一切需要个体的自我教育才能实现。如果说自我改变是一个活动的话，那么自我教育决定着自我改变活动的性质和方向。每一次的自我改变的成功，都意味着自我教育的成效和结果。从这个意义上说，自我教育是个体成长全过程式的，自我改变是个体成长节点式的；自我教育是个体成长量的积累，自我改变是个体成长质的变化；自我教育侧重于个体成长的心智养成，自我改变侧重于个体成长的意志和行为练就。

1. 以自我教育唤起自我改变的觉醒

人的自我改变需要人的自觉自醒，可以说，没有自觉自醒，一个人就不可能对自己所处的环境的有一个清醒的认识，也不可能认清在此环境中自身所处的地位，更不可能由此产生改变自己的愿望和要求。马克思针对当时德国陷入泥坑越来越深的现状时，曾说过："那些不感到自己是人的人，就像繁殖出来的奴隶或马匹一样，完全成了他们主人的附属品。"① 可见，人的自我改变是建立在自我的自觉自醒基础之上的。但是，人的自觉自醒不是自发产生的，尤其是对于道德的自觉自醒依赖于教育，或者更确切地说是依赖于人的自我教育，因为人的有意识的自我改变并不必然符合自我教育的道德要求，正如马克思在《1844 经济学哲学手稿》中指出的那样，人的有意识恰好做了人把自己降为自身肉体奴隶的依据，亦即在异化劳动中，人正因为是有意识的存在物，才有意识地把自己降为自身肉体的奴隶。也就是说，在人的异化背景之下，人的有意识的自我改变不是积极意义上的自我改变，这样的自我改变反倒更可怕。自我教育在唤起人们有意识地自我改变的同时，唤起的是人的自觉自醒，激起的是人的自尊自爱，使人敢于直面自身，勇于自我检视，形成内在的精神动力，从而奋起改变自我，"奋起改变现存的一切"。

2. 以自我教育唤醒自我改变的善心

我们常说：改变自己，从"心"开始，但是不同的心性和心境，会导致不同的结果。罗伊·马丁纳在其《改变，从心开始》一书中是这样描述的："我一直活在疯狂的边缘，等待着了解事物的缘由，而不断地敲着门。门开了，原来我一直是在门内敲打着。"这就是说，人的情绪激发着人的行动力，不同的心性又规定不同情绪的释放以及由此产生的行动方向，只有善心才能促进自我对生命的觉悟觉醒，才能意识到自身生存的现实处境，也才能自觉到"人作为人"的真实需要，进而确定自己的奋斗目标，形成自己的奋斗信念，奋起改变自己当下的现实存在，实现自我的生成和改变。马克思指出："尊严

---

① 《马克思恩格斯全集》第 1 卷，人民出版社 1956 年版，第 409 页。

是最能使人高尚、使他的活动和他的一切努力具有更加崇高品质的东西。"①自尊心是自我改变的一种善心，马克思在这里向我们揭示了善心（自尊心）在自我向更高层次改变的更生和精进的趋势。唤醒人们自我改变的善心，包括人的自尊心、羞耻心，是教育和自我教育的主要内容之一。

3. 以自我教育促使自我改变趋向高尚

自我改变是一个人在不断改变中自我提高的过程，最终是趋向于高尚的品质、高尚的道德和高尚的行为，它是人的一生追求。但是人的自我改变绝不是一种自发的状态，因为人们的自我改变受到各种因素的影响，尤其是在不良因素的影响下，人们的自我改变不是向好的方向发展，反而是向不好的方向发展。正如弗洛姆所言："在这个社会中，生活的中心就是金钱、荣誉和权力的追求。"② 如果自我改变仅仅是以金钱、荣誉、地位、权力作为诱因，却忽视了人的内心世界的改善和提升，这样的自我改变反而使人完全沦为私利的工具。自我教育将以其自身强大的"道德"功能为自我改变提出目标要求，正如马克思所说："道德是一种本身神圣的独立领域"，而"道德的基础是人类精神的自律"。③ 人正是在自我改变的自律性提升中，把"粗野的本能变成合乎道德的意向，把天然的独立性变成了精神的自由"，不断把生命引向精神的富有和道德的高尚。正是由于自我教育的特殊功能，决定了自我改变的方向不是下行的，甚至也不是平行的，而是上行发展的，即趋向高尚的。沿用毛泽东的一句话，自我改变最终就是要使自己成为"一个高尚的人，一个纯粹的人，一个有道德的人，一个脱离了低级趣味的人，一个有益于人民的人"。

三、以自我改变实现个体成长

心理学家荣格曾经将人的一生分为两个部分，一是让自己去适应外部世界和社会，二是调节自己，适应自己内心世界的生活。前者是说一个人的成长过程是一个社会化的过程，即个体在社会环境的影响下，不断地认识和掌握社会事物和社会标准，并能独立地参与社会生活的过程。后者是说一个人的成长过程是一个个体化的过程，即个体在自我意识的状态下，能够积极主动地对自己的心智状态、身体机能等主观因素进行调整，从而积极地应对环境、机遇、挑

---

① 《马克思恩格斯全集》第 1 卷，人民出版社 1995 年版，第 458 页。
② 埃里希·弗洛姆：《占有还是生存》，关山译，三联书店 1989 年版，第 24 页。
③ 《马克思恩格斯全集》第 1 卷，人民出版社 1995 年版，第 119 页。

战等外界因素的过程。二者相互影响、相互作用，共同构成了个体的成长历程。

1. 改变自己的认知习惯实现个体成长

在一个人的成长过程中，每个人都会形成各自不同的认知习惯，也即一个人采用什么方式对外界事物进行认知的风格。美国著名的认知心理治疗创始人都可隆·贝克曾说：人们在社会现实生活中都以自己独特的方式感受、理解、评价和预测周围事物，并以较为固定的情绪方式和行为方式做出相应反应。但是，从认识论上讲，由于人对外部事物的认识，往往受主客观限制的原因，我们所观察到的事物都不可避免地具有局限性和片面性，对同一事物会得出不同甚至相反的结论，就是同一个人随着时间的推移和环境的变化，对同一事物的看法也会有所不同，甚至相反。在认知习惯和认识规律的矛盾之间，就造成这样一种现象，即作为从特定历史文化的实践发展中走出来的人，在观察世界、观察社会和观察现实的时候，总要受到习惯认知思维的影响，加之我们有限的思想认识和眼光视角的远近，都会影响到我们对事物观察与判断的准确性，造成不同程度的认知误差或折射。因此，人只有在不断修正对事物的看法中，个体才能逐步趋于认知成熟，实现个体不断成长。

2. 改变自己的心态实现个体成长

心态就是内心的想法，是一种思维的习惯状态。荀子曰："心者，形之君也，而神明之主也。"意思是说，"心"是身体的主宰，是精神的领导。成功学大师拿破仑·希尔也说："积极的心态就是心灵的健康的营养，这样的心灵，能吸引财富、成功、快乐和身体健康，甚至会夺走生活中已有的一切。"著名心理学家艾利斯有一个著名的 ABC 情绪理论，他认为，人的情绪主要根源在于自己的信念，以及他对生活情景的评价与不同的解释。从心理学角度讲，心态分为积极的心态和消极的心态，不同的心态会产生不同的成长结果。荣获奥斯卡大奖的电影《美丽人生》就讲述了这样一个故事：有一对父子被关进纳粹集中营，开始了苦役、饥饿、恐惧和时刻面临死亡的生活，面对纳粹的搜捕和杀人毒气室，父亲坦然地告诉儿子，这只是一场游戏。智慧的父亲用游戏的心态，为儿子营造了一个美丽的"童话"，儿子的身体和心灵没有受到丝毫的伤害，仿佛没有了战争和苦难，只有童话般的最刺激最好玩的游戏，没有了痛苦，没有了恐惧，只有游戏中的紧张、快乐和期待，最后儿子奇迹般幸存了下来。这个故事告诉我们这样一个道理：一个成功者的心态，在遭遇生活中的灾难和厄运时，要用积极乐观的心态来面对，让人生的过程能享受快乐，并最终实现自我的成长。

3. 改变自己的行为习惯实现个体的成长

行为习惯是在重复而有规律的刺激下形成，并在大脑中建立的相对稳固的神经联系。我们常说："江山易改本性难移"，这里所说的本性不仅仅是指人的性格，还包括人们长期形成的行为惯性，也即行为习惯。行为学派认为，每个人都有一个独属于自己的"行为库"，这些"行为库"中所有的行为习惯对于个人都是有意义的，哪怕是消极的习惯，都是人自身的一种需要。因此，改变行为习惯本身就是个体成长的过程，尽管改变自己行为习惯是一种自我挑战。由于人的习惯行为指向不需要外部的监督，也不需要主观的努力，要实现习惯行为的改变就需要自我的改变意识，一般来讲，习惯性行为的调整主要经过两个方面，一是有意识地通过环境的调整来改变人的行为，二是有意识地通过行为的调整去适应环境。对于青少年来讲，由于他们的可塑性很强，改变或调整行为习惯相对容易，但对于成年人而言，由于长期的习惯积累，改变起来就比较难，需要进行行为调整训练，发现自身的"问题行为"，确定行为改变目标，通过有意识的训练来矫正问题行为，调整或改变自己的行为方式，实现自我改变。

第二节　在自我成长中突破

每个人的成长都必然会遭遇到成长过程中的"瓶颈"问题，这也是"成长中的烦恼"。当人生发展到一定的时期，就会发现自身很难再有新的突破，我们称之为人生发展的瓶颈期，但当我们一旦突破了这个瓶颈期，就意味着有一个崭新的开始。突破意味着重新选择，突破意味着坚持，突破意味着新生和创生。

一、自我突破的含义

所谓自我突破，简单地说，就是一个人在追求自我成长过程中质的蜕变和进步。如果说自我改变是个体量的积累的话，那么自我突破则是个体质的变化，前者描述的是一个过程，后者描述的过程中的临界点，从这个意义上说，没有突破也就无所谓最终的改变，改变的过程就是突破临界点的过程。这就如同"功亏一篑"的典故，之前每次"一"就是指事物在不断发生改变，但最后这个"一"则意味着突破。

1. 自我突破是打破自我"心理高度"

心理学认为，自我设限就是一个人在自己心理中默认的一个"高度"，这个心理上的高度时常暗示自己能力能达到的"高度"。从消极意义上讲，这种"心理高度"是阻碍人们取得成功的重要原因之一。产生这种"心理高度"的原因大致有两种：其一是自己的失败，其二是他们的失败。前者是自身经历了多次的失败之后，产生的自己"真的不是那块料"的认识和感觉；后者是看到别人、尤其是比自己能力强的人的失败，产生了"他不行，我更不行"的心理高度。具体来讲，自我设限是由四个方面的因素造成的，即恐惧、懒惰、无知和不良习惯。恐惧是因为害怕失败，害怕遭到非议和批评，害怕失去现有的一切而给自己带来痛苦，所以退缩不前，不愿尝试；懒惰是因为人性天生具有懒惰的弱点，除非他有梦想的追求；无知是因为掌握的相关知识太少，没有启动大脑运行的能量，造成的愚昧落后；不良习惯是因为过去养成的不良习惯，在这种习惯力量的驱使下，不知不觉让自己走向失败之路。可见，自我突破必须要打破自我的"心理高度"。美国成功学专家拿破仑·希尔曾经说过：一个人唯一的限制，就是自己头脑中的那个限制。唯有自己才能挣脱自我设限。古人云："大志得中，中志得小，小志不得，无志庸碌。"说的就是我们不要为自己的潜能设限，如果你想打破人生的瓶颈，就应该不停地突破自我，勇于寻找机会锻炼自己，提高自己的能力，追求卓越，而不是甘于平庸。

2. 自我突破是破除自我心理舒服区

所谓自我心理舒服区，是指人们在对待外部环境上，感觉舒适和愉快的一种心理适应范围。一般来讲，心理舒服区具有以下几个特征：①可控性，即个体一般把自己的各种实践活动置于情感可控制的范围之内，从而满足自己的安全需要。②稳定性，即个体一般出于维护成本低廉的需要，不愿改变自己的一种情感状态。③优越性，即个体在相对优越于他人而获得一定满意度的情况下，不愿改变自己的一种情感状态。以上三种状态广泛地存在于人们的现实生活中。

在现实生活中，我们每个人都不同程度地拥有自己的心理舒服区，尽管我们的心理舒服区因人而异，但都有一个共同的现象，那就是：在这个心理舒服区内，我们常常感觉十分放松，不愿意被干扰，不愿意被人指责，甚至不愿意按照规定的要求做事，形成了一种属于自己的"领地"，久而久之，不愿与人交往，不愿接受自己不熟悉的工作，安于现状、缺乏创新意识。正如美国资深心理咨询师简·博克所言：一些人的生活是由他们的心理舒服区的需要所主导,"离开了人的心理舒服区,跟人太近或者太远,都会让他们感到不舒服,他们会不遗余力地想要回到让自己舒服的区域。"① 这种相对封闭的生活和工作状态,最终将影响个人事业的成功。

3. 自我突破是冲破自我极限

极限,原本是数学分析的基本概念之一,是指自变量的值无限趋近但不等于某一规定数值时,或正向或负向增大到一定程度时,与数学函数的数值差为最小的数。这里所说的极限,是指最大的限度或临界点,预示着一种状态或物理量转变为另一种状态或物理量,意指个体在某一时刻、某一特定场所、某一情景下的相对最高值,只要稍加努力,或在不经意之间,这种高值就可能被刷新,并不断重复这种刷新,到达极限。对于人生成长来说,极限是成功和失败的分水岭,如果冲破了这个极限,就预示着我们由一种生存状态跃至新的、更高一层的人生状态。古人说:"一尺之棰,日取其半,万世不竭。"意思是说,把一尺长的木棒,每天取下前一天所剩的一半,如此下去,永远也取不完。古人无穷小的极限思维告诉我们:人的一生虽然短暂,犹如"一尺之棰",但每个人生阶段都有着各个阶段的精彩。孔子曰:"吾十有五,而志于学,三十而立,四十而不惑,五十而知天命,六十而耳顺,七十而从心所欲,不逾矩。"② 我们按照人生极限思维来解读孔子的这段"自我报告",其中所表述的从一个阶段到另一个阶段的飞跃,都是对自我极限的突破,正如南怀瑾先生所解释的那样:孔子所说的每一个人生阶段的实现,都是由前一个阶段的积累所致,从积累到实现无疑是人生一个个的极限突破。从这个意义上说,每个人生阶段,都有自我开发的潜能,只要找到了自我开发潜能的钥匙,突破了自我极限,就等于开发了自我未知的能力,人生的篇章从此就可以翻开新的一页。

二、以自我教育实现自我突破

人的成长过程是自我突破的过程,人生的每一项成就都是自我突破的结果,特别是在当下"大众创业,万众创新"的时代背景下,如果要实现个人的健康成长,人人必须自我突破,且人人能够自我突破,但是,自我突破需要有顽强的信念力、坚强的意志力和丰富的创造力。这些能力不是先天就有的,而是经过后天的教育才能完成的,尤其是通过自我教育才能培养起来的。我国

---

① 简·博克等著:《拖延心理学》,蒋永强等译,人民大学出版社2009年版,第57页。
② 《论语·为政》。

著名教育家陶行知先生曾说，处处是创造之地、天天是创造之时，人人是创造之人。

1. 以自我教育培养自我的成功信念

我们说，每个人都渴望成功，都渴望取得骄人的成就，但一个人实现自我突破、成就自己的事业，就必须有一种强大的力量作为精神上的支撑，这种精神力量就来源于自我的成功信念。"只有相信自己能成功的人才能成功，只有相信自己能大成的人才能大成。"[①] 高尔基说过，智慧是用来做事的，对于灵魂来说，靠的是信念。但是，自我信念的确立不是与生俱来的，而是在学习、生活和工作中培养起来的。苏联教育家苏霍姆林斯基曾说："信念只有在积极的行动之中才能够生存，才能够得到加强和磨炼。"在现实生活中，我们常常遭遇到限制性信念的困扰，诸如：没有希望、无能为力、没有价值等。这种限制性信念都是以自我默认的前提假设为出发点，在机遇和挑战面前畏首畏尾，退缩不前，不敢勇于挑战自己。因此，要改变自我限制性信念，一是要通过自我教育，提高自我认识，树立天生我材必有用的价值观和人生观，树立自信心和必胜的信念。二是要建立合理的自我期望值，"以合理的自我期望度的实现来感受实际实现的效果"。既不因期望值过小而盲目自信，也不因期望值过高而缺乏信心，帮助自己形成良好的适度的自信心。三是通过自我教育提高认识水平。影响人们具体成功或失败的原因很多，既有自身主观的原因，也有外部客观的原因，不能简单地归因于某一个条件。在成功或失败的函数关系中，诸如主观努力、个人能力、机遇、任务的难易、资源的大小等，其中的自变量和变量都是影响因素，只有认清这些，才能坚定信心。

2. 以自我教育培养自我的意志力

在人生成长的道路上，关于成功的秘诀可谓是见仁见智，其实，意志力作为人的一种普遍的"心智功能"，伴随着我们每次成功的喜悦，无不感叹它作为某种神秘力量的存在，它确也成为我们精神领域一个不可或缺的组成部分，甚至在我们每个人的生命中，意志力都发挥着超乎寻常的重要作用。美国学者弗兰克·哈德克在其《意志力训练》中曾说："一般来说，当一个人完全受意志力的支配后，就感觉不到欲望、情绪和感官等等力量的存在了，意志力可能会完全地根据道德伦理的标准来采取行动；或者完全将道德问题搁在一边不去

---

① 唐生：《信念的力量》，中国商业出版社2012年版，第63页。

理会道德的要求，而根据其他某种因素来采取行动。"① 然而，意志力的培养是靠自我教育来完成的，我们常说，动机催生人的意志力，而动机则有正确的和不正确之分，正确的动机不仅能够表现出极大的决心和力量，而且还能够表现出持久性，相反，不正确的动机表现出极强的机会主义倾向，毫无意志力可谈。很显然，"一个品格正直的人倾向于为正确的动机找出发挥意志力的充分理由。"

3. 以自我教育提升自我创造力

自我突破意味着自我的创造力，自我创造力的高低决定着自我突破的质量，随着人的思维能力和思维形式的提高和发展，为自我突破提供了多种可能。"除了智力不健全的人之外，人人都可以自我突破，都能进行创造发明，甚至可以因此而得到使整个世界都会为之震惊的创造性成果。"② 美国心理学家马斯洛认为：创造性分为两种，一种是"特殊才能的创造性"，另一种是"自我实现的创造性"。前者是指科学家、发明家、作家、艺术家等杰出人物的创造；后者是指在人力开发的可能性、自我潜在能力意义上的创造性。但是，无论是"特殊才能的创造性"的人，还是"自我实现的创造性"的人，并非先天就具有很高的创造力，都要经过教育（包括自我教育）和社会实践才能产生。对于个体来讲，只有在不断的自我实现的创造性基础上，从一般性的自我突破开始，经过不断地实践和深化，必然会上升为特殊性的自我突破。可以说，没有自我教育，就不可能有思维格局，没有自我教育，同样不可能有思维能力的提升，自然也就不可能有思维意义上的自我突破。

三、以自我突破实现个体成长

自我突破，就如同"破茧化蝶"一样，原本就是一切生命成长的原始动力。作为最高级生命的人类，与其他生命不同之处在于人自身的本性，即具有不断改善自己生活条件的内在要求，且永远不会满足。正是这种不满足，促使人们不断提高生产力，不断进行科学文化创造，由此不断突破自我，去开拓新的领域，去发现新的世界。但由于人性的弱点：或固步自封，或自我设限，或瞻前顾后，或畏首畏尾，这些都成为突破自我、实现自我成长的障碍，因而自

---

① 哈德克：《意志力训练：用哈德克训练法提升个人意志力》，中国档案出版社2002年版，第4页。
② 饶明华：《自我思考突破法》，上海文艺出版社1987年版，第1页。

我突破才成为人们普遍呼声和追求。李嘉诚先生曾说："鸡蛋从外打破是食物，从内打破是生命。人生亦是，从外打破是压力，从内打破是成长。"

1. 突破自己的思维方式

人生最难做到的就是突破自己，正如前面我们提到的那样，由于人们长期形成的认知习惯，以至于形成了难以突破的思维定势和行为模式。有这样一则故事：一头小狮子被绳子拴着，它拼命挣扎，试图逃脱绳子的束缚，可是任凭它如何用力，都挣脱不了绳子的牵绊，时间长了，它只是偶尔挣扎一下来做个尝试。直到最后，小狮子彻底放弃了。后来小狮子长大了，它足以很轻松地挣断那根绳子而获得自由。但是，"绳子是挣不断的"的判断已深深地刻在狮子的心中，它甚至认为这一生它都不能挣脱那根绳子。这则故事告诉我们这样一个现象：在我们的现实生活中，一次失败，尤其是多次的失败，很容易在自我的心中形成类似小狮子的认知模式和行为模式。所以说，要想获得人生自我的发展，就不能被业已形成的旧的思维方式和行为方式所禁锢，要因时因地、转换思考问题的角度，或许就能带来意想不到的结果。

2. 寻求自我的心理突破点

自我突破关键在心，古人曰，哀莫大于心死。也就是说，人生最大的悲哀莫过于心灰意冷、麻木不仁。有心愿就有意志，有意志就有信念，有信念就有行动。可见，找准心理上的羁绊，是自我突破的关键。在现实生活中，贪欲、自恋、偏执等心理现象是妨碍自我突破的三大心理主因，它们常常会消磨人的意志，蚕食人的信仰，抵消人的理性。因此，寻找自我心理突破点，首先是突破"私欲"对自己的支配，抑制"私欲"的恶性膨胀。常言道："嚼得菜根，百事可做"，有一定的道理，历史上"卧薪尝胆"的故事就是突破自我的证明。其次是突破自恋自大心理给自己造成的限制，破除"老子天下第一"的自大心理。我们说任何人都有自己的局限，不切合个人实际无限夸大自我价值，往往不能清醒地认识和处理主客观关系，人贵有自知之明，德谟克利特也说："和自己的心斗争是难堪的"，尽管如此，这也是实现自我进步所必须的。其三是要挣脱偏执心理对自己的束缚，偏执不同于执着，前者是一种妄想，而后者则是一种毅力品质和信念坚守。偏执心理往往不能实现自我突破的原因就在于：在处理问题时，不是事实情感，而仅仅是自我情绪，且常常陷入一种非此即彼的二元价值判断的藩篱而不能自拔。因此，寻求自我突破，就要找准自我心理突破点，放弃偏执、摒除自大、节制私欲，从而实现自我成长。

3. 遵循自我突破过程和环节

自我突破往往要经历目标、创造、精研三个环节，这三个环节是一个有着内在逻辑的突破过程。首先是"目标",这是一个认识论意义上的环节,也就是说这个"目标"一定是自我设限之外的"理性目标",所谓理性目标就是符合自身实际,通过努力有望达到的目标,而不是异想天开的妄想。具体地说,这样的理性目标具有清醒的自我认识,能够审时度势,能够激发冲动和自信,能够秉持主动乐观。其次是"创造",这是一个价值论意义上的环节,也就是有效利用一切有利于实现自我突破的资源,包括发挥比较优势、整合团队资源、强化实践价值、提高管理效率等,这一切就为自我突破创造了一个良好的外部环境。其三是"精研",这是一个方法论意义上的环节,我们说"打铁还需自身硬",这就要求自我在精、严、细方面下功夫,包括精益求精、不存杂念;严于律己、不存私心;另辟蹊径、不寻旧路;专心致志、不懈不拖。以上三个环节构成了自我突破的完整过程:一是只有心存高远,才能不安于现状,才有突破自我的动机和愿望。成功只有从设置目标开始。二是自我的成功就在能不能认识资源的价值,能不能合理有效地配置资源,机会对任何人都是公平的,任何成就都来自于团队的合作。没有人能独自成功。三是方法总比困难多,方法让一切成为可能,好的方法四两拨千斤,方法成就高效。

第三节 在自我突破中超越

如果说自我突破为自我开了一扇窗的话,那么自我超越就是这扇窗外的一道道美景。"超越你所看到的",当我们每每经过艰苦努力"突破"之后,终于站在了"所看到的"当下"窗口",前方总还有更美丽的旖旎风光呈现在眼前,从而不断激发人们对未来的美好想象和无限憧憬与向往,唤醒人类追求自我生存与发展的原生动力。从这个意义上说,在突破中超越,在超越中突破正是自我改变、自我成长的内在机理。

一、自我超越的分析

"超越"一词,其汉语解释有"超出""转移"的意思。心理学家马斯洛在谈及超越时,也曾列举了足足三十五种理解。可见,不同语境下,对超越的理解可以做无限延伸。关于自我超越,盛晓明认为:当人们谈论自我认识的时候,就已经在谈论超越问题了。"超越自我并不意味着脱离自我,超越和自我是密不可分的,毋宁说自我就是以超越为特征的,超越是怎样,自我也就是怎样。"① 因此,超越可以说是自我"是是"对"是"的超越。所谓"是",是指自我的认定、断定、承认、接受时的一种状态,"是是"意指自我的再认定、再断定、再承认、再接受的一种新状态,是对人生意义的追求和体验,是一个否定之否定的发展过程。

1. 自我超越是一种忘我乃至无我的境界

有学者曾言:"超越是自我关注的丧失",意思是说,人们对某事物的沉思和专注达到痴迷和陶醉的时候,就能产生忘我的境界,并由此达到自我超越。如果依据超越的程度不同,可以分为审美意义上的超越、社会意义上的超越和生命意义上的超越三个层次。当我们为山川的秀丽和大海的宽广所陶醉时,仿佛与眼前的情景融为一体,这是一种审美意义上的超越;当我们以国家富强、民族振兴为己任,超越个人躯体,共同面对生存危机时,这是一种社会意义上的超越;当我们为了追求真理,把自己融合到这种神圣的理想信念中去,甚至为真理而献身,这是一种生命意义上的超越。因此,超越是一种很高的境界,只有能实现自我超越的人,才能在改造主观世界的同时,改造客观世界,才能在为社会造福的同时,实现自我价值。

2. 自我超越是自我精神境界的变迁

超越意味着自我的精神和视野焕然一新。人作为万物之灵,本身就是超越性的存在,有学者指出,人的意识是"超越的",因而人无法忍受"单一的色彩",也无法忍受"凝固的时空",更无法忍受"存在的空虚"。人在赋予世界意义的同时也在不断地超越着自己。人的意识给人构成人所要求的世界图景,这个世界图景,就是超越"现实"的"理想"的图景。在这个理想的世界图景中,"现实"变成了"非存在","理想"变成了真实的"存在"。因此,人在现实中生活,人又在理想中生活;现实规范着理想,理想引导着现实;现实使理想获得"存在的根基",理想则使现实超越"存在的空虚"。对于人类来说,只有追求生命的价值与生活的意义才能表征人的存在。因此,人无法忍受"存在的空虚",人要"超越"现实的存在而创造理想性的存在。

3. 自我超越是自我心灵世界的升华

探求生活的真谛,是超越自我、寻求心灵世界的真正目的。我们说,人的存在的目的就是"有意义"的生活,生活不是为了某种存在的结局,生活本身就是目的。所谓自我心灵世界的升华,就是要超越以"结局"为目的的人

---

① 盛晓明:《自我与超越》,上海人民出版社1989年版,第23页。

生态度，这才是人生的大智慧，也才是人类意识超越性的最彻底的体现。正如赵汀阳在其《论可能生活》中所说："生活是一种自身具有目的性的存在方式，这种目的就是生活本身的意义。"[①] 人的意识的超越性，实现于创造意义的生活活动之中。人就是人所创造的生活，生活就是人生活的目的。生命意识中的超越意识，就是它能够超越自己的怯懦与自欺，它能够超越自己的凝固与僵化，把人的生活世界打扮得多姿多彩，使人在自己创造的"精神世界""文化世界"和"意义世界"中"自由自在"地生活。

二、以自我教育提升自我超越

自我超越教育是自我教育的重要内容和环节，人作为超越性存在，追求自我超越是人的本能，但能否"有意识"地意识自我超越则是另外一个问题，况且自我超越也不能完全决定超越活动本身的性质和方向，如何实现积极的自我超越，如何保障自我超越的质量，必须由自我超越教育来完成。

1. 以自我教育去唤醒人的超越意识

人作为一种"超越性存在"神奇生物，就在于他不仅具有外部世界的"对象意识"，而且还具有"自我意识"，能够"有意识的"意识自身的感觉和知觉、欲望和目的、情感和意志、思想和理想等自我超越意识。但是，这种超越意识是潜在性的，由于每个个体在其受教育程度、社会化程度、自主意识能力等方面的差异，不同的人或同一个人的不同人生发展阶段，在唤醒这种"潜在意识"方面也存在着明显差异。自我教育之于超越意识的意义就在于：自我教育不仅是唤其"自我意识"中的"觉其所觉""知其所知""想其所想""行其所行"的意识，更为重要的是，要唤其"超越意识"中的"觉其所能觉""知其所能知""想其所能想""行其所能行"的意识行为。以此去"超越"自己的狭隘的、有限的存在，在自己的"意识世界"中为自己创造无限广阔、无限丰富、无限发展的"世界"，给自己构成理想性的、真善美相统一的"世界"。

2. 以自我教育去提高人的宽容意识

自我超越首要的是要拥有一个开放的心境和胸怀。如果按照超越的动力学解释，"超越"是建立在"否定"的基础之上的，"否定"是人类生存的

---

① 赵汀阳：《论可能生活》，三联书店1994年版。

原发力①。但这里的"否定"不是消极的、虚无的否定，而是自我肯定基础上的积极的、主动的自我否定，是"总想追求完美"的否定。要达到"否定"的目的，就需要接纳和比较，不仅要接纳自己，还要容纳别人，更容纳整个社会，在审视社会和别人的同时，不断地审视自己，发现自己的不足和缺陷，从而形成一种超越力量。如果没有一个宽广的胸襟，不但不能广泛容纳他人和社会，甚至有时连自己也容纳不下，也就不可能唤醒自我的超越意识，更不可能提升自己的超越意识能力。但人的宽容意识、宽容精神不是自然而然形成的，我们常说："智者能容""仁者能容"，意思是说，越是睿智的人，越是胸怀宽广；越是富有仁爱精神的人，越是能够大度能忍。宽容是一种非凡的气度、一种高贵的品质、一种生存的智慧和艺术。这是每个人自我教育所追求的理想境界。

3. 以自我教育去提升人的生命意识

自我超越本质上源于对人的生命意义的探索和追求，但是，在现实生活中，对这一问题的认识不尽相同，甚至是模糊和错误的，这也造成了人们对超越的畏惧或懈怠。比如，有的人认为，生活就是活着，生活就是为了当下利益，如此等等。当然，人作为生物的存在，首要的问题是为当下活着，但是人毕竟是万物之灵，超越性存在是人与其他生物的本质区别。超越于自我存在，超越于其他生物的存在，它虽有自然存在的一面，却更有社会存在的一面，人不仅要活着，更为重要的是谁在活着、为谁而活着、为何而活着、以什么样的方式而活着以及什么样的活着才具有意义等等。但是，这些问题不是简单地靠"人作为超越性的存在"就能自发解决和正确回答的问题，要靠人们依靠这种"超越性"，对人生目的和意义的不断追问，要靠自我教育去解决"只有有目的并有意义的生活才是真正的生活"这一人生命题。

三、以自我超越实现个人成长

生命是一个不断自我超越的过程：超越过去、超越现实、超越未来……超越时空无极限。生命还是一个不断自我超越的活动：超越知识、超越情感、超越能力……超越无处不在。在自我超越中不断前行，在否定自我中追求卓越，在追求卓越中实现个人价值，在实现价值中成就快乐人生。这就是精神的力量，这就是超越的力量。

---

① 盛晓明：《自我与超越》，上海人民出版社1989年版，第27页。

1. 在自我超越中追求卓越

一样的生活,不一样的人生,其最大的区别就在于:有的人一生追求卓越,有的人则安于现状,不思进取。人们常说,机会对每个人都是公平的,每个人体内都潜藏着一种"成功"力量,只要我们能调动这种潜能并善于利用,就能真正改变自己。正如安东尼·罗宾在其《激发心灵的潜力》一书中所说:"人的潜能犹如一座有待开发的金矿,蕴藏无穷,价值无比,我们每个人都是一座潜能金矿。"追求卓越的人,毕生都在为实现预定的目标而发奋努力。

人可以平凡,但不可以平庸。没有人注定就是平庸的,也没有人天生就是卓越的,那些一生怀揣梦想和信念的人,就是面对生活的坎坷和困难,发奋图强、勇于进取的人,就是卓越的追求者。而那些图享安乐、不思进取、安于现状的人,则是做一天和尚撞一天钟,遇到苦难和坎坷就止步不前、怨天尤人的人,这样的人注定一生平庸。可见,积极使平凡的人成为卓越的追求者,消极则让平凡的人沦为平庸之人。

有梦想,更要有行动。每个人都有自己的梦想,梦想意味着精彩的生活,意味着人们对未来的向往,意味着无穷的可能性,意味着对自己充满信心。但是梦想要变成现实,关键在于行动。古人曰:"千里之行,始于足下"。伏尔泰也曾说:"人生来是为行动的,就像火光总向上腾,石头总往下落。对人来说,一无行动,也就等于他并不存在。"人只有行动,才能成就梦想,铸造辉煌,这就是行动的力量。

2. 在自我超越中实现人生价值

人创造了人的生活,生活又成了人生的追求,什么样的生活状态体现着什么样的人生价值,在理想与现实、道德与利益、传统与现代、崇高与平凡、理想主义与功利主义、期待道德与义务道德、统一规范与多样选择之间,这些都不断彰显着人生自我选择的价值和意义。如果这种生活状态集中表现为生命意识中的超越意识,那么他的生活一定是多姿多彩的,冯友兰先生曾说,一个人了解到"这个社会是一个整体,他是这个整体的一部分。有这种觉解,他就为社会的利益做各种事,或如儒家所说,他做事是为了'正其义不谋其利',他真正是有道德的人,他所做的都是符合严格的道德意义的道德行为。他所做的各种事都有道德的意义。所以他的人生境界,是我所说的道德境界。"[①] 可见,自我超越同样是一种人生观、价值观的选择,超越软弱和保守,超越自卑和恐惧,超越私利和小我,在选择中超越,超越中选择,实现着不同的人生

---

① 冯友兰:《中国哲学简史》,北京大学出版社1996年版,第291~292页。

价值。

3. 在自我超越中成就快乐人生

人有三重生命，即生物生命、精神生命和社会生命，这三重生命是矛盾统一体。人不仅生活于自然世界，而且生活于自己创造的文化世界和意义世界。"人的生命之根是人的三重生命的和谐，人的立命之本是人的三重世界的统一。生命无根和立命无本的自我感觉和自我意识，从根本上说，是人的三重生命和人的三重世界的扭曲与断裂。"因此，超越生物生命的疾苦之时，就意味着超越精神生命的意志和社会生命的意义，其他也同样如此，三重生命相辅相成，相互支撑，才能感觉快乐的人生，因为生物生命是有限的，精神生命和社会生命是无限的，把"有限"融入到"无限"是"快乐"；把"无限"浓缩在"有限"同样是快乐。"把自己有限的生命投入到无限的为人民服务之中"就是把"有限"融入到"无限"最好的例子，同样，臧克家先生"有的人死了，他还活着；有的人活着，他已经死了"的哲理名言，就是把"无限"浓缩在"有限"最好的例子。生命有限，快乐无限，我们应该以积极上向的心态构建"心灵在家"的感觉，"那是一种自由自在的感觉，一种无拘无束、不遮不掩的感觉，一种自在自为之美的感觉。"[1]

---

[1] 孙正聿：《超越意识》，吉林教育出版社2001年版，第196页。

再版后记

付梓再版，感触颇多。对我们来讲，探索现代管理，尤其是东方管理中的自我教育现象，确实需要一种勇气，如果要把它上升为一种自我教育式管理理论，还需要一种能力和智慧。20多年的探索和跨界研究，坚定了我们的自信。

记得著名管理学家孔茨在其《管理理论论丛》一文中曾指出："大多数人都同意管理是通过人、由人完成的工作任务……，管理到底是控制、领导还是教导呢？"在这里，孔茨以疑问的方式带出了管理学中一个根本性的理论问题，那就是："以什么样的'管理方式'来实现有效的'管理'。"

要理解这个问题，首先要正确认识"管理"与"管理方式"二者的关系。事实上，"管理方式"是手段、途径，甚至是方法，而"管理"则是"管理方式"实现的直接目的。当然，管理手段、途径或方法是多样的、可变的，而管理目的在这里只有一个，那就是"有效的管理"。具体到孔茨的上述提问，我们可以转换成这样的话语：追求有效管理的方式既可以是"控制式管理"，也可以是"领导式管理"，还可以是"教导式管理"。

在这里，我们更愿意将"教导式管理"称之为"自我教育式管理"，因为任何管理活动中的教导和灌输，只有经过自我教育的内化和外化，内化于心、外化于行，才能达到"知行合一"。如果这样的解释合理，那么这就与彼得·圣吉提出的"学习型组织"理论、彼得·德鲁克提出的自我管理思想等有异曲同工之处。

那么，为什么说自我教育式管理能够成为、也必将成为有效管理的重要方式之一？这是由人的自觉性、能动性、主动性、自主性等自我教育特点所决定的。首先，现代管理是一种流程管理，它所追求的是"无缝对接"或"节点管理"。但是，流程环节中"缝隙"的存在是一种客观必然，就如同桥面、铁轨设计中缝隙留存一样，它遵循的也是一种客观必然。如何实现无缝管理，显然在于人的自觉性和能动性的发挥。其次，现代管理是标准化、规范化管理，其核心是制度化管理，而制度化管理方式的前提是"违反"和"遵守"的问题，即：制定标准、相互制约、追究责任。但是，在管理实践中，这种管理方式时常遇到"没有人违反也没有人遵守"的情况，制度化管理就显得力不从心，弥补这一局限同样靠人的自觉性和主动性。其三，现代管理的核心是人本管理，以人为本就是要尊重人的个性和人的基本需求，在此基础上最大限度地发挥人的积极性、主动性和创造性，进而提高人们的自我管理能力，而自我管理能力的获得，最终靠的还是自我教育。

可见，自我教育式管理作为一种全新的管理模式，推动着"三个转变"：即由驱动式管理向引导式管理的转变、由对事的管理向对心的管理的转变、由物本管理向人本管理的转变。我们相信：有着丰富自我教育思想历史传统的中国，必将为自我教育式管理思想研究提供大量智慧，也必将为自我教育式管理实践提供坚实的理论指导，应用前景广阔。

最后，我们要感谢从事自我教育、自我管理研究的专家、学者，正是他们的真知灼见，激发了我们跨学科研究的兴趣；同时，还要感谢我们的领导、同事和朋友以及中国书籍出版社，正是他们的理解、支持和鼓励，本书才得以修订再版。

当然，本书还存在着许多不足之处，一些观点还有值得商榷的地方，诚恳希望学界同仁惠示指正。

作者

2016 - 8 - 11　郑州